UN DIPLOMATE

A LONDRES

PARIS. — TYP. DE E. PLON, NOURRIT ET Cⁱᵉ. RUE GARANCIÈRE, 8.

AVANT-PROPOS

Les Lettres et Notes contenues dans ce volume n'ont pas été écrites pour être publiées. Leur auteur, M. Charles Gavard, mort en juillet 1893, avait été attaché, de 1871 à 1877, à l'ambassade de France à Londres, en qualité de premier secrétaire, puis de ministre plénipotentiaire, faisant fonction de chargé d'affaires. Ayant su se faire accueillir avec faveur non seulement dans le monde politique, mais dans la haute société d'Angleterre, à même ainsi de voir beaucoup, il se plaisait à raconter ce qu'il voyait dans les lettres fréquentes qu'il adressait à sa famille; en outre, une fois sorti du service actif, il nota, pour lui-même, quelques-uns de ses souvenirs. Il a paru que des extraits de ces lettres et de ces notes ne seraient pas sans intérêt. Le public, auquel ils sont offerts, en jugera.

Nous croyons devoir reproduire ici deux des articles publiés sur M. Charles Gavard, au moment de sa mort.

Voici d'abord celui que M. le duc de Broglie a fait paraître dans le *Correspondant* du 25 juillet 1893 :

Dans une étude que le *Correspondant* veut bien accueillir aujourd'hui même, j'ai été amené à exposer dans quelle situation difficile était placé l'ambassadeur que M. Thiers envoya à Londres, au lendemain de nos désastres, avec mission de prendre part, au nom de la France si cruellement éprouvée, à une conférence européenne. Par une triste coïncidence, le jour même où ce travail paraît, le *Correspondant* doit faire connaître à ses lecteurs la fin prématurée d'un de ses anciens collaborateurs, M. Charles Gavard, qui se trouvait précisément auprès de l'envoyé de France dans cette circonstance douloureuse et dont l'amitié intelligente lui prêta le plus utile concours.

En quittant Paris par l'ordre de M. Thiers, j'avais prié M. Gavard de m'accompagner, principalement par ce motif que, attaché dès sa jeunesse à la direction commerciale du ministère des affaires étrangères, il s'y était fait assez apprécier pour être rapidement élevé à un poste supérieur, et je prévoyais que, pour subvenir aux difficultés financières créées par l'énorme indemnité de guerre, la France aurait peut-être à demander au gouvernement anglais des modifications au tarif conventionnel de douanes qui réglait les rapports des deux pays. Le traité de commerce, conclu en 1862 par l'Empire, et dont la durée était fixée à dix années, arrivait d'ailleurs à échéance, et les connaissances spéciales de M. Gavard pouvaient être très utilement mises à profit pour la négociation qu'il y aurait lieu d'engager. Mais je ne tardai pas à reconnaître en lui une intelligence politique élevée, un sens droit, un tact fin, une prompte connaissance des hommes, toutes les qualités, en un mot, qui font un agent diplomatique à qui un pays peut confier le soin de ses intérêts de toute nature.

Nous fûmes surpris à Londres par la nouvelle du succès momentané de l'insurrection de Paris. Quand je dus retourner précipitamment à Versailles, où m'appelaient mes devoirs de membre de l'Assemblée nationale, M. Gavard voulut me suivre pour prendre sa part des chances inconnues dont à distance on mesurait mal la gravité. Nous passâmes la mer, ignorant dans quelle situation nous allions trouver la France, en compagnie d'un voyageur dont nous avions promis de respecter l'incognito. C'était *Robert le Fort* qui, pour venir offrir ses services à la société menacée, reprenait le simple uniforme d'officier qu'il avait présenté au feu des balles prussiennes. M. Gavard portait aux princes de la maison de France un attachement héréditaire, et le souvenir de cette nuit d'inquiétude passée en commun n'était pas fait pour diminuer la confiance dont ils l'ont toujours honoré.

M. Thiers conféra à M. Gavard le poste de premier secrétaire d'ambassade à Londres, que (sauf un court intervalle pendant lequel il fut appelé à Paris, comme chef de cabinet du ministre) il a conservé pendant près de sept ans. Il n'est guère d'ambassade aujourd'hui qui soit occupée pendant un tel laps de temps par le même titulaire. Aussi M. Gavard eut-il à rendre à plusieurs chefs de mission qui se succédèrent des services dont ils ont tous apprécié la valeur. En leur absence, il avait le titre et exerçait les fonctions de ministre plénipotentiaire. C'est en cette qualité qu'il dut prendre, à plusieurs reprises, dans des circonstances délicates, une initiative heureuse dont le ministre éclairé qui dirigeait alors notre politique étrangère, le duc Decazes, ne lui fit jamais attendre l'approbation.

Ce furent pour lui autant d'occasions de faire preuve d'une prudence de conduite, d'une netteté de langage et d'une sûreté de commerce qui lui valurent, dans le monde politique anglais, où ces mérites sont très appréciés, de durables amitiés. Quand il dut partager le sort de ses amis politiques de France et rentrer ainsi dans la vie privée, ces relations subsistèrent malgré l'absence et l'éloignement, et il est tel personnage important du Parlement, tel grand seigneur, même de la Chambre haute, tel écrivain distingué, tel représentant élevé de la presse qui n'aurait jamais traversé Paris sans venir lui serrer la main et prendre place dans son intérieur de famille, où les attendait un accueil d'une aimable et charmante simplicité.

Ces amis fidèles étaient aussi des correspondants

habituels qui le tenaient au courant des moindres incidents qui pouvaient survenir comme du mouvement des partis, sur ce théâtre de la politique anglaise, si mal connu du public français. De là ces communications précieuses, dont il faisait part régulièrement au *Français* et au *Moniteur,* mais dont le *Correspondant* a plus d'une fois profité. On peut se rappeler, en particulier, une série d'études d'un haut intérêt sur la crise électorale de 1885, celle qui a ramené au pouvoir M. Gladstone, subitement converti à l'indépendance législative et parlementaire de l'Irlande. Les conséquences de cette adhésion tardive au *home rule* du vieux chef parlementaire, le nouveau classement des partis qui en devait résulter, le caractère tout nouveau également de la lutte qui allait s'engager, sont décrites d'avance avec une justesse de prévision que l'événement confirme chaque jour. Malheureusement, il y a trois ans déjà qu'un mal cruel avait fait tomber de sa main cette plume habile, et ceux qui l'approchaient dans l'intimité suivaient avec douleur les progrès de ces souffrances croissantes dont il les entretenait rarement et qu'il supportait avec une résignation courageuse qu'a couronnée une fin chrétienne.

M. Paul Thureau-Dangin avait écrit les lignes suivantes, dans le *Moniteur universel* du 12 juillet 1893 :

Le *Moniteur* vient de faire une perte douloureuse. Notre ami et ancien collaborateur, M. Charles Gavard,

a succombé cette nuit à la maladie qui, depuis longtemps déjà, l'avait forcé à interrompre ses travaux.
Nos lecteurs n'ont certes pas perdu le souvenir de ces
articles signés L. L., d'une forme si distinguée, d'une
touche si fine, d'un tour si rapide, d'une pensée si
sûre. Rarement la politique étrangère avait été traitée
avec une telle compétence. C'est que M. Gavard apportait ce que les journalistes de profession ont rarement,
l'expérience personnelle des grandes affaires diplomatiques.

Entré jeune au ministère des affaires étrangères,
remarqué de ses chefs, il avait été envoyé à Londres
après la guerre de 1870, et y avait occupé, pendant plusieurs années, le poste de premier secrétaire, puis
celui de ministre plénipotentiaire, chargé d'affaires.
Auprès d'ambassadeurs que la politique parlementaire
faisait changer à tout instant, le rôle de M. Gavard se
trouva être plus important encore que son titre. Plus
d'une fois, dans des circonstances graves, il fut seul à
représenter la France. Par son tact, son sang-froid, sa
clairvoyance, sa connaissance des choses et des
hommes, la considération qu'il s'était acquise dans la
société anglaise, il se montra à la hauteur de toutes
les difficultés. Diplomate de l'ancienne école, il n'était
pas comme tant d'autres qui font tapage des dangers
conjurés par eux, au risque de les faire renaitre. Mais
on saura un jour, nous l'espérons, quels services il
rendit alors à notre pays, et comment, tel jour, par
exemple, par une démarche spontanément faite auprès
de l'un des membres du cabinet anglais, il contribua
à déjouer les mauvais desseins de M. de Bismarck. Ce

long séjour à Londres ne fut interrompu que pendant les quelques mois où le duc de Broglie occupa, en 1873, le ministère des affaires étrangères; ami de M. Gavard et appréciant sa valeur, il lui avait demandé d'être son chef de cabinet.

En méritant certaines amitiés, M. Gavard s'était exposé à des inimitiés contre lesquelles sa naturelle indépendance dédaignait de prendre aucune précaution. Aussi, quand la gauche devint maîtresse du pouvoir, fut-il, malgré toutes les raisons patriotiques qui eussent dû le faire maintenir à Londres, l'une des premières victimes de l'épuration. De la liberté qu'on lui rendait, il fit usage pour défendre ses convictions dans la presse. Rédacteur du *Français,* puis du *Moniteur* après la fusion des deux journaux, il s'occupa principalement des questions étrangères, aujourd'hui si importantes. Ce n'est pas que les autres côtés de la politique lui fussent indifférents. Libéral éclairé, monarchiste convaincu, il avait été de tout temps l'ami des Princes, qui l'honoraient d'une confiance particulière.

Fort goûté dans la société parisienne, recherché pour la grâce de son esprit et la sûreté de son caractère, trouvant tout auprès de lui, pour le seconder dans son rôle de maître de maison, le concours d'une bonté exquise et d'une intelligence supérieure, son salon était un des rares où l'on cause encore. Faut-il ajouter ce qu'il se révélait, dans l'intimité, à ceux qui pénétraient au delà de cette barrière qu'une réserve un peu fière lui faisait opposer aux banalités de la curiosité mondaine? Ses amis ont connu la droiture, la chaleur discrète, la tendresse dévouée, la fidélité désintéressée de ce noble cœur, et ils en garderont toujours le souvenir ému. Devant les épreuves d'une longue maladie qui brisa successivement toutes ses forces, il fut doux et patient : la foi chrétienne le soutenait. Seule elle pourra consoler ceux qui le pleurent.

CHARLES GAVARD

UN DIPLOMATE
A LONDRES

LETTRES ET NOTES

1871-1877

PARIS

LIBRAIRIE PLON
E. PLON, NOURRIT ET Cie, IMPRIMEURS-ÉDITEURS
10, RUE GARANCIÈRE
—
1894

UN DIPLOMATE

A LONDRES

ANNÉE 1871

EXTRAIT DES NOTES DE M. GAVARD

Ma mission en Angleterre commence avec la dépêche que le duc de Broglie (1) a adressée de Bordeaux à M. Jules Favre, pour lui demander de le faire accompagner à Londres pas un jeune homme sachant bien l'anglais. Le duc fut assez étonné et fort satisfait d'apprendre, à son arrivée à Paris, que le choix du ministre était tombé sur un M. Gavard, et que ce *jeune* attaché de son cabinet, c'était bien moi (2).

J'avais fait connaissance avec M. Jules Favre pendant les cruelles journées du siège. Quand des dépêches ou des réductions microscopiques du *Times* arrivaient sous l'aile des pigeons, je lui avais souvent servi de traducteur. L'ambulance (3) était proche du

(1) M. Thiers, aussitôt arrivé à la tête du gouvernement, avait prié le duc de Broglie d'accepter l'ambassade de Londres.

(2) M. Gavard, alors sous-directeur des consulats, était attaché au ministère des affaires étrangères depuis 1848.

(3) M. Gavard avait eu la direction de l'ambulance du ministère pendant le siège de Paris.

cabinet, les deux se confondaient à vrai dire, et il avait pris l'habitude de m'y faire chercher. Je me souviens de plus d'une lecture nocturne et des exclamations patriotiques qui lui échappaient.

Nos arrangements furent vite faits. Le char à bancs de l'ambulance nous conduisit à la gare, le duc de Broglie et moi, le matin du 23 février.

Dès le 25, lord Granville rendait au duc sa visite à Clarendon-Hotel où nous étions descendus, et le pressait de compléter, par l'adhésion de la France, le consentement de l'Europe au remaniement du traité de 1856 et à l'annulation de la clause qui neutralisait la mer Noire. On conçoit que nous fussions moins pressés de passer l'éponge sur une disposition qui était le prix du sang versé, bien gratuitement suivant moi, par nos soldats en Crimée, et surtout de ratifier, par notre signature, le marché passé entre l'Allemagne et la Russie pour la spoliation de la France. Il est vrai qu'après avoir livré nos provinces à l'Allemagne, il était aisé de livrer le traité de la mer Noire. L'humiliation était pour l'Angleterre, et l'expiation commençait pour elle avant même que notre exécution fût achevée.

J'aime à rappeler dans quels termes le duc de Broglie donna son adhésion à cette œuvre de violence : « La France, uniquement pour ne pas se séparer des autres puissances, se résigne à des faits accomplis sans sa participation. » La résignation qui convenait à des vaincus n'excluait pas, dans ce langage, la réserve qu'il était bienséant de garder devant la capitulation gratuite de l'Angleterre. Cette réserve couvrait une ironie que le plénipotentiaire allemand ne sentit que le lendemain et dont les représentants de l'Angleterre ne voulurent pas s'apercevoir. Il est vrai qu'ils avaient redouté une bien autre protestation, et, si le duc de Broglie avait tenu compte des instructions qu'on lui avait envoyées au dernier moment, il aurait saisi cette occasion pour annuler, par sa déclaration de Londres, la capitulation de Paris. Mais c'eût été livrer la France à la vengeance du prince de Bismarck.

Le cabinet de M. Gladstone s'est cependant fait honneur d'avoir cédé aux pressantes instances du duc de Broglie, et d'avoir, à sa demande, obtenu de l'Allemagne une réduction de un milliard sur le chiffre de notre rançon. Il n'est que juste de constater les démarches de notre ambassadeur à Londres et des ministres de la reine Victoria à Versailles, pendant les premiers jours de mars. Quand on se souvient du respect mêlé de crainte avec lequel ils prononçaient alors le nom du chancelier, on doit leur savoir gré des représentations que le duc de Broglie obtint d'eux. De Strasbourg ou de Metz, il ne fut pas dit un mot; mais la conscience économique de M. Gladstone se souleva à l'idée du déplacement de numéraire qu'on nous imposait; il a sincèrement cru, comme sans doute M. de Bismarck, que c'était chose impossible à exécuter, et, depuis, il m'a souvent avoué qu'il n'avait pas réussi à comprendre comment la chose avait pu se faire.

EXTRAITS DES LETTRES PARTICULIÈRES DE M. GAVARD

Londres, Clarendon-Hotel, 24 février 1871.

Nous voici donc enfin dans un pays où il n'y a plus de Prussiens !... Traversée superbe... Je ne me suis couché que pour dormir... Pour être sincère, je dois avouer que personne n'avait le mal de mer. La conversation n'a guère langui ni jour ni nuit. En arrivant à Victoria-Station, j'ai reconnu, entre chien et loup, tout le personnel de l'ambassade. Depuis, nous n'avons pas cessé de conférer et de parler. Nous sommes sous la même clef; il n'y a pas une chambre vacante à Londres.

Londres, 26 février 1871.

Vous savez sans doute ce qu'il adviendra de la France, demain : une affreuse guerre ou une plus affreuse paix. Tout cela me paraît également impossible, et, cependant... ce sera l'une ou l'autre. Je suis ici, mais je suis encore plus avec vous.

Nous nous sommes évertués jour et nuit, depuis notre arrivée. Qu'avons-nous obtenu?... A coup sûr, un succès personnel pour le duc... Que vaudra la démarche qu'il a obtenue de lord Granville (1) ?

(1) Comme il est dit plus haut, sur les instances du duc de Broglie, lord Granville, puis M. Gladstone, agirent sur l'Allemagne pour obtenir d'elle une réduction d'un milliard sur le chiffre de notre rançon.

Hier, je suis allé à Morgan-House (1) : personne. Au retour, comme j'arrivais au chemin de Richmond, je me trouve nez à nez avec la duchesse de Chartres et la jeune princesse Marie (2); on a été bien heureux quand j'ai annoncé la visite du duc dans quelques jours et pris un rendez-vous pour une rencontre fortuite aujourd'hui.

... L'impression du duc de Broglie, après une longue conversation avec le comte de Paris, a été excellente. On avait cette famille sous la main; chaque membre est militairement et civilement distingué, d'un patriotisme irréprochable, et on les a chassés à coups de pied pour les remplacer par les artisans de notre honte et de notre ruine. Entente parfaite entre tous les membres de la famille; ils n'aspirent qu'à rentrer, comprennent toutes les nécessités; pas un sacrifice à la fausse popularité; aucune manœuvre ou intrigue : c'est admirable.

Londres, 28 février 1871.

Apprendre au coin du feu que sa maison est menacée à la fois par les Prussiens et par les assassins de la Bastille (3)! Je ne sais à quel parti m'arrêter; je n'avais rien prévu de tout cela; je n'aurais cru ni à l'occupation prussienne ni à l'inertie de Vinoy devant l'émeute à moitié militaire...

(1) Résidence du duc de Chartres.
(2) S. A. R. madame la princesse Marie d'Orléans, maintenant princesse Waldemar de Danemark.
(3) Des bandits avaient poursuivi des sergents de ville et les avaient jetés dans le canal.

Nous sommes à l'ambassade; il faudrait quelque sécurité et quelque loisir pour mettre notre séjour à profit. Le duc de Broglie a débuté par un succès diplomatique, succès personnel, hélas! mais qui peut devenir un commencement de réaction.

Tout le monde est ici atterré; c'est par peur qu'on ne dit rien. Il n'y a plus d'Europe, plus de société de peuples, si on laisse ainsi la force aller jusqu'au bout. C'est la France tributaire et vassale que l'on constitue, et il faut courber la tête. Que faire à présent? Jamais nous ne serons moins en état que maintenant de tenter le suprême effort de la délivrance.

Londres, 1er mars 1871.

A cinq heures, nous ne savons rien de la journée (1); le duc pense que les rodomontades s'en iront en fumée à l'approche des Prussiens. Je ne crois pas non plus à une résistance; mais il y a toujours le coup de pistolet qui donne le signal de tous les événements.

L'inquiétude est extrême ici. Le public anglais comprend, comme nous, que c'est une guerre perpétuelle qui commence. Il n'ose rien dire, mais il est mécontent du rôle qu'a joué son gouvernement.

Avant d'entrer au Parlement, je suis passé par Westminster. Tous ces morts réunis dans un lieu de repos et de culte, au centre de la cité, donnent une idée d'union et de patrie. Toutes les fois que j'apprécie quelque chose ici, c'est l'occasion d'un triste retour sur nous. A la Chambre, je prends place dans la tri-

____

(1) Entrée des Prussiens dans le bois de Boulogne.

bune diplomatique, mais je n'en suis pas plus avancé. Quelques membres de phrases par-ci par-là, voilà tout. C'étaient des jeunes colonels avec la raie au milieu de la tête qui parlaient pour défendre le *purchase* (1); soit, il y a du pour et du contre; mais ce qui me frappe, Messieurs les Anglais, c'est que vous faites comme nous, au lendemain de Sadowa. Hâtez-vous donc et tâchez de faire mieux.

Hier, première visite au musée de Kensington. C'est vraiment très intéressant et très instructif : on y ferait toute son éducation; mais trop de peintures anglaises. Cela commence par Gainsborough et Reynolds; je ne contredis pas, j'admire même souvent, malgré certains contrastes de couleurs qui me rappellent les rôtis à la confiture. Quant à l'école contemporaine, de la pommade au sucre, en veux-tu en voilà, et la foule n'en sort pas; j'y ai pris littéralement mal au cœur... Pour me remettre, je me réfugie dans la salle des cartons de Raphaël : c'est large, c'est grand, c'est puissant, c'est profond; on est devant un maître, on regarde, on écoute et on profite. Croirais-tu qu'ils n'ont pas trouvé que ces sept cartons suffisaient à remplir une salle? Ils y ont ajouté des bahuts, des traverses couvertes de tableaux, enfin tout ce qu'ils ont pu pour gêner et détourner l'attention.

Avant dîner, comme je me promenais avec le duc, de loin, j'aperçois le duc de Gramont (2). Situation délicate entre mon ambassadeur et mon ancien mi-

(1) Achat des grades.
(2) Ministre des affaires étrangères de l'Empire, au moment de la déclaration de guerre.

nistre : j'ai dû attendre son salut, quoiqu'il m'en
coûtât ; il s'est exécuté *in extremis,* et j'ai salué après
mon chef. En vérité, comment ces malheureux peuvent-
ils survivre ?

Londres, 2 mars 1871.

Ici, on commence à être fort gêné ; l'évidence se
fait : ce sont les Anglais qui payent, avec le sacrifice
du traité de 1856, le service que la Russie a rendu à
la Prusse. Il n'y a plus d'équilibre, il n'y a plus de
garanties pour personne, avec une seconde Pologne et
un fonds secret de cinq milliards dans la caisse de
Frédéric-Bismarck et Cie. Cette réserve de guerre va
épuiser les marchés européens. Il y a une grande position à tenir ici. Il ne s'agit plus de pleurer à la porte des
gens ; il ne faut pas inquiéter par des velléités intem-
pestives ; il faut attendre, laisser venir. Le duc y va de
main de maître.

Londres, 5 mars 1871.

Un douloureux télégramme vient d'être affiché dans
les cercles : Les Prussiens à Paris ! Les Prussiens jusque
sur la place de la Concorde ! Est-ce possible ? Quoi !
dès demain, vous seriez exposés à toutes les conséquences de cette barbare et inutile insulte, et je ne
suis pas là ! Je n'ose pas arrêter ma pensée sur vous.

Je ne doute pas que le néfaste traité ne soit signé ;
la seule chose à dire, c'est qu'il serait plus néfaste
encore qu'il ne le fût pas. Ce n'est pas un traité de

paix, mais un pacte avec la guerre perpétuelle, une de ces paix comme Napoléon en signait après chacune de ses victoires. Cela dure autant que la victoire, et, jusqu'à présent, la fortune a été changeante. Voilà donc le dernier mot de la théorie des nationalités avec laquelle on a commencé les guerres d'Italie, de Danemark et de France !... Pour en finir, on a arraché un pays du sein de sa mère, auquel il se cramponne, comme ma pauvre ville de Metz. Le sentiment de blâme est unanime ici ; il attend que les faits soient accomplis et qu'on n'y puisse plus rien, pour éclater avec violence. Il y a quatre mois que l'opinion nous revient chaque jour, à cause même de la folie de notre résistance et de la terreur qu'inspire l'ennemi. On est maintenant édifié sur le but de la guerre ; ce pillage en gros et en détail, c'est ce qui émeut le plus ce pays du *home* et de la loi.

Nous sommes partis ce matin, après la messe, pour Richmond, en nous trompant de chemin de fer. A l'heure dite, nous étions cependant à table à Morgan-House (1). Les chevaux vont vite dans ce pays, et nous nous étions ravisés avant d'être à vingt lieues. Voyage à travers la campagne de Kew à Ham, terre admirablement peignée, arbres séculaires, toujours des cottages ou des maisons de brique jetés dans le même moule ; cela n'en finit plus et manque de vie et de pittoresque ; pas de place perdue, et pas d'imagination non plus. Morgan-House est plus que simple d'aspect extérieurement, très agréable au dedans, et, du côté

____

(1) Comme il a été dit, c'était la résidence du duc de Chartres.

du parc, vue sur un vaste *green* (1) avec magnifiques ruminants. Les prairies, avec de vieux chênes, c'est la magnificence de l'Angleterre. La jeune duchesse de Chartres est toujours charmante; on se tait significativement sur les absents (2); la comtesse de Paris, très belle, très vive et très agréable, nous a quittés pour aller vérifier les comptes rendus du comité des secours.

Savais-tu qu'on a déjà réuni, en Angleterre, plus de quatorze millions pour nos blessés et autres victimes de la guerre?

Coup d'œil, en partant, à Orléans-House (3), puis à Bushy-Park (4) : des prés, des chênes comme il n'en pousse que dans les pays où la loi n'a pas été violée une seule fois depuis deux cents ans au moins.

Nous allons nous installer à l'ambassade : figure-toi une première loge au milieu d'un grand cirque; amazones et gentlemen cavalcadent tout autour. Soit dit en passant, cette exhibition quotidienne, au sein même de la ville, de timides jeunes filles qui domptent des chevaux en montrant leur grâce, leur audace et en accusant les contours de leur personne, à première vue, c'est un exercice qui peut ouvrir l'appétit avant déjeuner, mais qui ne nous paraîtrait pas, à nous autres bourgeois, préparer suffisamment les jeunes personnes aux vertus du pot-au-feu.

(1) Pelouse.
(2) Les princes étaient alors à la Grave, chez le duc Decazes.
(3) Résidence du duc d'Aumale.
(4) Résidence du duc de Nemours.

Londres, 6 mars 1871.

... Samedi soir, au *Foreign Office*. A la suite d'une interminable queue de *carriages,* nous descendons au nouveau palais : bel escalier, il n'y a que cela ; j'ai inutilement cherché les appartements ; deux ou trois pièces attenantes peuvent servir de vestiaire. La scène se passe donc sur un double escalier de droite et de gauche ; la foule monte, faisant un tableau à la Véronèse. Le prince de Galles, sur un palier latéral, regarde monter, avec un air badin ; la princesse est intéressante, sympathique, avec la distinction que la souffrance donne à la beauté. Au bas de l'escalier, un charivari exécuté par des violons et des trompettes en uniforme. Me voici donc au milieu de l'aristocratique société anglaise ; mais où sont les têtes d'Holbein et les nobles personnages descendus des cadres de Van Dyck ? Je cherche en vain. Notre société bourgeoise paye autant de mine. Pas une jolie femme, et cependant il ne manque pas, de par les rues, à pied ou à cheval, de teints éclatants, de cheveux d'or vrais ou faux. J'échange une poignée de main avec M. Gladstone ; cela se donne ici comme une Légion d'honneur à Paris. Je suis plus frappé de l'expression un peu rude de la figure de M. Lowe (1), le chancelier. Guidés par Franqueville (2), nous arrivons au duc de Broglie,

(1) Robert Lowe, chancelier de l'Échiquier, créé vicomte Sherbrooke en 1880, mort en 1892.

(2) Le comte de Franqueville, actuellement membre de l'Institut.

qui était un centre d'attention et d'*attraction*. Son double personnage fait sensation. On faisait circuler le mot de sa rencontre avec M. de Bernstorff, l'ambassadeur de Prusse : c'était à table, avant la réception ; lady Stanley séparait seule les deux parties belligérantes et se montrait très préoccupée de ce qui se passerait après son départ, lors du *pass wine*. « Soyez sans crainte, je m'en tirerai », lui dit le duc ; puis, aussitôt, s'adressant au barbare : « J'ai eu pendant si longtemps la douleur de voir des Prussiens établis chez moi, sans que je les en eusse priés (1), que je suis très heureux d'en rencontrer un, à une table amie, avec qui je puisse échanger des politesses. »

On se retire à minuit. Le lendemain, à sept heures, on est déjà debout pour aller entendre la messe aux Jésuites, dans une chapelle bien soignée, bien recueillie. Le culte s'y fait bien, le prêtre sait ce qu'il dit et ce qu'il veut ; cela ne va pas *presto* comme en Italie. Les fidèles sont bien là de propos délibéré ; ils prient, ils communient dévotement : c'est un culte sérieux.

A onze heures, York-House (2) ; c'est la France qui venait en la personne du duc de Broglie. Je crois que, de part et d'autre, on était heureux et ému. Le prince, toujours simple, mais parfaitement à sa place, inspirant confiance et sympathie, éprouvant lui-même ces sentiments ; la jeune princesse enjouée : ménage uni et touchant ; la jeune princesse Amélie (3) avec des

(1) Les Allemands avaient occupé le château de Broglie pendant la guerre.
(2) Habitation de Mgr le comte de Paris
(3) Maintenant reine de Portugal.

cheveux blonds, le portrait de son père enfant, vive et gentille; puis, le duc d'Orléans, un gros petit, avec des cheveux plus que blonds; il fait sa partie dans le tapage. De tous côtés, quand j'entre dans ces refuges des exilés, des images connues tirent mes yeux; partout des portraits, des figures aimées, des souvenirs, l'esquisse de la reine par Scheffer, œuvre d'art partout appréciée; mais j'ai vu si vite que je ne puis m'arrêter longtemps à décrire.

Avant de déjeuner, nous visitons Orléans-House (1). On n'en a pas trop dit sur le bel emploi de la fortune du duc d'Aumale. La *Stratonice,* la *Mort du duc de Guise,* le *Passage du gué* et dix toiles hors ligne de Decamps, Marilhat, Fromentin, à côté de la *Vierge* de la maison d'Orléans et de l'épée du grand Condé. Il ne faut pas même essayer de regarder dans les vitrines ou les rayons de la bibliothèque. C'est très noble et très beau, tout cela encadré dans un paysage anglais, une petite rivière rustique et modeste, la Tamise, puis du vert partout.

D'York-House à Bushy-Park (2); là, nous avons trouvé le prince, oui, le prince, avec toute la bonne grâce possible; mais le prince, le premier gentil-homme de France, Henri IV lui-même; c'est à croire qu'il est descendu de son cheval de bronze; seulement le Béarnais devait parler plus vite. Le prince s'exprime avec le plus grand sens, tous les mots à leur place, appréciations parfaitement justes et sûres. « C'est bien la république, dit-il, là où l'on voit les princes deman-

(1) Résidence du duc d'Aumale. Le prince était absent.
(2) Château de la couronne, habité par le duc de Nemours.

der à siéger dans l'Assemblée. » Ni plus ni moins; ce mot indique tout ce qu'il pense, la mesure de son légitimisme, et tout ce qu'il accepte... Il s'est souvenu de mon père, moi de ses exclamations quand il trouvait les lithographies du capitaine Gavard « admirables de vérité ». Que de choses depuis et où en serait la France aujourd'hui, si, un jour de gloire et de liberté, elle n'avait pas mis à la porte toute cette famille et, avec elle, le seul régime raisonnable ! C'est le perpétuel refrain du duc de Broglie.

Londres, 10 mars 1871.

La journée s'est terminée, hier, chez lady Burdett Coutts (1). Bel hôtel sans doute, mais rien de trop pour la plus riche particulière du monde. C'est une grande Anglaise, pas très jeune, à l'accueil bienveillant. Dans les appartements, un pêle-mêle d'un caractère intime, où le bon goût ne domine pas. Je suis tombé sur un grand tableau présentant deux grosses jambes en l'air avec des bottes, incompréhensible et médiocre au point de vue de l'art (2). Pendant que je m'évertuais devant ce prodige, le concert marchait; grand succès pour un monsieur qui jouait de l'accordéon. Vois-tu ces deux bras se rapprochant avec expression, et, par-dessus, sa figure sur laquelle se traduisaient les sentiments qu'il communiquait à son soufflet. Je comprends qu'on joue de l'orgue de Barbarie, il ne s'agit que de tourner;

(1) Lady Burdett Coutts, créée baroness en 1871, héritière du grand banquier Coutts.
(2) Les beaux tableaux étaient à l'exposition de Burlington.

mais acquérir du talent... sur l'accordéon! C'était d'ailleurs très goûté et presque aussi applaudi qu'un trio glapissant : un enfant, avec voix de fausset, conduisait le charivari. Allons, ni musique ni peinture, faites de la banque et tâchez de refaire de la politique.

Les affiches des journaux, couchées par terre, dans les rues, sous les roues des voitures, annoncent : *Red flag in Paris*. Je ne puis vraiment m'en tourmenter ; il me semble qu'on n'a plus qu'à serrer la main pour que tout finisse.

Londres, 13 mars 1871.

Samedi, déjeuner à Morgan-House. J'ai échangé des récits du siège contre les aventures merveilleuses du prince de Joinville, à la fois prince et Fanfan la Tulipe. Ce n'est pas lui qui aurait passé la journée sous la tente, le 18 août (1). Les enfants, des fleurs partout, des chats, des chevaux, des chiens, un intérieur coquet avec tous les confortables anglais, unis au bon goût français, des souvenirs émouvants sur tous les murs, la duchesse charmante et contre laquelle je parie la validation des princes ou leur élection partout : je jette pêle-mêle mes souvenirs, arrangez-les.

Comme je sortais, je rencontre la colonie de Twickenham (2). On parle de la France, de ses périls, de son avenir. Tout en agitant ces graves questions, nous traversions les *greens* qui conduisent à la Tamise, nous

(1) Allusion à Bazaine.
(2) Mgr le comte de Paris et sa famille

montions en bac, et le chien se jetait à l'eau pour nous suivre.

Hier, dimanche, déjeuner à Bushy-Park : la princesse Marguerite est agréable; la comtesse d'Eu a une extraordinaire expression de bonté; le comte d'Eu lutte avec succès contre sa surdité; il est très au courant de tout : on voit que c'est un homme de mérite. Henri IV, je veux dire le duc de Nemours, m'a parlé à différentes reprises de mon père et du diagraphe; il nous a promenés devant les portraits de sa famille, la collection du château d'Eu, avec des commentaires pleins d'intérêt.

Visite à l'Atheneum-Club. Impossible de vivre en Angleterre sans thé, bière, hansom et club.

Soit dit en passant, il est édifiant de voir comme la société anglaise s'occupe de nos misères. Je reviens de *Mansion-House,* où le lord-maire présidait un comité de secours. Samedi, j'ai passé au siège du comité de la marquise de Lothian (1) : il y avait là une jeune fille accentuant agréablement le français et qui arrangeait les affaires de trois ou quatre pauvresses réfugiées de France. — Nous avons visité aujourd'hui la Tour. Le chapeau du cicerone officiel m'a bien frappé : on dirait le bourreau d'Anne de Boleyn.

Mercredi matin, 16 mars 1871.

Il neige à gros flocons, giboulées de mars; il ne pourra pas, en tout cas, faire plus mauvais à Oxford.

(1) C.-H. Mahonesa, fille du comte de Shrewsbury, marquise douairière en 1870; morte en 1877

Nous partons quand même; comment contremander un *rector magnificus* et un *luncheon* qui nous attendent?

Jeudi matin.

Hier, la journée a été superbe et bien remplie.

Une heure un quart de chemin de fer. La campagne anglaise se déroule grand train devant nous; des prairies, la Tamise coulant à pleins bords, des ondulations de terrain qui donnent du pittoresque; à proprement parler, ce sont des vallonnements naturels; beaucoup de gros vieux arbres; personne dans les champs; des machines à vapeur qui labourent; la fumée des locomobiles qui monte au-dessus des fermes; toujours le charbon. Que serait l'Angleterre sans le charbon qui centuple sa population, et sans le détroit qui la garantit des brigands? De loin en loin, des maisons rouges. Oxford! Comme il avait neigé, les prairies étaient blanches, mais, comme le soleil se levait, il faisait fondre la neige, excepté à l'ombre des arbres; de là le spectacle singulier de tous les arbres avec leurs branches dénudées, dessinés en blanc sur le tapis vert des prés. Mais ne perdons pas de temps. Nous tombons en plein moyen âge. Peut-être, aux Indes, trouverait-on une ville sainte ayant aussi complètement conservé sa spécialité. Ce sont toutes les fondations pieuses à partir du treizième et du quatorzième siècle, surprises par la Réforme qui les a sécularisées, mais en les maintenant : singulière combinaison de l'esprit d'indépendance et de conservation de ce pays. Les édifices et leurs dotations sont restés. Les édifices font ce qu'ils peuvent pour tenir autant que les institutions; mais la pierre anglaise se délite affreusement; je ne sais qui partira le premier. Toutes les constructions ont donc un aspect complètement ruiné qui ne nuit pas au pittoresque; des lierres grimpent partout, la rouille colore les murs, des pierres manquent; cela donne tout de suite du caractère et dissimule quelques banalités.

L'ensemble est étonnant : vingt collèges dans une ville de médiocre importance, et rien que les collèges, chapelle, abbaye, jardins, bibliothèques, halls et leurs dépendances; toutes ces constructions dans le genre gothique anglais, mais d'une époque où il était naturel. Il y a des coups d'œil charmants, rien de très en hauteur, mais en surface; cela s'étend indéfiniment, beaucoup d'espace. Les rues sont comme on les voit dans les villes du moyen âge, au théâtre; on n'y rencontre que des *fellows,* ou *tutors,* ou *rectors,* ou *chancellors;* les titres sont à l'infini; chaque collège a les siens; ce qui est uniforme, c'est le petit carré noir horizontal qui se dandine par-dessus leur calotte. Cette coiffure originale est obligatoire, même pour les élèves *at the dark* (1), afin qu'on puisse les reconnaître et les traduire, en cas de bruit, devant les autorités universitaires, dont ils sont exclusivement justiciables. Ils ne font pas grand bruit toutefois, d'abord parce qu'ils ne sont que douze cents (nous en ferions tenir vingt mille dans Oxford, à la française); puis ce sont des enfants de

(1) Le soir.

bonne famille; il ne faut pas moins de cinq à six mille francs pour passer six mois, ou sept à peine, à Oxford. Les étudiants anglais ne sont pas bien à plaindre. Il faut paraître à la chapelle à huit heures; puis ce sont des leçons jusqu'à deux heures, et alors, *boating for ever! Au Cannot!* On court en veste à la Tamise et *the races* commencent; quelques étudiants sont à cheval. Il paraît qu'il y en a, en tout, une trentaine qui travaillent et se disputent les grades et les bénéfices; car il y a collèges d'élèves et collèges de *fellows*. Autant que j'en puis juger, ce sont de bons canonicats. Moyennant le célibat, un grade universitaire, une faveur du fondateur, on vient manger dans quelque collège d'Oxford une bonne prébende sans rien faire. Il y a tel collège où l'on parcourt l'abbaye, le parc, la bibliothèque, sans jamais rencontrer personne; mais où sont les élèves? Il n'y en a point; deux *fellows* seulement; il y a place pour deux régiments. Ailleurs, au *New College* (*new*, mais bisaïeul de notre Pont-Neuf), 70 élèves; j'en supposais un millier. Ces jeunes gens y vivent donc largement, à leur aise, avec toute l'indépendance possible, autant de dépense qu'il leur convient, de l'espace à revendre; chacun est quelque chose et coûte cher à sa famille et à la chose publique.

C'est le *New College* que j'ai le mieux vu, parce que nous y sommes revenus pour le *luncheon*. Nous allons, d'après un itinéraire tracé par le Dean de Westminster et sur un terrain préparé par ses recommandations, de collège en collège et de *rector magnificus* en *librarian* ou *vice-chancellor*. La *toque* du *New College*, j'ignore le titre de ce bienfaiteur de l'humanité, s'étant aperçu que le *vice-chancellor* oubliait de nous faire rompre le pain, est venu nous reprendre à la porte inhospitalière, de ce dernier, interrompant son *luncheon* dont il nous offrait le partage. Nous y allons gaiement. C'était bien un peu téméraire d'inviter comme cela sans préparation quatre affamés, — j'aurais pu avoir faim ; — mais pas du tout ; il y avait de quoi repaître un peloton d'assiégés. Lui-même, notre bienfaiteur, prend, sur un buffet, assiettes, verres, argenterie : « Voulez-vous du mouton, du veau, du bœuf, du jambon ? » En voilà des réserves homériques : il n'y a qu'à couper. Puis un gros gâteau, également pas pressé de se faire manger à jour fixe, mais excellent avec du cumin, de la bière, du sherry. On est parfaitement repu en un clin d'œil et touché de cette hospitalité simple et canonique.

Trêve de collèges maintenant ; nous prenons un *carriage* qui nous conduit, par un beau froid, à Blenheim (1) ; c'était le château qui s'appelait Woodstock avant d'avoir été donné au plus avide et au plus pillard des vainqueurs. Il avait cependant quelque chose de Mars, celui-là. Le premier coup d'œil nous a arraché en chœur un cri d'admiration : lac, prairies, futaies, vallons, troupeau de daims, c'est splendide ; j'évite de parler du château, il est immense, il fait bien son effet dans le paysage à distance, mais, à mesure qu'on approche, c'est ridicule ; néanmoins c'est grand comme un palais royal de premier ordre. Par toutes les fenêtres une vue digne de Louis XIV ; à l'intérieur, quelques salles immenses et des tableaux que je n'ai pas

(1) Château du duc de Marlborough.

eu le temps de voir en détail, mais un Raphaël première manière, la *Vierge, l'Enfant et deux Saints;* il me paraît très authentique, très beau. Il faut battre en retraite sans l'emporter. Un monument à la mémoire de Marlborough me fait faire un triste retour sur le magnifique monument du maréchal de Saxe, à Strasbourg. Nous traversons le parc en mettant les biches en fuite et en chassant les lièvres à coups de pied ; les corbeaux nous coassent un air de départ, et nous revenons à Oxford pour dîner dans le magnifique hall du *Randolf Inn*, grand comme une gare de chemin de fer. A minuit, nous nous couchons.

Londres, 19 mars. Dimanche, 5 heures, 1871.

Journée affreuse ; nous n'avons qu'un mot de Pontécoulant (1). Les seuls télégrammes qui aient passé semblent annoncer qu'il y a bataille aujourd'hui (2). Je voulais partir ce soir ; le duc (de Broglie) me retient, ne sachant s'il n'ira pas prendre place à l'Assemblée. Que faire ? J'ai passé ma journée avec le commandant Robert Le Fort (3), arrivé hier. Partirons-nous ensemble ? Y a-t-il moyen d'arriver jusqu'à vous ? Il m'était réservé de souffrir encore d'un supplice nouveau : vous savoir en danger et hésiter à tenter de vous rejoindre. Je ne puis que vous recommander tous à Dieu, en ce

(1) Comte de Pontécoulant, chef du cabinet de M. Jules Favre, ministre des affaires étrangères.
(2) Le 18 mars, avait commencé, à Paris, la sédition qui devait aboutir à la Commune.
(3) Mgr le duc de Chartres

moment. Georges est auprès de vous, c'est mon seul
argument pour me retenir ici.

EXTRAITS DES NOTES

..... Le matin du 19 mars, le duc de Chartres vint
me trouver et me demanda ce que nous ferions, le duc
de Broglie et moi, si les dépêches de la journée confir-
maient celles de la nuit. « Nous partirions », lui répon-
dis-je ; et en effet, nous traversions le détroit, l'ambassadeur et moi, dans la nuit du 19 au 20. La mer était
absolument calme, mais il régnait un brouillard si
épais que le commandant du navire, ne trouvant plus
son chemin, avait fait stopper ; la cloche et le sifflet
d'alarme signalaient notre présence à travers les ténèbres de la nuit et du brouillard. Un voyageur qui se
tenait sur le pont, enveloppé d'une peau de bique, vint
à moi et me glissa un mot à l'oreille, puis disparut en
me marquant son désir d'en rester là dans notre reconnaissance. C'était Robert Le Fort, qui retournait à son
poste de soldat.

Je n'ai pas à le suivre dans ce pénible voyage ; je
n'en ai parlé que pour relever une généreuse imprudence de ce prince, militaire avant tout. Son devoir
public finissait avec la guerre étrangère ; les plus évi-
dentes raisons politiques se joignaient aux douces insinuations de son cœur de père et d'époux pour lui com-
mander de rester à son cher et charmant foyer ; il partit

néanmoins, et il fallut les pressantes instances, voire même les injonctions de ses amis, pour le faire retourner en Angleterre. J'en parle sciemment, car c'est sur moi qu'éclata l'orage, quand je vins annoncer à MM. d'Haussonville et Bocher que le duc de Chartres attendait, dans une retraite à moi connue, aux environs de Versailles, leur avis sur ce qu'il avait à faire... Le prince m'écrivit, en repartant pour l'Angleterre, la lettre qui suit :

« Mantes, 24 mars 1871.

« Cher Monsieur,

« Le télégraphe ne m'a rien apporté. Votre billet de mardi soir m'est arrivé ce matin. J'obéis, et demain je serai chez ma femme. J'abandonne tous mes projets, les mesures que j'avais prises pour me mettre dans les rangs de la garde nationale de l'ordre, la course que j'ai faite à Paris, le soir de l'affaire de la place Vendôme; tout est inutile. Du moment que je puis gêner des vues ultérieures, je n'ai qu'à m'incliner. Du reste, ne croyez pas que je m'apitoie sur ma situation; toute âme française, tout cœur généreux, tout officier qui a encore conservé le sentiment de l'honneur, n'a pas aujourd'hui le temps de penser à lui-même, et l'affreux état dans lequel il voit son pays suffit pour empoisonner tout le temps qu'il pourrait consacrer à la réflexion, pour rendre amer tout repos, pour enlever tout charme à la vie pastorale que je vais mener.

« L'expérience des cinq journées que je viens de passer à me promener par ici et dans tous les environs de Paris, me prouve que je puis personnellement faire tout ce que je veux ; aussi, c'est seulement le respect pour l'avis de mes amis qui me fait partir et rompre la chaîne si laborieusement construite depuis six mois entre mon pays et moi. Je reste pourtant toujours à leur disposition. J'ai les moyens de servir, et si l'on me fait dire que l'on me conseille de prendre part à la lutte, six jours après je serai à un poste de danger sous un nouveau harnais dont on ne se doute pas.

« Pardon de vous avoir encore parlé de moi. Merci d'avoir pris la peine de m'écrire. Veuillez recevoir l'assurance de ma sincère amitié. »

Je relève encore dans mon souvenir l'impression que j'éprouvai en arrivant à Versailles. Tout ce qui constituait, ou à peu près, le gouvernement de la France était réuni à l'hôtel des Réservoirs, autour de tables qui se prolongeaient sans fin, où chacun prenait place comme et quand il pouvait, dans le plus étrange pêlemêle de députés, de généraux, de ministres, de femmes élégantes. Celles-ci donnaient le ton à l'assemblée. On riait, on plaisantait, on criait, ou faisait de l'esprit, on buvait avec le plus grand entrain. Rien ne ressemblait moins à l'équipage d'un radeau après le naufrage. Je pensais malgré moi à ces prisons si folâtres où le plus noble sang de la France attendait, sous la Convention, la comparution devant le tribunal révolutionnaire.

Je n'ai pas l'intention d'entrer ici dans le détail de mon séjour partagé entre Versailles, Paris, Courbevoie, du 20 mars au 2 avril. Je note seulement le départ

de ma famille de Paris. C'était le lendemain du massacre de la place Vendôme; il n'y avait plus à hésiter, il
fallait en finir. Un passage pour les voitures restait
encore ouvert à travers la barricade de la porte Maillot.
Mon pauvre père, déjà bien malade, traversa dans la
victoria que M. d'Haussonville avait oubliée dans
Paris et que, bien heureusement pour le propriétaire
de la voiture, je *réquisitionnai* sans me gêner. C'était
le mot et c'était l'usage du temps. J'avais réquisitionné
de même à Versailles la maison de mon ami Eydin,
dans laquelle j'ai logé ma famille, le duc de Broglie et
quelques-uns des siens.

J'avais compté faire reposer ma famille à Courbevoie, chez notre respectable amie Mme Larnac, avant
de gagner Versailles; son repos fut vite troublé par
l'occupation des communards. Il me fallut, dès le surlendemain, organiser un nouvel enlèvement. J'arrivai
cette fois de Versailles, avec le coupé d'un autre ami,
M. Hennequin. Comme je passais devant le poste de
communards établi à la tête du pont de Neuilly, des
gamins crièrent : « A l'eau ! » et j'aurais bien pu en
effet terminer ma course dans la Seine, si je n'avais,
par une heureuse inspiration, demandé mon chemin,
que je connaissais fort bien, à l'individu même qui me
semblait le plus mal disposé. Il s'empressa de le montrer au cocher, et personne n'eut plus l'idée de nous
arrêter. La triste garnison de Courbevoie passa sa nuit
à battre le rappel, à sonner l'alarme et surtout à boire.
Au point du jour, ils étaient tous abrutis par le sommeil et le vin, et ma famille effectua son départ sans
difficulté. Notre joie fut grande toutefois quand nous

atteignîmes la première sentinelle avancée de l'armée de Versailles, un garde municipal, entre Puteaux et Saint-Cloud.

A titre de renseignement historique, je note ici la sécurité complète que les officiers de la bande qui occupait Courbevoie me témoignèrent au sujet du mont Valérien. Comme je leur faisais observer qu'ils étaient sous le feu de ses canons, ils me répondirent qu'ils avaient leurs intelligences dans la place.

. . . .

Le duc de Broglie ne pouvant repartir immédiatement pour Londres, il fut décidé que je le précéderais pour prendre le service de l'ambassade, et je partis en effet, le 1ᵉʳ avril, avec des lettres qui m'accréditaient comme chargé d'affaires.

Je quittai Versailles de grand matin, avec les premiers régiments reconstitués qui allaient, dès le lendemain, ouvrir le feu contre la Commune, à Asnières et à Courbevoie, sous le commandement du général Montaudon. Il me fallut passer par Saint-Germain et Pontoise, longeant la zone visitée par les obus des insurgés, pour gagner Creil. Le 3, j'arrivais à Londres.

A partir du commencement d'avril jusqu'aux derniers jours de 1871, j'ai été presque constamment chargé de l'ambassade, sauf pendant les courts séjours que le duc de Broglie fit à Londres, en mars, mai, juillet et novembre. Confiné jusqu'alors dans les bureaux et les travaux spéciaux de la Direction commerciale aux Affaires étrangères, je débutais tout à la fois dans la représentation de la France à l'étranger et dans le maniement des affaires politiques. Ne possédant par moi-même rien de ce qui peut donner une notoriété diplomatique, ou tout au moins y suppléer, je me trouvais de plus représenter une nation vaincue, écrasée, dont l'existence était devenue un problème, un gouvernement accablé par les désastres et les charges de la guerre et de l'invasion suivie des horreurs de la plus honteuse guerre civile.

Les Anglais étaient très disposés à nous prendre en pitié. Ils nous avaient donné la mesure de leur sympathie en envoyant des secours et des provisions aux affamés de Paris et des campagnes désolées par la guerre. Le gouvernement s'était associé à ce mouvement par les timides observations qu'il avait présentées aux vainqueurs sur le chiffre de la rançon qu'ils exigeaient de nous. Mais personne n'était alors tenté de pousser plus loin l'imprudence de la compassion. La crainte de l'Allemagne dominait la situation ; on parlait bas quand on prononçait le nom de Bismarck, et l'on en était arrivé, à force de bonne volonté, à se convaincre qu'il rétablissait l'équilibre en Europe.

Les sanglantes convulsions de Paris ne laissaient pas que d'inquiéter un peu nos voisins pour eux-mêmes, à cause de l'exemple ; aussi étaient-ils franchement pressés de voir finir la lutte, et ils n'imaginaient pas de moyen plus expéditif pour rétablir l'ordre en France que la restauration de l'empereur, redevenu leur hôte, avec l'aide des Allemands campés autour de Paris et dominant la ville au moyen des forts qu'ils occupaient. Ils n'avaient aucun scrupule de nous condamner à cette honte suprême. Pleins de mépris pour le régime impérial, ils n'en éprouvaient pas moins pour le régime de la dictature de Tours ou de Bordeaux, et ils ne cachaient pas que, dans leur pensée, le peuple des plébiscites impériaux et de la Révolution du 4 septembre n'avait pas le droit de se montrer difficile sur les conditions de son gouvernement. S'ils nous souhaitaient le retour à l'empire, c'est qu'ils ne nous jugeaient ni dignes de la liberté, ni capables d'en porter le poids.

De là, la grande popularité du vaincu de Sedan à son arrivée en Angleterre. La foule se pressait sur son passage pour lui faire ovation ; la police était obligée d'intervenir pour protéger les grilles de son habitation de Chislehurst contre l'invasion de ses partisans enthousiastes ; la reine donnait l'exemple et elle avait été la première à rendre, par ses visites empressées, un hommage public au malheur du souverain dont elle avait accepté l'hospitalité ; les princes anglais, le corps diplomatique, luttaient d'émulation dans ces témoignages extérieurs de respect et de déférence. Certes, tout n'était pas pour la personne de l'empereur et pour son régime, dans la faveur qui l'accueillait. Pour beaucoup de naïfs, c'était encore la France, et ils croyaient rendre hommage à nos malheurs en saluant ou en acclamant leur auteur. J'en ai eu plus tard la preuve, quand les musiques plus ou moins officielles jouaient le *Jeune et beau Dunois*, pour faire honneur aux représentants de la république. Il faut aussi faire la part de l'engouement irréfléchi de l'Angleterre pour toute nouveauté ; la gloire, comme la honte, agit sur la foule. Toute notoriété y est d'abord la bienvenue et y fait prime. Les Anglais sont bien le plus jobard des peuples.

Toujours est-il qu'à mon arrivée en Angleterre, la France était pour les Anglais, voire même pour le gouvernement, plutôt à Chislehurst qu'ailleurs, et son représentant était encore plutôt le marquis de la Valette que ma très obscure et très triste personne. Cette idée était bien aussi partagée par la plupart des agents que l'empire avait nommés, et je la retrouvais à Londres, jusque dans l'ambassade, où bien d'autres errements à redresser m'attendaient.

Il fallut d'abord arrêter le courant des dépenses qui se faisaient pour le compte de toutes les administrations au nom de la patrie en danger, en vertu des pouvoirs plus ou moins réguliers donnés pendant la guerre. Il fallut arrêter ces frais, et régulariser, pendant qu'il était temps encore, la justification des payements effectués. L'ambassade, prise au dépourvu, avait patriotiquement accepté, sous le coup de la nécessité, la charge d'une comptabilité à laquelle rien ne l'avait préparée, et dont elle n'avait pu préjuger d'avance l'étendue; mais, la guerre finie, il fallait se hâter de rentrer dans les voies régulières. Le concours de mes camarades ne me fit pas défaut. La tâche n'en fut pas moins lourde. Des procès, dont l'issue justifia la promptitude des résolutions prises dès les premiers jours de mon arrivée, terminèrent plus tard cette pénible liquidation.....

EXTRAITS DES LETTRES

Londres, jeudi 6 avril 1871.

Les journaux qui surviennent pendant que je t'écris m'apprennent le commencement des pillages dans Paris, nos églises saccagées, notre cher curé arrêté (1). Il y a un déchaînement général ici contre les temporisations de M. Thiers, qui va laisser répandre le sang innocent pour éviter l'effusion du sang impur et pour ne pas rester face à face avec la majorité de la Chambre et la France furieuse. J'aime mieux croire qu'il attend l'arrivée de nouvelles divisions, mais l'attente est affreuse et la satisfaction que j'éprouve en pensant que je vous ai enlevés à ce foyer de crimes ne me rend pas indifférent aux dangers de ceux qui ont dû y rester... Notre cher curé d'abord : il est vrai qu'il ne serait pas fâché personnellement de souffrir le martyre quand la croix est foulée aux pieds.

Croirais-tu que le prince de Joinville a failli, il y a quelques jours, se réveiller dans Paris? Endormi, il avait franchi la dernière station avant la gare Saint-Lazare, il a dû sauter en route sur la voie.

Je prends des leçons pour parler anglais. Imagine un train de grande vitesse : c'est une phrase; il y a vingt wagons, et on n'en aperçoit qu'un. Ce n'est pas commode à saisir au vol !

(1) L'abbé Deguerry, curé de la Madeleine.

Londres, 8 avril 1871.

Hier, j'ai échangé quelques paroles avec les directeurs du *Foreign Office* et les ministres étrangers; rencontres assez curieuses : on se tâte, on s'observe. Ou je me trompe fort, ou ils sont restés convaincus qu'ils avaient affaire à un bon jeune homme. Le Turc, à qui l'on avait sans doute tenu quelques propos au sujet des relations de l'ambassade avec Twickenham, m'a fait une profession de foi orléaniste. J'ai saisi l'occasion pour dire : « Que Dieu préserve les princes d'un pareil fardeau en pareil temps ! Je les aime trop personnellement pour le leur souhaiter. Il n'y a, d'ailleurs, que la république qui puisse faire les journées de Juin en 1848, ou le siège de Paris en 1871. »

Cette partie d'échecs qu'il faut jouer tout le jour est assez amusante au début. Ce sera un passage original en ma vie. Si je ne vous savais à Versailles, si bien entourés, que je serais en peine !

18 avril 1871.

J'ai reçu du comte de Paris une lettre qui me félicite du grand succès obtenu par mon chef (1) : « On a trouvé enfin en lui un orateur politique. Je m'en réjouis bien sincèrement. Je m'en réjouis d'autant plus que j'appréhendais ce début qui devait nécessairement être brillant pour répondre à l'attention générale. C'est

(1) Le duc de Broglie, rapporteur d'une loi sur les délits de presse, avait pris la parole, le 14 avril, pour soutenir un amendement donnant à la loi une portée plus libérale.

parfait, et je suis surtout heureux de le voir attacher son nom à une mesure libérale adoptée en pareille circonstance. C'est tout à fait nouveau dans notre histoire parlementaire, et cela me donne grand espoir. »

J'avais tenu à me montrer à un raout donné par le lord-maire à Mansion-House. Malgré la rigueur des temps et l'humilité qui nous est commandée, j'avais eu quelque satisfaction à représenter mon malheureux pays dans le palais de la Cité. Un beau hall avec des colonnes corinthiennes et des vitraux gothiques; la musique de la garde de Paris, réfugiée à Londres après le cataclysme du 18; le lord-maire et le *sherif* avec leurs musiques, la vaisselle d'or qui n'a jamais été pillée; beaucoup d'Anglais sans chapeau, d'Anglaises avec des robes à queue. J'avais fait mon entrée avec des *very glad* et des poignées de main au lord-maire, à sa femme, à ses filles, à tout ce qui se présentait; Franqueville faisait les honneurs de ma personne. Lesseps s'est trouvé là juste à propos pour me fournir un incident comique. Il me prend pour un autre et m'amène à sa femme; celle-ci, d'abord un peu étonnée, se récrie sur ma barbe qu'elle ne connaissait pas. Je lui réponds que c'est le siège qui l'a fait pousser; ce raisonnement achève de la convaincre. Au bout de quelque temps, Lesseps, qui commence à se méfier, me rejoint et, pour réparer son erreur; me demande si je suis avec Mme X. *For shame!* J'ai bien fait rire Mme de Staël en lui racontant cette histoire.

Décidément Montaudon (1) a du bon. Les journaux

____

(1) Général Montaudon, depuis chef de corps d'armée et député.

de Londres me demandent son portrait et une note.
C'est le héros du jour. Tout est retourné ici. C'est
comme cela : les insurgés aux gémonies puisqu'ils
sont vaincus! J'espère bien que leur compte va être
réglé les armes à la main. Il est trop tard pour
admettre une capitulation. Il faut punir.

Londres, 21 avril 1871

Le matin, vers six heures, je descends les escaliers
au grand scandale de toutes les *house maids*, accroupies
sur les marches ou devant les foyers qu'elles font re-
luire ; tout cela se sauve à mon aspect, comme des
grenouilles qui sautent dans l'eau. L'infériorité des
femmes de service, leur humilité, je ne dis pas seulement devant le maître, mais devant tous les mâles de la
maison, est une des choses qui me choquent le plus,
J'arrive au cabinet ducal entouré de grandes armoires
de chêne, une espèce de hall sombre avec deux larges
fenêtres devant lesquelles les amazones défilent au
petit galop à partir de neuf heures, puis les *horse
guards* qui passent et repassent, et les grenadiers,
habillés de blanc comme des marmitons, avec deux
pibrocks. Tout cela juste à l'horizon, presque au-dessus du rayon visuel, comme dans un aquarium. A huit
heures, les journaux ; à huit heures et demie, le courrier, ta lettre : c'est le meilleur moment de la journée ;
d'heure en heure, les télégrammes ; quand c'est Jules
Favre, l'intérêt redouble ; puis le personnel, les visites,
la sortie.

Demain, je dîne, tout seul de mon espèce, chez lord

Granville (1). Pourvu que mes voisins parlent français !
Ce même Granville m'a joué hier un tour qui aurait pu
gêner. A midi, il convoque le duc pour trois heures,
afin d'échanger les ratifications de la convention sur la
mer Noire. Je réponds au porteur, par un billet écrit
sur le coin d'une table, que le duc est absent, etc. Le
soir, le protocole m'arrive avec mon billet tout au
long. Je ne sais quel effet il produira en Europe ; mais
quant à moi, il m'a fait froid. Heureusement il est
correct.

Londres, 24 avril 1871.

Hier, j'ai dîné chez lord Granville ; bel hôtel vraiment élégant, mais ce qui vaut encore mieux, une
femme charmante (2), très belle, très élégante, parlant français avec une petite pointe d'accent, tout juste
ce qu'il faut pour colorer son langage. J'ai été successivement présenté à tous les convives ; impossible
d'attraper au vol le nom d'aucun d'entre eux. Ils parlaient tous français plus ou moins ; j'étais humilié de
ne pouvoir leur rendre un mot dans leur langue. On
passe à table et je me trouve à la droite de lady Granville : je ne suis pas encore fait à tant d'honneur. Le
dîner bon, avec quelques originalités, comme un plat
au fromage, pour finir, après la glace. Au dessert, les
femmes se lèvent ; je me disposais à suivre ma belle
voisine ; mais pas du tout, il faut rester à faire passer

(1) Q, Leveson Gower, comte Granville, né en 1815, ministre
des affaires étrangères ; mort en 1891.
(2) Castalia Campbell, seconde femme du comte Granville.

et repasser deux carafons de vin qui font le tour de la table. Cela n'a duré heureusement qu'une demi-heure, et à dix heures nous sommes rentrés au salon.

Bonne conversation avec Brunow (1) : « L'Angleterre vous aime. — Elle croit donc que notre gouvernement en a pour plus d'un quart d'heure », lui ai-je répondu. Quelques jours avant, il m'avait dit : « L'Angleterre serait bien disposée, si vous durez plus d'un quart d'heure. »

Londres, 18 mai 1871.

J'ai rejoint le duc (de Broglie) chez les Rothschild (2). Lieux magnifiques ; voilà de l'or bien appliqué, un luxe de haut et bon goût. D'abord l'escalier avec trois étages de colonnes, un spacieux vaisseau, une lumière tombant d'en haut, à souhait pour un Guardi et des fleurs comme il n'en eût jamais rêvé. Un beau parvis vous amène dans un salon qui trouve moyen d'être horriblement *sterling* et exquis ; de vieilles tentures de France, soie brodée du dix-huitième siècle ; quelques tableaux de maîtres, del Sarto, Murillo, Greuze, tout juste assez pour orner sans faire galerie ; on est bien dans un salon. Quelques femmes : Mme Alphonse (3), beauté d'un caractère étrange ; il y a là de la race de Jacob ; la duchesse de Manchester (4), une beauté comme il en faut dans les cours qui aiment à s'amuser ;

(1) Baron de Brunow, ambassadeur de Russie, mort en 1875
(2) Baron Lionel de Rothschild (chef de la maison de banque), mort en 1879.
(3) Baronne A. de Rothschild, fille du baron Lionel.
(4) Comtesse Louise d'Alten, mariée en 1852 au duc de Manchester, remariée au duc de Devonshire.

la belle lady Granville ; la comtesse de Flandre (1),
bien royale ; si tu savais le latin, je dirais : *Incessu
patuit dea ;* elle n'est pas plus grande qu'il ne faut, mais
elle ne se rapetisse pas. J'en ai fini avec les beautés du
salon. Places-y encore la baronne (2), puis son mari,
dans une chaise à roulettes. Eh bien, j'ai trouvé le
moyen de saluer chacun ; il est vrai que le duc m'a
diablement tendu la perche.

Nous avons visité ensemble, guidés par le *Post
master general* (3), le *Central Office* des télégraphes :
cinq cents jeunes filles, toutes ayant lu le matin un
roman et fait leur thé ; ce ne sont pas des ouvrières.
Tout cela transmettait des paroles aux quatre coins du
monde, avec des mouvements de trépidation fiévreuse
et parlant quand même. C'est la foire aux paroles.
Nous étions accompagnés dans notre visite par un
petit personnage bien simple, un peu grêle, boiteux,
ayant l'air de descendre d'un clergyman plutôt que
d'une race illustre ; c'était cependant le dernier rejeton
des ducs de Norfolk (4).

Londres, 19 mai 1871.

Nous avons organisé notre cérémonie pour Saint-
Cloud (5). Gounod était venu avec le curé. Ah ! le

(1) Marie, princesse de Hohenzollern, mariée au comte de
Flandre.

(2) Baronne de Rothschild, morte en 1884.

(3) William Monsell, créé lord Emly en 1874.

(4) Quinzième duc de Norfolk, H. Fitz Alan Howard, premier
duc d'Angleterre, comte Marshal héréditaire, né en 1847.

(5) Concert pour venir en aide au curé de la ville de Saint-
Cloud, incendiée en 1871.

drôle d'homme, toujours à moitié dans les nuages.
Nous aurons sermon, salut, concert, exposition de
ruines. Ce matin, j'ai obtenu l'autorisation de l'archevêque (1) : belle tête, grand air, figure ascétique et de
race; il m'a ravi...

J'ai aperçu la reine en voiture. Comme de juste,
l'Écossais Brown était sur le siège de derrière. Elle
allait à une nouvelle statue colossale du prince Albert,
statue portée sur d'autres statues. Il doit être bien
gêné de ce piédestal, car il était homme comme il faut,
gêné encore plus du temple qu'on lui élève juste en
face d'Albert-Hall : temple, kiosque, pagode, fantaisie
byzantine. Il y a de quoi rendre jaloux Wellington,
qui n'a que deux statues, l'une avec un tricorne,
l'autre, à l'autre bout du parc, avec une épée pour
tout vêtement.

En même temps, la liquidation sociale va son train;
le ministère n'est qu'un syndicat; il lâche tout. Il y a
quelques jours, Gladstone ne cachait pas ses sympathies
pour le vote des femmes; puis, un autre ministre lâche
presque l'Église établie. On arrache, l'un après l'autre,
tous les pilotis de la grande île.

EXTRAITS DES NOTES

Pendant que je m'escrimais avec toutes ces difficultés, la lutte sanglante s'engageait à Paris et se prolon-

(1) Henri Edward Manning, archevêque de Westminster en 1865;
cardinal en 1875, mort en 1892.

geait, m'entretenant dans des angoisses qui se traduisaient par un véritable sauve-qui-peut autour de moi. Le duc de Broglie vint me relever vers la fin d'avril; il m'apportait, avec son approbation, les témoignages les plus explicites de la satisfaction du gouvernement. Le temps ne se prêtait pas aux allures sèches et gourmées de la diplomatie régulière. Dès mes débuts, M. Thiers et M. Jules Favre avaient senti, dans mes démarches et mon langage, un souffle patriotique qui était de circonstance.

Le duc ne devait pas rester longtemps à Londres; le 6 mai, je reçus la pénible mission de lui annoncer la blessure de son fils, devant Paris (1). Il ne fut bientôt plus possible de lui en dissimuler la gravité, et il dut se décider à partir brusquement pour Versailles, le 20 mai. Son départ fut même si précipité qu'il s'excusa d'assister, ce jour-là, au banquet officiel du *Foreign Office* pour l'anniversaire de la naissance de la reine. Comme il était indispensable que la France y fût représentée, je dus m'y rendre affublé de l'uniforme du duc de Broglie. La même voiture nous conduisit, moi au palais des Affaires étrangères, à White-Hall, et lui à la gare de Charing-Cross. Il était fort triste, et je ne l'étais guère moins. Il me fallut bien du courage pour affronter, pour la première fois, dans ces circonstances et dans cet accoutrement, les regards et les observations du corps diplomatique.

J'avais jusqu'alors évité de me mêler à la société plus ou moins officielle; je me tenais justement à

(1) Le prince François de Broglie avait été grièvement blessé à l'attaque du fort d'Issy, le 5 mai.

l'écart, attendant pour me produire que j'eusse autre chose à recueillir que des condoléances. Cette réserve, que justifiait par surcroît le malheur prochain dont l'état de santé de mon père me menaçait, n'a pas nui à mon introduction dans le monde où je devais lentement conquérir ma place. Un représentant en deuil convenait à la France en deuil de deux provinces et de l'élite de plusieurs générations.

Jamais le sentiment de mon isolement, de mon impuissance et de mon insuffisance ne pesait plus lourdement sur moi que lorsque je me rendais au *Foreign Office* pour conférer avec lord Granville. Les étrangers avaient perdu toute vergogne, les uns dans leur arrogance de parvenus, les autres dans leur aplatissement devant le plus fort. Je me souviens des pénibles réflexions que je faisais, attendant mon tour d'audience dans une salle qui donne sur la cour intérieure du *Foreign Office*. L'horloge qui sonnait, avec un impitoyable retentissement, les heures, les demies, les quarts, me semblait la voix de la destinée qui me criait : Place aux bien portants, malheur aux vaincus ! place aux nations qui savent se gouverner, malheur aux peuples atteints de démence !...

ENTRAITS DES LETTRES

Londres, 21 mai 1871, dimanche soir.

... A sept heures, nous avons reçu le télégramme de Roger (1) annonçant l'entrée de nos soldats dans Paris. Mme de Staël m'a donné congé pour que je puisse annoncer la bonne nouvelle aux princes tous réunis, le dimanche, chez le comte de Paris. Fouette, cocher !... Tout le monde était là, en effet, un peu surpris de mon arrivée. J'annonce de meilleures nouvelles du fils du duc de Broglie, et je remets au comte de Paris le télégramme sous *son enveloppe*. Le comte lit. Tu t'imagines l'éclat : le messager de Marathon n'a pas été mieux accueilli ; on voulait m'embrasser et je me serais bien laissé faire, à condition de ne pas commencer par la vieille princesse de Salerne.

Je reviens au départ du duc. Il m'a laissé dans mon habit d'Arlequin, à la porte du *Foreign*. Je commence par te rassurer ; j'étais le plus beau ; cela ne fait pas, il est vrai, l'éloge des autres ; mais me vois-tu, ainsi accoutré, au milieu de soixante diplomates et hauts dignitaires que je devrais tous connaître ? Lord Granville ne m'écoute qu'à moitié ; Odo Russell (2), plus Allemand que Français, doit m'accepter pour voisin à

(1) Comte de Pontécoulant, chef du cabinet de M. Jules Favre.
(2) Odo Russell, ambassadeur en Allemagne ; fait lord Ampthill en 1881, mort en 1884.

table; plus loin, Hamilton Seymour, le fin diplomate qui avait vu dans le jeu de Nicolas, en 1854. Les plats succèdent aux plats, toujours dans la vaisselle d'argent; la musique de la garde va son train. Au dessert, on porte le toast le plus froidement comique à S. M. la reine. Le ministre répond par un toast aux souverains et chefs d'État amis et alliés qui sont si dignement représentés ici. On boit encore, mais le vin ne fait rien sortir de spirituel de tous ces uniformes. Après boire, j'attrape mon ami Brunow dans sa redingote d'argent; je le prends au mot quand il m'offre de tout faire pour moi, et je le prie de me présenter aux vingt ministres ou ambassadeurs que je ne connais pas. Nous commençons par Bernstorff (1), air paterne de bon Allemand : il faut que je lui raconte comment le fils du duc a été blessé; quand il a su que c'était par les insurgés, il s'est écrié avec une bonne intention : « Je suis content que ce ne soit pas par nous. » J'ai fait ainsi une dizaine d'habits brodés, avec la même histoire.

Lady Granville est arrivée, toujours belle et gracieuse; puis la cohue a commencé; vers onze heures et demie, je me suis sauvé avec le prince Ladislas (2), pendant que la musique annonçait le prince de Galles par un *God save the Queen !*

(1) Comte Bernstorff, ambassadeur d'Allemagne, mort en 1873.
(2) Prince L. Czartorisky, né en 1828, marié à la princesse Marguerite, fille du duc de Nemours, mort en 1894.

Londres, 23 mai 1871.

Nous nous rassurons pour le cher blessé. Nous venons de passer une matinée délicieuse, Mme de Staël était elle-même transportée. J'ai amené Gounod. Il a été étincelant. Il a fini par se mettre au piano : le troisième acte d'*Othello*, la symphonie avec chœurs; je ne sais plus s'il les a parlés ou joués. Un *ré* cloche à mon piano; comme il partait, voyant le plaisir qu'il nous avait fait, il est remonté pour me dire : « Faites réparer le *ré* avant que je revienne. »

Comment trouves-tu cette réponse de Saint-Saëns à la lettre de Gounod qui lui demandait de tenir l'orgue : « Accord en *ut,* accord en *sol,* c'est-à-dire accord parfait. » Tout cela a charmé et vraiment tourné la tête de Mme de Staël. C'est une sainte, n'en déplaise à Mgr Manning; elle m'édifie et me fait envie. Emporté par les affaires, en pleine activité d'esprit et de vie, je n'ai pas, comme elle, la pensée en Dieu; mais je voudrais faire comme elle.

Londres, 25 mai 1871.

En une nuit, Paris effacé de la carte du monde (1) ! Il ne reste plus qu'à faire une patrie nouvelle; cherchons-lui un nom; sera-ce encore la France ? Mais, pour une pareille œuvre, pour supporter de pareils malheurs, il faut des âmes vigoureuses, des forces vierges,

(1) On venait d'apprendre à Londres les incendies allumés par la Commune.

un patriotisme violent et audacieux. Je fais le procès de tous ceux qui sont responsables de nos malheurs. Il faut savoir se retirer et faire place à la jeunesse, à la foi, qui seules peuvent nous sauver.

Roger m'a envoyé une série de télégrammes datés du mont Valérien; il y en a un d'une affreuse éloquence : « Je n'ose plus, dit le colonel Lokner, interroger l'horizon. » Un télégramme dit que le vieux Louvre serait sauvé; je sais que les tableaux sont à Brest; s'il nous reste encore la Sainte-Chapelle, avec Notre-Dame et les Invalides, on pourra refaire Paris...

Londres, 26 mai 1871.

Je me remue comme un diable depuis ce matin pour faire partir les pompiers de Londres. M. Gladstone ayant prononcé hier des paroles sympathiques, j'ai couru le remercier en même temps que sir Robert Peel (1) qui avait exécuté la Commune avec la vigueur ordinaire de sa parole. Je lui ait fait part de l'idée d'envoyer à Paris un détachement de la *fire brigade* de Londres avec ses pompes à vapeur. Voilà un gaillard qui ne manque pas d'entrain. Il nous en faudrait comme cela pour ramasser nos pauvres morceaux. Il n'y a pas d'exagération à dire que cette idée a pris feu et s'est répandue comme par l'électricité. Nous sautons en *hansom* jusqu'à la première *fire brigade station;* rendez-vous est donné au capitaine Shaw à mi-chemin pour nous retrouver plus vite; tout est arrêté, les

(1) Frère du Speaker actuel, fils aîné de sir Robert Peel.

ordres, les avis transmis, le navire frété, M. Jules Favre prévenu en même temps que lord Granville.....

Londres, vendredi soir.

Contre-ordre, sous prétexte qu'on est maître de l'incendie. J'ai répondu en vain : « Qu'importe ! » En vain, j'ai gardé en poche le télégramme de mon ministre. Lord Lyons (1) avait été prévenu, et lord Granville m'a mandé au *Foreign Office* pour m'aviser du contre-ordre qu'il avait reçu et transmis. J'ai été mal accueilli quand j'ai apporté aux pompiers et aux volontaires l'ordre de *stopper*. Ils y allaient de bon cœur. Ils ne sont pas plus contrariés que moi. On manque une précieuse occasion de fraterniser.

Cette nuit du 23 au 24 mai, avec les lueurs lugubres qui s'élèvent de tous les points de Paris, me revient comme la nuit du 24 août 1572. Voilà les deux crimes que je rapproche.

Qu'est devenu notre cher curé ? Prions Dieu de nous le conserver.

EXTRAITS DES NOTES

... La Commune finie, je sentis l'opinion nous échapper, celle du moins de la presse, qui ne se con-

____

(1) Ambassadeur d'Angleterre en France, mort en 1887.

fond pas toujours avec l'opinion qui règne au fond des masses. Ce fut le moment des entraînements en faveur des communards que chaque marée jetait à la côte. On oubliait que le sang dont ils montraient les taches était celui de leurs victimes. Il fut de mode de s'apitoyer sur le sort de ces misérables. Lady Burdett Coutts donnait le signal et prenait à sa charge une des premières bandes débarquées ; elle eut même le courage, un jour, de me demander de les prendre à mon compte. Des souscriptions s'ouvraient dans les journaux. Rien ne donne mieux une idée de l'hébétement de l'opinion régnante en ce moment à Londres que cette question d'un lord, par courtoisie, c'est-à-dire fils d'un pair : comme on lui parlait de la blessure du fils du duc de Broglie lors de la reprise de Paris, il demanda naïvement dans quels rangs il avait été blessé. Certes, le gouvernement anglais ne se laissait pas aller à de semblables défaillances, mais la réserve de lord Granville redoublait. Je crus avoir bien conseillé le gouvernement en l'engageant à ne pas introduire de réclamation inutile, à laisser la réaction de l'opinion se produire spontanément, et, s'il se décidait à une poursuite, à frapper le coup sur un scélérat illustre comme Félix Pyat. C'était l'avis du ministre de l'intérieur, M. Bruce (1), dont le cœur se levait devant cette inondation de fange sanglante et qui n'admettait pas que la protection de la loi pût s'étendre, sous prétexte de politique, aux plus exécrables assassins. Toutefois, en pareille matière, l'honneur de l'Angleterre

---

(1) Créé baron Aberdare en 1873.

était à la merci des juges, et le gouvernement n'avait aucune envie de se compromettre par un généreux élan d'indignation. Le cabinet Gladstone-Granville n'a pas été plus vaillant devant l'agitation radicale en faveur de la Commune que devant le prestige, pour ne pas employer un autre mot, des victoires de l'Allemagne.

EXTRAITS DES LETTRES

Londres, 12 juin 1871.

Ce matin, le comte de Paris est venu faire sa visite officielle à l'Ambassade. Retenu par l'attente des couches de la princesse, il ne peut suivre son frère et ses oncles (1), mais il n'a pas voulu tarder à venir prendre possession du droit qui lui est enfin rendu.

Il est descendu d'un *hansom*, comme le plus simple mortel, sous une pluie battante. Je me suis précipité pour le recevoir ; encore un peu et le portier refusait l'entrée à un visiteur si modeste. Tu vois que la scène ne prête guère à un tableau historique, genre Versailles.

L'acte était solennel cependant, délicat pour moi, il ne fallait pas faire dire au prince plus ou autre chose

____

(1) La Chambre avait abrogé les lois d'exil, M. Gavard avait eu l'honneur, quelques jours avant, de signer le passeport des autres princes.

qu'il ne lui convenait; il était surtout bien difficile de saisir la nuance exacte des termes, pleins de déférence, mais exclusivement respectueux, dans lesquels il s'exprimait à l'égard de M. Thiers. J'ai eu la bonne idée de prier le prince de prendre lui-même la plume, et il a écrit, sur ma table, la dépêche suivante :

« Le comte de Paris est venu, samedi, à Albert-Gate-House. Il m'a dit que, l'Ambassade étant terriritoire national, il avait hâte d'en franchir le seuil. Sa visite avait, d'ailleurs, spécialement pour objet d'exprimer au représentant officiel de son pays la joie profonde que lui causait la décision par laquelle l'Assemblée nationale vient de lui ouvrir les portes d'une patrie qu'il n'a jamais cessé d'aimer par-dessus tout. Il m'a demandé tout particulièrement d'être l'interprète de ses sentiments auprès du chef du pouvoir exécutif et de lui transmettre l'assurance de son respect. »

La dépêche est partie, le soir même, avec la simple addition de *S. A. R. Mgr*, devant le nom du comte de Paris.

Londres, 15 juin 1871.

Beaucoup de compliments sur *ma* dépêche, de la part du duc de Broglie, comme de M. Jules Favre qui regrette cependant mon addition...

Londres, 27 juin 1871.

Hier soir, je suis entré au Parlement. Vous croyez, vous autres, que cela existe : pas du tout. J'ai trouvé un individu qui gesticulait, faisait des manières, pour en réveiller un autre qui dormait au banc en face de lui. C'était le parti conservateur qui combattait cette grande innovation, le *ballot bill* (1), destiné à faire couler la démocratie à pleins bords dans cet imprudent pays. Rien ne me paraît plus contraire à l'esprit des institutions et aux mœurs anglaises. C'est la mise en suspicion du courage civique des électeurs, une étape vers le suffrage universel, voire même le vote des femmes.

Ils étaient quinze en tout. Vers neuf heures et demie, il est arrivé un renfort d'une vingtaine qui se sont tous mis à dormir; de temps en temps, un ronfleur fait : *hear, hear.* L'orateur redouble et se tourne vers ce bienveillant auditeur. Puis, tout à coup, tous ces endormis sautent en l'air, tirant leur chapeau. Le préopinant vient de finir; ils veulent placer leur *speech* pour s'en aller dormir dans leur lit. J'ai compris qu'il n'y a que ceux qui veulent parler qui assistent à la séance.

Londres, 5 septembre 1871.

Un discours de M. Gladstone. En France, nous appellerions ce premier ministre un socialiste et nous n'aurions peut-être pas tort. Une nouvelle révolte de chevaux au camp d'Aldershot. Allons, si les Anglais ne savent plus attacher leurs chevaux, entrer dans la Tamise sans se mettre à la côte, ouvrir la bouche sans

(1) Scrutin secret.

crier sus aux riches, il y a matière à faire un nouveau livre sur l'Angleterre...

Je me mets en route vers deux heures, n'ayant pas d'église à visiter dans ce pays sans Dieu personnel et sans art; je passe par la *National Gallery*, et je me repose quelque temps devant mes chers Italiens; je m'amuse à comparer la madone du Corrège et celle de Raphaël. Quelques courses d'affaires : je constate, en passant, que même le préfet de police est *in the country*... Et les voleurs? Dans les administrations, comme le *Board of trade*, il n'y a plus absolument personne, tous les employés sont sur le continent pour deux mois; il ne reste un portier que parce qu'on attend une communication que nous avons annoncée. Enfin j'arrive au club (1); c'est vraiment charmant de se trouver au milieu de tant de livres, de tous les moyens d'occuper l'esprit et d'y être seul ! Voilà Grote, Mommsen, les plus belles éditions de tous les classiques et tous les musées européens; seulement ils se neutralisent et je reste cloué sur place en contemplation...

J'ai conduit Denys (2) à Covent-Garden. C'est l'Opéra converti en salle de concert-promenade. Tu ne peux t'imaginer les inventions de l'art musical en ce pays : éteindre le gaz, le rallumer, tirer littéralement le canon, faire trépigner les chevaux sur le parquet, faire éclater des cris sauvages dans les différentes parties de la salle, transporter instantanément l'orchestre de la cave au grenier, c'est là la musique. Tout le monde

(1) Atheneum-Club.
(2) Le baron Denys Cochin, maintenant député

est enchanté, et le chef d'orchestre croit avoir battu
Wagner de plusieurs longueurs.

Londres, 20 septembre 1871.

En arrivant hier au club, il m'a été agréable d'y lire
l'article de M. Guizot. J'ai retrouvé le vieux duc de
Broglie, je l'ai entendu encore en lisant ses Notes bio-
graphiques. C'est un politique de l'école de saint Louis,
et il méritait d'être son ministre. Le vieillard que j'ai
connu et dont je vénère la mémoire est bien le jeune
homme qui, à vingt ans, oubliait qu'il était le chef de
la famille de Broglie ; il peut le dire, parce qu'on doit le
croire...

Demain matin, je vais assister à la bataille de Dorking (1), en méditant ma dépêche commerciale. Ce
nouveau sport fait fureur. A chaque instant on publie
des suppléments de journaux pour donner des nouvelles de la bataille engagée ; il y a des héros : nos voisins touchent d'emblée au suprême du ridicule.

Walmer-Castle (2), 27 septembre 1871.

Je ne comprends pas encore trop où je me trouve,
parce que je suis arrivé de nuit. J'ai vu une herse, un

---

(1) C'étaient des manœuvres militaires faites pour répondre à
une brochure intitulée la *Bataille de Dorking*. Dans cette brochure
on supposait l'attaque d'une armée ennemie contre Londres et l'on
racontait son succès.

(2) Résidence du comte Granville, *Lord warden of the cinque
Ports*.

pont-levis baissé, des murs énormes, des corridors les plus bizarres, des voûtes, enfin un donjon où je suis établi comme Fouquet ou Bolivar, sans comparaison au fond.

J'arrive à sept heures et demie ; on m'amène de détours en détours, tantôt montants et tantôt descendants, sans me bander les yeux toutefois, devant la châtelaine, étendue sur un canapé blanc, blanc sur blanc. Oh ! la belle personne ! Et qu'elle est aimable, malgré un peu de froideur qui convient à l'éclat de son teint ! On me présente à sa mère, des yeux ensevelis sous les paupières ; elle y voit cependant ; puis l'excellente lady Georgiana Fullerton (1). On dîne sans la belle comtesse, qui reste étendue sur son sofa ; on cause de pas grand'chose ; on se lève à la cérémonie sacramentelle du *pass wine ;* on revient au salon. Il faut que je raconte mes aventures de route, eh bien, soit ! J'ai rencontré une lady et sa fille ; nous avons eu un accident à la machine ; la mère a été prise de curiosité, il a fallu aller voir, je les ai débarquées et embarquées ; nous nous sommes beaucoup mieux compris quand elles se sont mises à parler français ; elles sont descendues à la station avant Deal. — Voilà tous les esprits en campagne. Qui peut être cette lady ? Il y a un mariage mardi dans le voisinage ; ces dames viennent pour le mariage. On cherche, on m'interroge, on me *cross examine*, enfin, le signalement répond : c'est lady Vernon et sa fille.

Cependant le ministre des affaires étrangères s'est

(1) Fille du premier comte Granville. Morte en 1885. Auteur de romans estimés.

remis à régenter lé monde, il ouvre des *boxes* (1) et il envoie des télégrammes du fond de la pièce où nous causons. Il revient raconter spirituellement des histoires gaies ; on voit qu'il en a l'habitude et qu'on a aussi l'habitude de l'écouter et de rire. Le silence se rétablit quand nous jouons aux échecs ; il n'est plus interrompu que par le bruit des coups ; la respiration s'arrête. Je débute comme une mazette ; il faut croire que c'était une feinte : mon adversaire se laisse aller au mépris, je me réveille, et il serait foudroyé ; mais un télégramme nous interrompt ; on me le passe : c'était bien lady Vernon, et voilà son remerciement pour M. Gavard. Quand lord Granville s'était retiré dans son coin, au lieu de régenter le monde, il avait écrit aux voisins : « M. G. présente ses hommages aux dames qu'il a secourues sur la route. » Ce trait te donne une idée exacte de l'amabilité de caractère de lord Granville et de sa sociabilité. Ensuite on se couche. Me voilà donc dans ma casemate. C'est une vraie arche de Noé. Il y a de tout : araignées, cousins… Le gîte est cependant aussi propre, aussi confortable, aussi bien arrimé que possible.

Dimanche. — Premier *luncheon* avec toute sorte de choses, à neuf heures et demie. Je fais la connaissance de lady Vita (Victoria-Alberta), un démon avec des cheveux d'or ; mon pauvre cœur n'y résiste pas, je crains qu'il ne devienne banal en ses engouements. Nous allons à la messe à Deal, les Fullerton et moi : une petite chapelle avec des soldats irlandais, mais un pauvre prêtre

____

(1) Boîtes.

qui joue à la grand'messe avec tous les simulacres du culte et qui veut retenir son monde aussi longtemps que l'église rivale.

En rentrant, je fais la connaissance du château, en pensant au pauvre père à chaque échappée de vue pittoresque, avec des murailles couvertes de lierre au premier plan, chevauchant les unes par-dessus les autres, des arbres qui s'y mêlent, des canons qui font leur trouée à travers les pierres, et la mer terminant l'horizon par un ruban d'argent. Les navires passent et repassent : c'est le plus grand chemin maritime connu. Dans mes excursions à travers les compartiments de ce gâteau de Savoie, de cette forteresse accommodée par un tapissier, je retrouve la belle comtesse couchée entre deux canons, humant la brise tant qu'elle peut ; c'est une beauté hyperboréenne, elle ne fleurit que dans la pluie, le vent et le froid.

Sa pauvre mère, Mʳˢ Campbell, est aveugle ; je ne croyais qu'à une infirmité extérieure, mais non : pas un rayon de lumière depuis quinze ans. Elle a perdu la vue à faire des lectures nocturnes à son mari et, maintenant, elle est si adroite que j'ai déjeuné et dîné avec elle, je lui ai vu faire une partie d'échecs, sans me douter qu'elle fût aveugle.

Deuxième *luncheon* à deux heures, après quoi nous allons nous promener jusqu'aux falaises de Kingsdom. De temps en temps, on aperçoit la France ; entre elle et nous, les dangereux sables mouvants du détroit ; on les reconnaît aux lames qui s'y brisent, puis, entre les sables et nous, une flotte immense. Je compte 120 vaisseaux. Cela me rappelle mes promenades le long du

Sund ou du détroit de Messine. Il y a sans doute ici plus de navires que devant Scylla, mais où est le soleil, où sont les oranges et ce je ne sais quoi qui grise, qui fait souvenir et qui rend agréablement triste ?

La petite personne nous accompagnait sur son poney ; rien de plus drôle que cette petite amazone, ne cessant pas de causer tout le temps, total : quatre ans et demi. Au retour, nous avons trouvé la belle comtesse toujours étendue entre ses canons ; je lui ai tenu compagnie jusqu'à ce que le froid m'ait chassé. J'ai ensuite fait mat mon ministre pour tout de bon ; je lui ai promis une revanche ; puis bonsoir et au revoir.

Londres, 26 septembre 1871.

J'ai passé ma journée aujourd'hui à Shoburiness (1), au milieu des canons, de huit à cinq heures. Quel sabbat ! C'était fort intéressant ; train spécial ; j'ai ma place près du général Storck, sous-secrétaire d'État de la guerre, qui présidait à la fête ; un Anglais sans les préjugés du pays. Nos officiers ont très belle tenue ; toutes les attentions sont pour eux, et particulièrement pour le colonel Berge (2) qui connaît Georges et l'a souvent vu à Metz. C'est un homme distingué. Nous avons tiré sur terre et sur mer, percé des cuirasses d'un mètre d'épaisseur, admiré l'affût Moncriffe : une pièce de 600 tonnes qui fait la culbute en l'air à tout coup et vient d'elle-même reprendre sa position. C'est vrai-

____

(1) A l'embouchure de la Tamise, rive gauche.
(2) Baron Berge. Il a été commandant de corps d'armée

ment très joli; trop même sans doute pour être pratique. Nous avons eu de très beaux tirs à 1,800 mètres en mer. Si je n'avais craint d'être indiscret, j'aurais proposé d'éloigner ou de rapprocher le but de 500 mètres. On n'aurait sans doute pas eu d'aussi beaux résultats.

Londres, 27 septembre 1871.

Dieu nous préserve de la vieillesse solitaire! J'ai visité ce matin plus de 700 vieillards sans enfants, sans affections autour d'eux. Ils ont le pain, le coucher, les soins nécessaires; c'est fort propre, mais c'est affreux. Avoir vécu tant d'années et n'avoir pas un foyer, ne pas laisser une espérance ici-bas, être réduit à ce qui reste de vous-même, à ses douleurs et à sa misère! M. Vernon (*guardian* de notre paroisse, Belgrave-square et Grosvenor-square, la plus riche de Londres et comprenant 150,000 âmes) est venu me prendre ce matin et m'a conduit au *workhouse* des vieillards, hospice ou hôpital. Il y a aussi quelques enfants ramassés dans la rue; ils y restent peu, on les évacue au fur et à mesure sur les asiles de la campagne. L'établissement est considérable et bien tenu; pas une mauvaise odeur. Je n'en suis pas sorti cependant fort gai. J'ai pris rendez-vous pour visiter, la semaine prochaine, avec mon *guardian,* les *workhouses* des hommes valides. Voilà le grand problème social et économique; il faut concilier l'humanité avec assez de désagrément pour que les 150,000 habitants de la paroisse ne réclament pas l'asile du *workhouse.* J'au-

rais trouvé cette visite moins triste si j'y avais rencontré les cornettes blanches des Sœurs de Charité, c'est-
à-dire l'amour de Dieu, les volontaires de l'amour
divin, au lieu des salariés de l'humanité. On prie
cependant; il y a une chapelle, mais on dirait aussi
bien un réfectoire. Mon *guardian* (1) me plaît infiniment :
c'est le beau-frère de lady Vernon du chemin de fer (2);
rien n'égale son obligeance et la bonté de sa jeune
femme. Ces Anglais m'étonnent : c'est une charité
enragée, une passion pour la France, que nous ne pra-
tiquons malheureusement pas tous.

Londres, 7 et 9 octobre 1871.

J'apprends que Léon Say (3) va venir banqueter à
Mansion-House, le 18. Rien de plus opportun que
cette visite, s'il ne me fallait pas de nouveau recommencer une campagne parce que M. Thiers veut déco-
rer le lord-maire. On a oublié les désagréments de la
première expédition qui ont amené un échange d'observations dans le Parlement. M. de Flavigny avait
apporté une poignée de décorations à des Irlandais
ayant bien mérité de la France pendant la guerre, mais
pas aussi bien de l'Angleterre; trois d'entre eux étaient
engagés dans le *home rule*. Lord Granville m'a su gré

(1) The Hon. William Vernon, fils cadet du deuxième lord Vernon, marié à Mlle Boileau, morte en 1881. Celle-ci était petite-
nièce de Boileau.
(2) Voy. plus haut la lettre du 27 septembre.
(3) M. Léon Say, alors préfet de la Seine, venait remercier les
Anglais des secours envoyés en France pendant la guerre.

alors des efforts que j'ai faits pour éviter aux deux gouvernements de sérieux ennuis. Les noms malsonnants ont disparu, et je me souviens d'un billet anonyme que j'ai reçu pendant ces tripotages, me suggérant l'idée de remplacer les décorations par *china* (1). C'était l'aimable lord qui me donnait cet avis discret et charitable. Cette fois, lord Granville consent à fermer les yeux, « puisqu'il convient à mon gouvernement de donner à des sujets étrangers des décorations qu'ils ne seraient pas autorisés à porter ».

Londres, 10 octobre 1871.

Mes amis m'ont conduit hier à l'église d'Eaton-Place, parée pour la fête de la moisson. La pauvre Mme Vernon s'était épuisée à orner une chaire avec des festons de fruits, de gerbes et d'inscriptions en grains de blé. Cela n'empêche pas que l'église avait l'air d'un parc à bestiaux, divisé en compartiments pour les bêtes.

J'ai vu, le soir, une autre église que je ne désignerai que par le nom de son fondateur, M. Beresford Hope. Elle est assez bien construite dans le genre byzantin, mais l'ornement n'est pas heureux. Deux rangées de mirlitons colossaux me frappent d'abord : ce sont les orgues enrubannées ; il ne manque que les devises. On chante faux, les hommes à droite, les femmes à gauche, mais on est bien fervent et bien recueilli dans cette église qu'on dirait catholique, car

(1) Porcelaines.

on n'a que ce mot à la bouche. Nous sommes dans les *High Church*. Il n'y a que le Pape qui les gêne.

Avant dîner, nous avons visité le bureau d'admission au *Working-House* de Westminster et le *Working* où on reçoit pour la nuit les gens sans asile. Imagine-toi d'abord toute une cour des miracles dont on ne peut se douter, derrière les grands bâtiments du quartier de Westminster. L'extrême misère est mitoyenne de l'extrême opulence. Tu n'avais vu que face, mais pile est derrière. Je ne puis pas dire que l'asile où on reçoit à la nuit soit séduisant : quatre-vingts lits répandus dans les chambres d'une masure ; cependant c'est lavé, recrépi ; cela ne puait pas encore quand nous y sommes allés. On y couche sur un drap de cuir qui conserve moins les bêtes ; avant de se coucher on prend un bain, on revêt une chemise ; les vêtements restent dehors. On a un morceau de pain et une soupe à l'avoine. Le matin, avant de partir, il faut casser des pierres. Il paraît que cette hospitalité est illimitée, la maison n'est pleine que l'hiver.

Londres, 15 octobre 1871.

Voici une manière de passer la nuit. Après une journée d'écriture, je tombe de fatigue sur mon roman de *Jane Eyre ;* que c'est long ! Je veux profiter de la bonne impression et je me glisse dans mes draps, mais, bonsoir le sommeil ; j'ai recours à la codéine. A peine les bons effets se font-ils sentir : Pan ! pan !... C'est X... en cravate blanche : il faut un visa pour le prince de Leuchtenberg ; un secrétaire attend à la porte. Je signe et m'endors un peu. Pan! pan! C'est un télégramme. J'arrive comme cela à trois heures. Pan! pan! Autre télégramme qui m'amène à cinq heures.

Lettre de Say : nous ne nous quitterons que pour nous coucher. Visite au lord-maire qui nous prend en pension, à lord Granville qui approuve mon toast à la marquise de Lothian, car je parlerai! Me vois-tu parlant? Et impossible d'être malade!

Londres, 18 octobre 1871.

La journée d'hier s'est fort bien passée. A neuf heures, j'étais chez Say, à Mansion-House. Premier repas à faire reculer Gargantua. La famille Dakin (1), au milieu d'une vaisselle d'or, de laquais en livrée, sous des lambris d'une splendeur historique; c'était assez amusant; de bonnes gens simples, de manières un peu communes. Puis visite des dépôts de police, marchés, écoles. C'est le *Middle class school* de *Tabernacle road* qui m'a le plus intéressé. Onze cents enfants de six à seize ans; on les a fait défiler devant nous, militairement, au pas! Par le flanc gauche, drapeaux, fanfares; en notre honneur, la *Marseillaise* d'abord : soit, nous saluons; puis le *Jeune et beau Dunois*. Il n'entre pas dans l'esprit de ce peuple conservateur qu'on change aussi de musique à chaque révolution.

J'ai ensuite conduit Say chez lord Granville, toujours très aimable, mais rien de bon pour notre traité.

(1) Sir Thomas Dakin, lord-maire en 1871.

Mon préfet va parler ce soir et nous donner caution ; il est le chef du parti libre-échangiste à la Chambre ; très favorablement accueilli ici, on le croira plus que nous, C'est notre dernière carte.

Visite à l'hôpital français, à l'église, aux Sœurs. Tous ces braves gens enchantés, jamais on n'avait pensé à eux. On ne peut être plus intéressante que notre jeune supérieure se reconnaissant avec Say.

Nouveau repas intime de quarante personnes. La table pliait sous le poids de l'or et des victuailles. Quels gouffres que de pareils estomacs !... Le lord-maire portait sa croix au col. On admirait le modèle de feu notre Hôtel de ville. Puis, après le dîner, qui a duré de sept heures et demie à dix heures et demie, — c'est le cas de dire comme Montalembert : « Étonnez-vous de la puissance de l'Angleterre, elle est patiente ! » — un jeune clergyman est venu roucouler des chansons d'amour.

Londres, 19 octobre 1871.

J'ai dit !... j'ai dit jusqu'au bout et sans perdre le fil, voire même avec chaleur ; ce n'est pas plus difficile que cela ; il est vrai que j'étais bien tranquille, personne ne me comprenait et personne ne m'écoutait. La scène se passe à la cour du roi et de la reine de pique ou de cœur (1). Le roi, la reine, arrivent bras dessus, bras dessous, leurs grands officiers tout autour,

____

(1) M. Gavard donne ce nom au lord-maire et à sa femme à cause de leurs costumes de cérémonie.

l'un portant l'épée, l'autre ne portant rien, puis, un mélange de musique, de prières, de discours, de bruits de noisettes cassées, dans une salle magnifique. Enfin, après les heures de ripaille, les heures encore de discours ; le *toast master* succédait au chapelain, sur le tabouret, derrière le lord-maire, et commandait la cérémonie. Il faudrait reproduire les intonations, la solennité du geste et de toute la personne. Au milieu de tout cela, j'ai parlé. Voici la fin de mon toast :

« Je veux parler aussi de ces nobles dames qui se sont réunies pour secourir les familles françaises réfugiées à Londres. Elles leur ont procuré du pain, des vêtements, du travail, des asiles, et, quand les asiles ouverts n'ont plus suffi pour les recevoir, elles les ont recueillies, vous le savez, dans leurs propres maisons ; elles leur ont donné plus que l'assistance matérielle, quelque chose de plus précieux encore pour des malheureux chassés de leur pays ; elles leur ont donné des consolations et des encouragements, elles leur ont tendu la main, elles les ont fait asseoir à leur foyer comme des amis. Je tiens à les remercier hautement et du plus profond de mon cœur. Je vous demande donc, milord maire, la permission de proposer deux toasts : A la femme généreuse qui a institué à Londres le comité des dames pour l'assistance des familles françaises réfugiées, qui l'a dirigé pendant ces longs mois de la guerre avec une sollicitude que rien n'a rebutée, avec un dévouement sans bornes, à Mme la marquise de Lothian, aux augustes personnes et aux nobles dames qui ont partagé ses travaux ! Aux membres du comité de secours pour les paysans et les cultivateurs français, et à leur président, lord Vernon ! »

Ce matin, je suis retourné à Mansion-House pour voir le roi de pique rendre la justice, au milieu de son appareil royal, dans la pièce voisine de sa chambre à coucher ; puis, après avoir jugé, il est aller présider son parlement : deux cents membres, des aldermen et des sherifs, et tous en perruque, en hallebarde, avec épée et des coups de marteau et des *sheers*. Discours de Say, réponses et acclamations, tout cela s'est fort bien passé. En sortant, on nous a montré la première charte constatant les libertés de la Cité, un bout de parchemin de Guillaume le Conquérant, et, depuis, ce n'est que la continuation. Visite du plus grand intérêt.

Londres, 20 octobre 1871.

La journée s'est terminée avec autant d'intérêt qu'elle avait commencé. A six heures, je suis venu prendre Say ; on était encore à table, encore un petit festin, encore quelques petits semblants de toasts, et j'en ai fait un à mon tour. On a fait circuler la coupe d'amour : on se lève, on tient le couvercle pendant que votre voisin boit debout en face de vous ; on échange un compliment, tant mieux si c'est avec une jolie voisine, et on continue la cérémonie en se retournant.

Après dîner, nous sommes allés à la *fire brigade station*. Après avoir visité l'établissement, les machines qui chauffent, les chevaux attelés, les hommes toujours prenant leur élan, et tout cela fourré dans un de ces espaces dont les Anglais triomphent par des miracles d'aménagement, le signal est donné; nous tenons la montre à la main; hommes, chevaux, machine se précipitent; ils partent ventre à terre dans la ruelle noire et pavée, ils sont de retour du bout de la rue, total deux minutes et demie. Mon compliment au capitaine Shaw. Il nous emmène alors par une pluie battante avec les quatre misses Dakin, pataugeant dans la boue, l'obscurité, à travers toutes les choses innommables qui remplissent les ruelles de la Cité pendant la nuit. On arrive à la Tamise; un *boat* qui chauffe toujours nous attend; nous enjambons et voilà les jets d'eau qui partent de tous les côtés et font bouillonner la Tamise jusqu'au milieu. Il faut avoir bien de la bonne volonté pour brûler en ce pays. La mise en scène était excellente; c'était à l'endroit où les ponts se croisent, se traversent; les trains vont, viennent avec des bruits terribles; la nuit est noire, la pluie tombe; c'était fort pittoresque. Les misses Dakin auraient mieux aimé la voiture. Elle nous attendait, en effet, avec les quatre lanternes et les domestiques à cannes, et c'est ainsi qu'on a conduit Say à la gare.

J'ai fini ma soirée chez les Vernon. Rien n'égale la vivacité, la gentillesse, la franchise, la gaieté de leur amie (1), la femme du colonel Anson, M. P., un officier qui a fait la guerre de Crimée. « Et pourquoi aimez-vous donc tant les Français? lui demandais-je. — Je ne sais pas. Ah! parce qu'ils sont malheureux. Pourtant, non; je les aimais déjà avant. » Elle revient

(1) Amélie-Marie, fille de l'évêque de Saint-Albans, veuve en 1875, remariée en 1881, au duc d'Argyll, morte en 1894.

de Strasbourg où elle est allée tout bonnement pour encourager les bien pensants et narguer les Prussiens.

Londres, 23 octobre 1871.

J'ai reçu cette nuit le télégramme suivant : « Compliment pour votre toast. — BROGLIE. » Mes amies d'Angleterre sont contentes aussi.

Je reprends mon journal. Samedi, avec les Vernon, au théâtre de Haymarket : *The Rivals*. Sans la compagnie de l'aimable Mrs Anson, je me serais endormi. La dramaturgie de Sheridan me paraît puérile, les acteurs grossiers et le public inepte dans ses admirations. Il faut croire que les beautés m'échappent. « N'avez-vous pas remarqué ma bague ? » me dit ma voisine. — « Si fait, les couleurs sont un peu vives. — Voyez. » Et je vois en effet un écusson aux trois couleurs avec France brochant sur Alsace-Lorraine. Elle l'avait achetée à Strasbourg.

Hier, j'ai dîné à la villa des Rothschild, du côté de Kew, je ne sais pas le nom... Dîner de surprise : il n'y avait que la famille, mais quelle poularde ! Rien qu'une poularde, mais tout le règne animal et végétal dans la sauce. Le lord-maire se serait léché les doigts. J'ai admiré les estomacs qui peuvent faire face à de pareils menus soir et matin. Quelles capacités !... Il y a cependant une grande simplicité, au milieu de ce luxe d'ameublement et de cette chair insensée. C'est Alfred, le fils, qui va prendre le vin à la cave. Il est vrai que cette cave, c'est comme le trésor du grand Frédéric. Il en avait tiré un laffitte et un sherry qu'on ne boit qu'à la villa de Lionel de Rothschild. Il paraît que les vins de cette campagne doivent une supériorité incontestable à l'immobilité dont ils jouissent dans cette cave isolée comme un observatoire. Tu comprends qu'on a bien fait de me prévenir.

Londres, 29 octobre 1871.

Les brouillards de Londres ! On comprend qu'il y ait occasion à drames et à mauvais coups. Il a fallu gagner l'Ambassade à travers un brouillard tellement noir, qu'à partir de Piccadilly on ne marchait plus qu'au pas et avec de grands cris. J'étais allé voir M. Gladstone, comme il revenait de Greenwich, où il a parlé devant quinze cents personnes. Il n'avait plus de voix. Il a eu un grand succès, mais je ne crois pas à la durée de son ministère ; je vois grandir l'homme de la situation, M. Disraëli. Gladstone a une fort belle tête, une belle parole, mais, dans son intérêt comme dans celui de l'Angleterre, il a assez dit et assez fait quant à présent.

Je ne perds pas de vue mon *œuvre*. Il s'agit de fonder une sorte de *Clearing-House* de la charité française à Londres. Tu ne sais ce que c'est ? Écoute : je veux fonder un comité qui réunira toutes les œuvres qui ne se connaissent pas : l'hôpital, le bureau de bienfaisance, les Sœurs, l'église de Leicester, l'ambassade, le consulat et, pour commencer, une vente qui nous donnera beaucoup d'argent.

Nous sommes allés, avec nos jeunes amis, au théâtre du prince de Galles. Salle assez élégante, presque un

salon. Pièce stupide, de simples plagiats, sans art,
mais d'excellents acteurs ; tout cela grossier ; pas d'in-
décences comme chez nous, mais des trivialités, des
inconvenances que nous ne supporterions pas ; un père
ignoble sur la scène. Rendre la paternité et la vieillesse repoussantes et ridicules, non, nous ne ferions
pas cela ; nous raccourcirions les jupes, oui. Ils ne
savent pas s'arrêter dans la charge, ils tombent tout de
suite dans la bestialité. Néanmoins cela m'a fort intéressé, voire même amusé. J'ai assez bien compris.

Londres, 10 décembre 1871

La vie paraît reprendre (1) ; depuis deux jours, les
bulletins cessent de sonner le glas ; ils parlent ce soir
d'un état plus favorable. L'espoir revient ; néanmoins
l'inquiétude reste générale. L'Angleterre s'aperçoit
qu'elle n'a pas encore entièrement secoué le préjugé
monarchique. Les journaux ne parlent plus que de la
maladie et arrêtent toute autre discussion. La foule
stationne autour de Marlborough-House (2), attendant
les télégrammes. Les bulletins sont affichés presque
d'heure en heure dans toutes les parties de la ville, et
le zèle des particuliers y ajoute les copies manuscrites.
Si le pauvre prince se tire d'affaire, cela profitera à
l'Angleterre et à lui-même.

(1) Le prince de Galles avait la fièvre typhoïde à Sandrigham.
(2) Palais du prince de Galles à Londres.

Londres, 19 décembre 1871.

Prince of Wales sauvé !

Lord Granville m'invite à la fortune du pot. Il ajoute le mot d'Arnal : « Peut-être aimeriez-vous mieux que je ne vous traite pas en ami. » Diner excellent, intéressant : Goschen (1), Hartington (2), Reeve (3).

J'ai conduit hier mon jeune ami dîner au club (4) dont je lui ai montré les mystères, les détours et tous les raffinements ; après quoi j'ai eu, ou du moins on m'a suggéré, la fatale idée de le mener à l'Alhambra. La salle est belle sans doute, grande, bien éclairée ou plutôt illuminée ; quant au contenu, fais un mélange de soi-disant colonels de *horse guards* remplaçant les ouvreuses, de filles dans la salle et sur la scène, celles-ci tout à fait nues, d'acrobates qui volent dans l'air, d'épileptiques dont le public encourage les attaques par ses applaudissements, de charivari brutal, une vraie cacophonie de tous les bruits les plus stridents accumulés, enfin, au milieu de tout cela, le *God save the Queen* qu'on écoute debout et chapeau bas. Est-ce l'enfance de l'art ou sa décrépitude ? On en arrive littéralement à représenter des scènes d'épilepsie avec accompagnement de musique. Il faut avoir vu cela pour n'y pas revenir.

(1) Right Hon. Goschen, né en 1831 ; conseiller privé en 1865, premier lord de l'Amirauté en 1871.

(2) R. Hon. Spencer Compton Cavendish, marquis de Hartington, fils aîné du duc Devonshire, alors chief secretary pour l'Irlande.

(3) Henry Reeve, Registrer of the Privy Council, membre associé de l'Institut, directeur de la *Revue d'Edimbourg*.

(4) Saint-James Club.

Londres, 22 décembre 1871.

Nous arrivons, hier, à la station de *North Camp*, vers onze heures (1) ; un magnifique dragon se précipite avec un pli ; c'est plus loin, à l'autre station, que notre *staff* (2) nous attend ; et, en effet, voici des chevaux en mains, des lanciers et un brillant officier qui nous vient tendre la main en français. On se presse de monter à cheval, parce que le train était en retard et que les troupes sont sous les armes depuis dix heures et demie.

Nous gagnons au grand trot l'immense champ de manœuvres : un brouillard suffisant pour harmoniser les seconds plans, pas assez pour empêcher de voir. Comme le terrain est accidenté, coupé de bruyères, de petits bois et de monticules, des vedettes nous attendent, de distance en distance, nous donnent la direction et se précipitent pour annoncer notre arrivée. Sous le brouillard, nous découvrons une ligne noire : c'est un régiment de cavalerie, aux casques et reflets rouges ; nous reconnaissons les dragons. Les cavaliers qui nous avaient annoncés reviennent au galop ; voici le lieutenant général sir Hope Grant avec ses chevrons de Crimée, de l'Inde, de la Chine. La rencontre a lieu en avant de *nos* états-majors qui ont la politesse de ne rire que sous cape. Nous nous dirigeons, après échange de poignées de main, vers les troupes rangées en bataille ;

(1) Il s'agissait d'assister à une revue au camp d'Aldershot.
(2) État-major.

les étendards au vent et le *God save* nous saluent.
Nous passons devant les fronts, on me présente successivement les généraux ; j'examine, je m'arrête avec
une attention qui est la politesse des grands hommes :
ici, une lance en bambou ; là, un nouveau ou un ancien
canon ; un sac nouveau qui partage la charge entre le
dos et les reins, une botte à l'essai. Je ne crains pas de
m'assurer si la barbe est bien faite ; cette observation
me pose tout de suite parmi les fanatiques de l'ancienne
ordonnance.

A leur tour, les troupes défilent ; il y avait sept mille
hommes ; je ne garantis pas qu'ils aient tous l'âge
viril : belle tenue, qui tourne à la raideur automa-
tique ; chevaux d'artillerie superbes. J'étais à côté du
général entouré de la foule respectueuse, la musique
en face. Les officiers saluent ; ma foi, je fais la révé-
rence, puisqu'ils m'avaient été présentés. Il eût été
plus militaire de garder son chapeau, mais je suis un
président de la République, n'oublie pas cela. Le général fait repasser la cavalerie au trot, pour que je
puisse remarquer l'ensemble dans les allures. C'est parfait ; mais je remarque peu d'officiers ; la moitié est en
congé ; on ne se gêne pas beaucoup en Angleterre ;
pourvu qu'ils reviennent le jour de bataille ou de
grandes manœuvres, le reste du temps, ils sont sur le
continent.

Après quoi, la bataille commence, les éclaireurs en
avant. Nous gagnons une hauteur déjà occupée par
l'artillerie. Horizon superbe d'étendue. Les premiers
coups de canon partent dans notre dos et nous sur-
prennent agréablement. Les crépitements de la fusil-

lade réveillent l'écho d'un bois en face de nous au delà de la rivière. Notre première ligne se déploie tout entière en tirailleurs ; la seconde s'avance, appuyant à gauche, la réserve derrière. La fusillade redouble. Nous nous retirons en bon ordre ; l'artillerie descend un raidillon âpre, les timoniers, sur leur derrière, font une glissade avec la pièce sur les reins ; les officiers partent au galop sur la pente abrupte couverte d'ajoncs et de bruyères. Nous nous replions sur une seconde position bien choisie. La cavalerie embusquée sort de derrière un mamelon et s'avance à travers la plaine ; à trois cents mètres, les hussards et les lanciers prennent le galop de charge et arrivent sur l'ennemi. Ordre défectueux, une bousculade au centre, des ailes à jour ; l'absence des officiers se fait sentir. Voici heureusement les dragons en seconde ligne ; la charge est meilleure ; l'ennemi se replie, notre droite avance et le déborde. Avec un courage admirable, nous nous portons partout au feu ; nous rencontrons le général sous un nuage de fumée ; la victoire est à nous ; la nuit tombe. *Cease the fire* (1) ! Les troupes se massent et reviennent avec fanfares nationales, la *Belle-Hélène*, les *Pompiers de Nanterre !* Cela me serre le cœur et me fait penser aux tristes retraites de nos pauvres soldats.

Je reviens avec le général, qui veut absolument me faire dire que le duc de Broglie est pour la royauté. Il est contre les communistes et leurs complices ou leurs dupes... On arrive au mess du 9ᵉ *Queen's royal Lan-*

____

(1) Cessez le feu.

cers; pied-à-terre; mon compagnon ne s'aperçoit pas que le lancier qui se précipite pour le débarrasser de son cheval est un officier; on le lui présente un instant après, c'est lord Beresford (1) !

Au mess, le repas est un peu trop indien ou anglais, mais l'accueil est cordial; ces messieurs ne nous quittent que dans le train de retour.

Londres, 28 décembre 1871.

Il y a, à Londres, le *boxing day.* C'est la bataille du lendemain de Noël; mais il y a le jour de Noel lui-même, et je ne dis rien de trop en parlant de ses saturnales. Tous les journaux du matin font des articles d'une colonne et demie pour recommander aux Anglais de ne pas se donner trop d'indigestions. C'est le jour de la viande.

Hier soir, nous sommes allés au *Lyceum Theater,* dans le Strand. Toujours la même grossièreté dans l'exécution, la même exagération dans le jeu et les cris, la même indécence matérielle remplaçant la plaisanterie égrillade. Absence complète de tout ce qui fait l'art dramatique, pas de conception, pas de suite, pas de vraisemblance. Tout cela est aussi discordant que les couleurs qu'ils rassemblent dans leurs toilettes ou les *engins de gueule* qu'ils combinent dans une même assiette. Dans *Bells,* d'après le roman de Chatrian, ils trouvent moyen, à la faveur d'un rêve représenté sur la scène, de faire assister à l'assassinat, à la

______

(1) Lord Beresford, W. Leslie De-la-Poer, fils du marquis de Waterford.

mort de la victime, à l'agonie, non sans hurlement du rêveur, puis ils le font mourir une seconde fois sur la scène à son réveil, en n'épargnant pas des détails qui sont, suivant moi, des horreurs et des sacrilèges.

Après cela, une pièce pour rire, d'après *Pickwick*, un roman de Dickens : ce sont des caricatures qui s'écartent tellement de la réalité qu'elles ne me font pas rire. Une caricature n'est drôle qu'à la condition de ressembler au modèle; il faut qu'on sente encore l'homme dessous pour qu'on ait envie de rire. Les auteurs et acteurs ont l'idée de représenter une sorte de flibustier qui enlève une vieille fille, sous les traits d'un *pickpocket* pur et simple, vêtu comme un mendiant, sans chemise, avec l'habit noir ramassé au coin d'une rue. Ce n'est pas dans ce costume que les chevaliers d'industrie se produisent et réussissent. Tout cela est trop gros pour moi.

J'ai toujours oublié de te raconter la singulière aventure qui m'arriva comme je visitais la coulisse d'un des théâtres de White-Chapel; c'était le moment où il fallait représenter la foule sur la scène et l'on s'était avisé que la meilleure manière de la représenter naturellement était de donner une poussée au public mélangé et au personnel de l'établissement qui encombrait la coulisse. C'est ainsi que j'ai traversé la scène en courant, représentant au naturel un de ces *runs* familiers aux sociétés de *pickpockets* qui exploitent les foules de Londres.

Londres, 30 décembre 1871.

Nous avons passé une nuit d'un triste intérêt dans les bas fonds de Londres. Vernon nous a accompagnés. La partie a commencé par un dîner où nous avons tous figuré en goujats. Je crois bien qu'avec mon brûle-gueule à la boutonnière en guise de fleur, j'avais le pompon.

Voici le compte rendu de notre excursion :

De Belgrave-Square à White-Chapel la route est longue, pas assez pour le contraste de ces deux parties du monde. Vous connaissez le quartier de Londres où 100,000 francs de rente ne constituent qu'une modeste aisance ; venez avec moi dans celui où l'on trouve un gîte pour la nuit à 3 pence et un logement pour la semaine à 15 pence.

Il fait nuit ; trois quarts d'heure de voyage grand train à travers des rues sombres, sans fin, toujours les mêmes, nous ramènent au milieu du bruit et de la lumière. Nous sommes dans le quartier de l'extrème misère et de l'extrème débauche. Notre rendez-vous était à la station de police ; un individu, dont un coup de poing venait de casser le nez et dont un policeman débarbouillait la figure ensanglantée, nous donne un avant-goût du pays où nous entrons. Nous visitons les cabanons de la police ; ici, c'est un homme ivre étendu sur un plan incliné, habilement préparé pour conjurer les conséquences du désordre de son être ; là, quelques misérables confortablement séquestrés qui passeront dans les vingt-quatre heures devant le magistrat. Deux messieurs d'un comme il faut parfait nous emmènent pour nous diriger et nous protéger dans notre excursion à travers les cercles de l'enfer.

Un théâtre est à la porte; pas moins de trois mille spectateurs de toute couleur et de toute odeur sont enfermés dans une salle de papier mâché qui n'attend qu'une allumette égarée sous un pied pour faire un bel autodafé! Moyennant 3 pence par tête, on est admis à jouir, pendant deux ou trois heures, de pantalonnades qui ne sont ni plus ni moins brutales que celles qu'on nous sert pour 10 shillings sur les théâtres les mieux hantés. Nous avons ainsi visité, pendant le cours de notre soirée jusqu'à onze heures, quatre ou cinq théâtres ou *music-halls*, en en négligeant plus encore, tous remplis; partout l'entrepreneur fait fortune. Les misérables de White-Chapel ont leur argent de poche. Ils ont aussi le goût des arts. Voici une halle ou une grange où l'on montre des figures de cire, à l'instar de Mme Tussaut, et où l'on magnétise; on y voit, à côté de la reine et du prince de Galles, les criminels et les malfaiteurs du jour; il suffit, pour se tenir au courant, de passer la perruque de Cavour à Benedetti, ou de Napoléon III à Guillaume. Mais comment vit tout ce monde-là? De la porte du théâtre, nous gagnons, par des ruelles obscures, où le pied s'égare plus d'une fois dans des vides affreux, les quartiers des *lodging-houses*.

Pour 3 pence, on peut trouver à reposer sa tête pour la nuit. Ici, les hommes seuls sont admis; là, les femmes seules; un peu plus loin, on loge tout le monde : le ménage, les enfants et le chien. On entre d'abord dans une espèce de salle commune avec un grand feu devant lequel les uns pansent leurs plaies, les autres font griller leurs harengs. Assis autour des tables, les uns mangent, les autres jouent aux cartes, quelques-uns lisent un journal, quelques femmes travaillent. Le personnel est généralement repoussant ; le *gin*, la misère, la saleté, le vice, ont stigmatisé leurs visages ; c'est surtout la plus belle partie de l'espèce humaine qui soulève le plus le cœur. Le tenue cependant est meilleure que dans la cour des Miracles : des gentlemen peuvent impunément venir promener leur curiosité au milieu de ces misères : on les salue et on leur dit bonsoir, sans doute un peu à cause de l'inspecteur de police, connu de tous, qui les accompagne. A son tour il les connaît tous, et en franchissant l'entrée du bouge, il a soin de vous dire : « Ici, ce sont des ouvriers ; ici, des vagabonds ; ici, des voleurs de la pire espèce ; voilà un tel qui sort du bagne, un tel qu'on n'a pas pu encore prendre en flagrant délit. »

Chacun de ces *lodging-houses* a sa clientèle ; il y en a même d'honorables. Nous en avons visité un dans lequel, chaque nuit, 300 ouvriers viennent chercher asile ; sur la quantité, plus des deux tiers sont des habitués. Ils n'ont pas, il est vrai, le droit d'apporter autre chose dans le dortoir que leurs habits ; mais un tiroir fermé, qui leur est réservé dans un magasin spécial, leur permet de devenir propriétaires, et contribue grandement à leur supériorité sur les nomades qui partent le matin sans esprit de retour.

Il y a, à Londres, quatorze mille de ces *lodging-houses* qui reçoivent chaque nuit 30,000 habitants.

Grâce à la surveillance de la police, si la salle commune est infecte, les dortoirs sont relativement propres, les murs rigoureusement blanchis, la ventilation bien assurée. Chaque lit a un matelas réglementaire et, dans les établissements à 4 pence, un drap; voire même qu'il est couvert d'inscriptions; on n'en pourrait pas emporter un morceau large comme les deux mains sans emporter l'avis que ledit morceau a été volé à tel *lodging-house*. Il paraît que le propriétaire de ces refuges, dont il est généralement l'hôte permanent, n'y perd ni ses draps ni son temps. On nous a montré l'un d'eux qui, après dix-huit ans d'hospitalité exercée à raison de 3 pence la nuit, est devenu propriétaire d'une agréable campagne et se dispose à céder sa clientèle de gueux, moyennant 3,000 livres.

Comme notre visite avait lieu le surlendemain de Noël, toutes ces salles, même les moins édifiantes par la composition de leur personnel, étaient couvertes, du haut en bas de leurs murs, de houx, de branchages, d'ornements en papier. Ces festons entouraient des inscriptions toutes chrétiennes, et la politique ne s'y mêlait que par les bénédictions demandées à Dieu pour la reine, le prince de Galles et les ministres. Le propriétaire et sa femme ont même leur part dans ces pieuses invocations. Dans un des plus affreux bouges, nous avons eu la curiosité de demander qui avait présidé à cette ornementation et en avait fait les frais; la dépense s'élevait à 50 francs environ; le propriétaire avait contribué pour 27 francs; les mendiants, vaga-bonds, marchands de la rue et voleurs qui composaient la compagnie avaient contribué de leurs deniers pour le reste. Il demeure donc encore quelque chose de l'Anglais dans cette lie sociale. Mais nous n'avons pas touché au fond ; le vice et la misère ont encore des révélations à nous faire.

Nous redescendons par des rues désertes où l'on ne rencontre que quelques échappés des *public-houses,* hommes ou femmes, également ivres ; nous nous dirigeons vers la Tamise, dans le quartier de Saint-Georges *in the East.* Il est près de minuit. Nous arrivons à des ruelles qui s'animent et que des portes entre-bàillées éclairent. Ici, l'on boit, l'on danse ; les pavillons de toutes couleurs nous avertissent que nous sommes dans le quartier des matelots. On pousse la porte, et l'on voit au comptoir une personne d'apparence modeste ; la police, qui nous accompagne, nous assure qu'elle est sans reproche ; on ne lui laisse sa licence qu'à ce prix. Elle nous montre le chemin d'une salle de danse où les plus effroyables échantillons de l'espèce féminine attendaient l'invitation à la valse. Ce soir-là, on dansait peu, c'était vendredi ; le marin, dans tous les pays, n'a plus rien la veille de sa paye hebdomadaire. Souvent la musique seule continuait ses ébats à notre entrée ; c'étaient les établissements auxquels la permission de faire danser avait été retirée, parce que la danse y avait dégénéré en d'autres divertissements.

Nous avons pris un peu de repos dans un de ces établissements en présence d'un sauvage qui avalait du feu à notre intention et le restituait en mirlitons qui sortaient de sa fournaise intestine. Qu'allions-nous donc voir encore ? Je vous fais grâce de la visite aux réduits où se retirent les chorégraphes de l'*Aigle de Prusse* ou du *Mangeur de feu*, quand la porte de la maison est fermée sur eux et sur leurs compagnes.

Il était une heure du matin; que pouvait-il donc nous rester encore à voir? Nos guides reprennent leur marche : nous nous perdons dans un dédale de rues sombres, toujours les mêmes. La hauteur des maisons et des étages est singulièrement réduite, mais c'est toujours cette triste boîte carrée avec des trous, qui, de Baker-Street à Saint-Georges *in the East*, représente tout l'effort du génie des architectes anglais. Les squares sont remplacés par des impasses étroites dans lesquelles on pénètre par des couloirs obscurs. Nous nous avançons dans ces ténèbres suspectes; devant une masure ruinée, notre guide appelle; une voix lui répond de l'intérieur; nous franchissons une porte et nous nous hissons avec les pieds et les mains sur une sorte d'échelle qui nous amène à un taudis. Une forte et singulière odeur qui se mêle à la puanteur naturelle du lieu, nous prend à la gorge en entrant. Nous ne pénétrons, du reste, qu'à tour de rôle, car la place n'est pas grande, à côté d'un grabat qui occupe presque tout l'espace. A la lueur d'une sorte de veilleuse, nous apercevons comme les colonnes d'un ancien lit, mais elles tombent de droite et de gauche, et ne semblent être restées là que pour témoigner du désordre et de la misère du lieu. Près de la veilleuse, sur quelques haillons, est une vieille femme fumant une cigarette et, à côté d'elle, contre le mur, un homme roulé dans ce qui fut un drap : sa tête, ce qui paraît de son costume, révèlent un indigène du pays qui produit l'opium. Il a l'œil ouvert

sans nous voir; ses traits ont l'expression de la complète béatitude; il ne donne un signe de vie que pour
respirer bruyamment, faisant comprendre à son hôtesse
qu'il veut encore fumer; elle prépare avec soin un
instrument en bambou; elle lui en met une extrémité
dans la bouche et fait brûler l'opium à l'autre bout,
en l'approchant de la flamme de son lumignon. L'Indien aspire une ou deux bouffées et retombe dans une
nouvelle extase. La vieille femme se prépare une
pipe à son tour; elle aspire également quelques bouffées qu'elle supporte mieux que l'Indien, qui est un
débutant. La malheureuse nous dit qu'elle est, depuis
vingt ans, une victime du vice qui est maintenant son
gagne-pain. L'opium la tue, mais elle allume encore
son calumet en nous parlant. « Quel âge lui donnez-
vous? — Soixante ans. — Non, elle en a à peine
trente-cinq. »

Dans la maison voisine, nous voyons une lumière
allumée dans une auge; un Chinois, pur Chinois, mais
revêtu de haillons anglais, et mettant la langue chrétienne au service de sa corruption orientale, nous
attendait couché sur un divan! A côté de lui, un pla-
teau chinois, un lumignon, la pipe de bambou et différentes doses d'opium depuis 3 pence. Ce misérable
donne à fumer à de plus misérables encore que lui. Il
y a là un asile ouvert toute la nuit où, pour quelques
pence, on peut venir partager son extase et rêver le
paradis de Confucius ou le royaume des fées, au milieu
de la plus hideuse saleté.

Les fumeurs d'opium ne forment qu'un chapitre
bizarre dans les annales de la misère de Londres. Il

amuse les curieux et il prête aux romanciers. Tournons la page, et nous rentrons dans le chapitre de la misère pure, de la faim, du froid et sans mélange d'aromates daus la fange. Notre promenade dans les enfers ne nous mènera pas au delà. Voici les maisons de boue avec les fenêtres sans vitres; pas de porte à l'allée de la rue : à quoi bon ? C'est à peine si une barrière quelconque nous empêche d'entrer tout droit dans les chambres. Nous allons surprendre dans leur sommeil les familles qui louent un gîte à la semaine pour 15 pence. Quoi, ce fumier se loue ? C'est là ma première impression en passant ma tête dans le taudis qui est devant moi; je n'aurais pu y entrer de ma personne. Une femme accroupie devant un reste de feu de charbon s'était levée de son lit, c'est-à-dire du haillon sur lequel elle reposait, au bruit que nous avions fait. Quelque chose de noir couvrait le parquet autour d'elle; on aurait pu croire le contenu d'une hotte de chiffonnier. Sous ces débris de toutes sortes, il y avait trois enfants qui s'obstinaient à dormir comme des bienheureux. Comme nous sortions, la porte à côté s'ouvrit pour laisser passer la tête et la main d'une malheureuse : elle revenait du bagne et espérait n'y pas retourner.

Nous aurions pu poursuivre longtemps cette triste inspection des logis à 15 pence, du domicile à 1 shilling par semaine, mais la nuit s'avançait, et nous voulions surprendre le *workhouse* de Saint-Georges *in the East* en plein sommeil. Comme nous en prenions le chemin, nous traversâmes un pont sur un canal aboutissant au London-Dock. L'agent qui nous conduisait nous fit remarquer un policeman en faction sur le milieu du pont. « Il est là, nous dit-il, pour empêcher les femmes de se jeter à l'eau. » C'est l'endroit de prédilection choisi par les malheureuses victimes de la débauche. Est-ce l'ivresse qui les pousse au suicide, est-ce le réveil ? Toujours est-il que, presque chaque nuit, il y a tentative à cette place précisément et pas ailleurs. Le quai est élevé au-dessus de l'eau, le courant y est rapide ; le parapet franchi, tout est fini, on est délivré du passé et d'un avenir encore plus affreux. C'est pour empêcher ces malheureuses de chercher au fond de l'eau l'oubli qu'elles ne trouvent plus au fond de leur verre, qu'un gros policeman, bon père de famille, passe là huit heures par nuit. « Combien gagnez-vous, mon ami, pour ce pénible service ? — Vingt shillings par semaine, mais je ne fais la faction qu'une nuit sur deux. » — Ce n'est pas payé.

Nous arrivons enfin au *workhouse ;* nos coups redoublés éveillent un gardien qui prend le temps de revêtir son uniforme avant de nous ouvrir. C'est ici l'asile suprême de ceux qui n'ont plus rien au monde ; s'il leur restait un centime dans leur poche, ils ne seraient pas admis. A cette seule condition de dénûment absolu, ils frappent et on leur ouvre ; un morceau de pain et un bol de soupe avec des morceaux de viande les attendent ; mais, avant d'entrer il faut passer par le bain préparé pour chaque nouvel hôte admis. Il retire ses vêtements dans une salle attenante, d'où on les porte dans un appareil de fumigation. Recouvert ensuite des vêtements de la maison, il monte dans un dortoir où l'attend un lit de fer avec un matelas goudronné et une couverture ; un

5.

calorifère à l'eau chaude règne autour de la salle; des
ventilateurs entretiennent la pureté de l'air; tous les
murs sont blanchis à la chaux; le plancher est d'une
propreté parfaite. Une trentaine d'hommes dorment
paisiblement; des hommes âgés, à côté d'autres dans
la force de l'âge ou de tout jeunes; plus d'un voleur
parmi eux, nous a-t-on assuré; au réveil, le lendemain,
ils devaient recevoir le même repas qu'à leur arrivée.
En visitant cet établissement admirable, je ne pouvais
m'empêcher de le qualifier de luxeux. Cette propreté,
ce bien-être, passent les obligations de la charité. Mais
comment se fait-il que les habitants des *lodging-houses*
à 4 et 6 pence n'échangent pas leurs grabats douteux
contre cette hospitalité gratuite et relativement somp-
tueuse ? C'est qu'il y a la règle : on n'est pas libre; il
faut, au réveil, travailler, casser des cailloux, effiler
un câble ou transformer une bûche en fagot. J'ai pensé
au chien qui porte au col la trace du collier de son
maître.

Comme nous sortions, une femme tenant un enfant
de chaque main attendait dans la cour; elle venait de
Bames, village voisin de Londres, et demandait asile
pour la nuit : la femme, très pauvrement mise, les
enfants relativement bien vêtus. Son apparence, ses
réponses indiquaient une mère de famille respectable.
Les enfants, interrogés, disaient qu'ils avaient été à
l'école et qu'ils commençaient à écrire. Nous vou-
lûmes leur donner quelque argent, on se hâta de nous
en empêcher; si elle avait de l'argent sur elle, elle ne
serait pas reçue, c'est la loi. Nous nous inclinâmes
devant ces mots, suprêmes en Angleterre. Puissent-ils

toujours y garder leur vertu magique! Après avoir
émis ce vœu avec un profond sentiment d'envie, nous
obtînmes du gardien que le secours que nous voulions
leur offrir serait remis aux enfants, le lendemain,
après qu'ils seraient sortis dans la rue. C'est encore
respecter la loi que de la tourner.

Il était plus de deux heures, et grandement temps
de regagner Belgrave-Square. En roulant dans mon
cab, je restais partagé entre deux impressions : la
pitié que m'inspirait le spectacle de tant de misère et
de dépravation, et l'admiration pour l'énergie des
efforts faits par la société anglaise pour venir en aide
à ses enfants déchus.

EXTRAIT DES NOTES

Ma fréquentation de l'Atheneum-Club date de cette
époque ; mais je n'y étais pas encore admis d'une ma
nière permanente ; ce n'est que plus tard que j'ai
réussi à tourner ou violer, avec l'aide de mes amis, le
règlement qui refuse l'hospitalité dans ce caravansé-
rail intellectuel aux diplomates en résidence permanente, sauf aux chefs de mission. J'aspirais toutefois
dès lors à m'acclimater et à vivre dans ce milieu. C'est
le rendez-vous de toutes les intelligences, le confluent
de toutes les sources d'information. Les hommes, les
livres, les papiers, y viennent régulièrement de toutes

les paroisses. Ce n'est pas qu'on y parle beaucoup, au contraire, chacun chez soi, chacun à sa petite table ; on va bien, de l'un à l'autre, échanger quelques propos discrets, puis on revient lire, lire encore, puis écrire et écrire. C'est là que se fabriquent en grande partie les pattes de mouche qui inondent chaque matin l'Angleterre, articles de journaux, de revues hebdomadaires, mensuelles, trimestrielles. Que de fois, écrivant moi-même dans mon réduit, j'observais du coin de l'œil cette ruche d'abeilles pensantes, toutes les opinions mêlées, les contrastes et les rapprochements les plus piquants et les plus instructifs. Ici la loi, l'église à côté, la bible sans l'église à l'autre table, ou encore la foi catholique à côté du darwinisme, les grands voyageurs à côté de l'Académie de peinture, le Parlement ou la Chambre Haute à côté du Cabinet. Chacun y fait son miel ; on monte aux échelles pour chercher son auteur, on redescend, on échange une parole avec le voisin qu'on croise ; on prend du thé sur sa table à écrire ; on met des lettres aux boîtes ; l'activité redouble quand le grelot du *boy* annonce la levée. Bien peu ont acquis le droit de troubler le silence d'un éclat de voix ; c'est le privilège, notamment, de mon vieil ami, Abraham Hayward, le doyen des *essay'ists* anglais. Vers quatre heures, on le voit apparaître dans la grande salle de lecture ; son travail de la journée est fini ; il colporte de table en table la nouvelle du jour et recrute les joueurs pour son whist. Une ou deux tables de jeu sont tolérées dans un salon écarté. Vers sept heures, on le voit reparaître, ramassant des compagnons pour dîner. Il a

sa table dans un coin de la vaste salle à manger ; elle
se double et se triple par l'adjonction des tables voisines. On parle beaucoup et l'on rit assez haut dans ce
coin privilégié qui s'appelle le *Hayward corner*. Le
dîner s'y prolonge au delà de l'heure où les voisins
silencieux disparaissent ; les propos grossissent, le ton
s'élève à mesure que l'heure s'avance ; la mémoire de
l'aimable et passionné vieillard est toujours inépuisable, mais il devient de moins en moins indulgent
pour ceux qui, dans le courant de sa vie, se sont
trouvés sur son chemin littéraire, et il soumet à une
épreuve de plus en plus rude les oreilles des Anglais,
toujours chastes en lieu public. La conversation ou
plutôt la dissertation commence par la littérature et
l'histoire, par les souvenirs et les anecdotes parlementaires et politiques ; mais elle perd de sa dignité à mesure que les bouteilles se vident ; le surnaturel y est
aussi peu respecté sur le trône que sur l'autel ; il
devient gênant de faire chorus et agréable de gagner
la porte. Si, le dîner fini, on prolonge sa lecture dans
le silence et la solitude de la vaste et lumineuse salle
du premier étage, on peut apercevoir encore à minuit
l'infatigable vieillard remuant les livres et cherchant
leur *moelle ;* je ne jurerais pas, cependant, qu'à
l'exemple de quelques-uns des rares hôtes, après
dîner, il n'ait goûté quelques instants d'un sommeil
réparateur, voire même troublé le silence du temple
par ses ronflements. Il faut s'y faire, on dort partout
et on ronfle partout en Angleterre, à la condition
cependant de ne pas empêcher les autres de s'entendre.
J'ai vu quelquefois le secrétaire du club obligé d'in-

tervenir pour rappeler un ronfleur à l'ordre ou du moins à la mesure.

C'est pendant les jours d'abandon, de solitude et de spleen que le séjour à l'Atheneum était pour moi d'une particulière douceur. Qu'on s'imagine un dimanche à Londres : le brouillard envahit même les chambres et il pleut en même temps; la ville est morte. Je gagne le club sans rencontrer âme qui vive; il est lui-même désert; je suis loin de tout; je ne puis même pas envoyer ma pensée aux miens par la poste. Je m'installe alors à une table retirée de la bibliothèque; je me livre à l'âpre sentiment de ma solitude et de mon isolement. Que de réflexions m'ont traversé l'esprit pendant que mes yeux se fixaient machinalement, soit sur le Nelson que j'apercevais au haut de la colonne de Trafalgar, par-dessus les toits, soit sur le buste de Pope sur la console en face de moi! J'ai souvent passé ainsi des heures sans fixer ma pensée, la laissant courir par les chemins du retour au domicile, ou par les rayons de la bibliothèque. Que de fois j'ai catalogué les trésors qui m'entouraient sans me décider à faire un choix, attendant que le hasard ou l'inspiration d'en haut me vinssent en aide, et, ce choix fait, je noyais mon souci dans mon livre. Il m'est alors souvent arrivé de m'acharner à ma tâche volontaire, jusqu'à oublier la marche du temps; l'heure du dîner était passée, que je tournais encore les pages; mes yeux n'en pouvaient plus que je voulais encore lire; finalement, les longues heures de la journée solitaire se trouvaient trop courtes; j'avais si bien tué le temps que j'avais perdu le sentiment des nécessités de la vie et que je rentrais me coucher en ajournant mon diner. La rage d'apprendre quelque chose avait succédé à la jouissance un peu maladive du sentiment du vide autour de moi.

ANNÉE 1872

Londres, 6 janvier 1872.

Je reviens de l'ouverture du Parlement. La chose
s'est passée tout bourgeoisement. Il n'y avait que le
lord chancelier et les commissaires en perruques et
manteaux, en tout quinze pairs présents. Un vieux
maître des cérémonies va officiellement ouvrir l'écluse
parlementaire et les députés arrivent tumultueuse-
ment à la barre, se pressant derrière le *Speaker* en
perruque, seul grave et solennel. C'est toujours le
mélange du tragique et du bouffon, du rituel et du
plus étrange laisser aller. Le discours, lu à grand'-
peine par le chancelier qui ânonne, dit aussi peu de
choses que possible.

Hier, soirée parlementaire chez M. Gladstone. Les
membres du cabinet y avaient dîné en uniforme. Après
dîner, lecture du discours de la Reine et envoi aux
membres de l'opposition, réunis, à la même heure,
autour de la table de M. Disraëli. Cela, c'est bien le
fair play. La maison assez agréable ; quelques œuvres
d'art. Les bougies, placées en haut des buffets et des

bibliothèques, m'ont seules un peu étonné. Je commence à savoir me retourner dans un salon officiel anglais et à mettre un nom sur une figure.

Londres, 18 janvier 1872.

Londres commence à revivre : on ouvre les fenêtres, les voitures sortent, on lance quelques invitations. Hier, j'ai fait une course dans la Cité : c'est la partie de la ville qui m'agrée le plus ; là sont la vie et le caractère du pays. Il faut voir la Cité, les rues, les banques, par les ténèbres du jour et au milieu de la fièvre des affaires ; brouillard, bousculade, gâchis, embarras de voitures dans la rue ; c'est horrible à voir, à sentir et à entendre ; puis, dans les ruelles qui aboutissent aux grands collecteurs, ces maisons de banque à travers lesquelles tout l'or du monde roule dans une seule journée sans qu'il s'égare en route un seul shilling.

Je suis allé rendre visite au vieux baron (1) dans son *den* (2) de *Saint Swithins' lane*. Il ne faut pas chercher l'office du baron sur une des grandes artères bien en vue. Une longue ruelle, dans laquelle un piéton peut à peine se croiser avec une voiture, vous conduit à un vieil hôtel obscur et solide. La ruelle est de Venise ; l'hôtel, pour la solidité et l'aspect inhospitalier sur la rue, est de Florence. Le baron, qui vient y passer ses journées, appartient bien aussi à l'aristocratie d'argent qui a fait la grandeur de ces deux

(1) Baron Lionel de Rothschild.
(2) Caverne

villes. Tous les jours, il est assis à sa table, de onze heures à sept heures. Pas de chaises autour de lui pour les visiteurs : cela coupe court aux longs entretiens, à moins qu'on ne prenne le parti de s'asseoir sur la table, comme je l'ai fait. Trois ou quatre bureaux sont occupés, à droite et à gauche, par ses fils. La paralysie des jambes, qui le fixe sur sa chaise à roulettes, contraste avec le mouvement de cet esprit qui interrompt sa conversation pour comparer, de minute en minute, tous les cours d'Europe et donner des ordres. La figure est fine, mais l'impression qu'elle laisse est celle de quelque chose d'inexorable comme un calcul exact. Comme je le remerciais de l'indemnité que le chemin de fer m'a accordée pour mon sac perdu : « Oui, m'a-t-il dit, on vous a rendu 300 francs. » Il a retrouvé ce chiffre au milieu des milliards qu'il a remués depuis.

Un de ses fils, après m'avoir offert un verre de sherry, m'a fait visiter l'établissement. Quelle tenue ! Un grand hall, avec cinquante à soixante employés qui dépouillent la correspondance, tous actifs et silencieux. Personne ne communique avec son voisin. Pas de chef ou du moins pas d'autre chef que le baron ou le fils de service qui ouvre les lettres et envoie directement le travail. Bien qu'il y ait un département français, pas un Français dans la maison; beaucoup d'Allemands; cette préférence n'est pas affaire de sentiment; il faut que le Français soit d'un rendement moins sûr. Les employés sont admis pour la vie, quand ils ont franchi la porte ; ils commencent à 2,000 francs, mais pas de limite ensuite ; leur traitement augmente d'après leur capacité. Du département de la correspondance, j'ai passé à celui des coupons qu'on détache, vérifie, met en paquets ; puis à la caisse : on ne la voit que quand on est dedans : une maison à trois étages en fer, entourée de murs de neuf pieds. Je ne sais si les fondations sont entourées d'eau comme celles de quelques autres forteresses monétaires de la Cité ; une herse, une porte de fer vous séparent du monde des voleurs ; il ne manque que le pont-levis. A la lueur du gaz, on visite ce mont-de-piété des têtes couronnées. En passant, une petite valise de cuir frappe mes yeux : le nom de M. Thiers est dessus ; en grand stratégiste, il pense toujours à la retraite ; je ne lui en fais pas un grief... Je suis parti très édifié et plein d'envie. Si l'on administrait ainsi les affaires de l'État, nous n'en serions pas où nous voilà.

Londres, 16 février 1872.

Hier soir, nous sommes allés au Parlement, dans la belle salle des Lords. Bien qu'elle soit neuve, on y sent l'antique. Il y a déjà un charme de souvenirs et un parfum d'aristocratie. Le marquis de Salisbury a une belle voix, une élocution aisée et distinguée ; il mesure ses effets à l'importance du débat ; on sent qu'il pourrait faire bien plus ; c'est un orateur. Le cabinet l'a échappé belle : il se croyait censuré par 80 voix ; il a eu 2 voix de majorité. On ne peut pas le renverser. Ce sont ses fautes qui le sauvent. « Il nous a mis dans la fondrière, disait le marquis de Salisbury, à lui de nous en tirer. » Quand aurons-nous ce sens politique?

J'ai fait visite à la baronne de Rothschild. Modeste aisance, mais pas la moindre morgue de parvenus. J'ai rencontré M. Disraëli. Il n'a dit qu'un mot : comme on annonçait la réponse des États-Unis pour le mois de mars : « Oui, pour les Ides de mars. » Mais quel vieux Juif peint! Il y avait encore Brunow qui me disait : « Ou bien Bismarck ne sait pas ce que c'est qu'un milliard, ou bien il n'a jamais pensé que vous pourriez vous libérer. » Pas d'autre incident dans ma vie. Ce soir, nous allons entendre un sermon du cardinal Manning.

Londres, 24 février 1872.

Au sermon, à la *pro-Cathedral* de Kensington, j'ai été très frappé de l'élocution simple, sobre, digne, de l'archevêque : prédication purement évangélique. Puis, j'ai entendu, avec Vernon, un des principaux prédicateurs de la *High Church,* le Rév. Body; du poumon; c'est un accent de combat, un peu trop soutenu; néanmoins une bonne prédication, pas un mot à reprendre. Invitation, d'ailleurs, en finissant, à venir communiquer nos objections dans la sacristie. J'ai été très fier, parce que je n'ai pas perdu un mot.

J'ai fini ma soirée chez ces excellentes gens; rien n'égale leur charité pour leur église, pour les pauvres et, en même temps, les voilà en campagne pour nous. Ils vont garnir la table du banquet (1) de lords et de

---

(1) Banquet annuel donné par le commerce français pour les œuvres de charité.

colonels, et donneront un dîner pour nous les faire connaître.

Toute la ville se couvre de constructions pour les actions de grâces du 27 : on ne s'occupe ici que du *thanksgiving* (1).

Le banquet de lundi aura bien aussi son intérêt à cause du discours du duc de Broglie.

Londres, 24 février 1872.

Soirée intéressante, chez lady Waldegrave (2). Elle connaissait mes relations et a causé longtemps avec moi. C'est une personne bien habile et, sans en avoir l'air, elle m'a passé plusieurs avis précieux dont l'ambassade fera son profit. J'ai ensuite longtemps entretenu Fortescue de nos affaires. Avec les diplomates, nous avons disserté sur les plaisirs et les fatigues qui nous attendent mardi. Il y aura plus d'un million

____

(1) La maladie du prince de Galles avait été l'unique préoccupation de l'Angleterre, pendant plusieurs semaines : on l'avait, réellement et à bon droit, cru perdu. Cette épreuve réveilla au fond des cœurs des sentiments d'affection qu'on lui a voués en dépit ou peut-être même à cause de ses défauts; grand buveur, grand mangeur, homme de plaisir, besogneux, mais bon enfant, franc du collier, et ne troublant ni la reine, ni les ministres, par son ingérence dans le gouvernement ou dans les partis. Une grande cérémonie d'actions de grâces devait avoir lieu le 27 février, à Saint-Paul; jusqu'au dernier moment on avait pu douter que la reine consentît à se déranger pour assister à cette fête royale et nationale.

(2) Frances Braham, fille de l'acteur. Mariée : 1° à un Waldegrave illégitime; 2° au comte Waldegrave; 3° à sir Harcourt; 4° à l'H^ble Chichester Fortescue, P^t du Board of Trade. Morte en 1879.

d'âmes sur la route. Tout Londres est couvert d'échafaudages en bois blanc, à une livre la place. Toute affaire, toute circulation seront interrompues. Nous n'avons pas idée d'un mouvement aussi universel de haut en bas.

Hier soir, à onze heures, nous arrivons chez lady Cork (1), femme du grand veneur ; on ne parle pas mieux français. Grand hôtel, mais quel goût ! Un seul détail : les glaces sont encadrées d'un feu d'artifice de sculptures ; armes, fruits, fleurs, que sais-je encore ? On a la curiosité d'approcher ; c'est du cuir bouilli. Par-dessus tous les meubles et les portes, les bougies alignées comme des lampions ; les salons sans sièges pour faire plus de place, et tout le monde debout pour en occuper moins. On arrive, on serre la main de la maîtresse de la maison, on se tient debout et voilà tout. On ne voit que le dos ou les épaules de la personne qui est devant soi ; tant mieux si elles sont belles ! Il y a bien encore les soirées où l'on ne parvient pas à monter l'escalier. Les habiles se bornent à courir de porte en porte ; on se pousse jusqu'à ce qu'on attrape le regard du reporter du *Morning Post;* cela fait, la coupe des plaisirs est épuisée.

Gladstone est survenu avec sa femme et sa fille. Comme je causais avec ce grand déchu de la faveur publique, notre conversation est interrompue par le flot qui nous pousse et nous nous trouvons en face d'une vieille fée : c'est la femme et amie dévouée de Disraëli, la vicomtesse Beaconsfield ; à peinture, pein-

(1) Comtesse Cork, fille du marquis de Clanricarde.

ture et demie. On cause comme les meilleurs amis, après que les maris se sont décoché, la veille, les traits les plus violents ou les plus mordants. Du reste, ici non plus, cela ne peut pas durer longtemps. Le malheureux Gladstone se débat comme un lion furieux sous les plaisanteries froides que lui décoche avec une face sépulcrale l'exécuteur du parti conservateur.

Aujourd'hui, nous avons tenté d'aller à Saint-Paul voir les préparatifs de l'enthousiasme public. Il a fallu tourner par derrière, malgré le repos du dimanche. Du bout de Piccadilly à Saint-Paul, foule compacte, les voitures enferrées les unes dans les autres, on ne peut plus avancer, elles y seront encore après-demain; tout cela pour regarder des planches et des échafaudages devant chaque maison. Jamais on n'a vu pareil mouvement national, pareil élan de fidélité, pareil soulèvement des masses. C'est par millions qu'il faudra compter la foule.

Londres, 26 février 1872.

Ce soir donc, c'est-à-dire dans une heure, banquet, discours. Je suis sûr que le duc (de Broglie) se tirera avec tact et talent des difficultés de la parole publique en pareille circonstance (1). Demain, dès l'aurore,

---

(1) Le banquet de l'hôpital français eut lieu, en effet, sous la présidence du duc de Broglie C'était la première fois qu'un ambassadeur de France assistait à cette cérémonie. « Sous l'empire, dit M. Gavard dans ses Notes, les œuvres françaises de Londres, société de bienfaisance et hôpital, ainsi que les écoles et l'asile fondés et dirigés par les Sœurs de Charité de Leicester-Place, étaient à l'index, parce que les princes d'Orléans leur avaient, dès

pour la cérémonie du *thanksgiving,* uniforme, voiture à huit ressorts, valets en grande livrée rouge, or et jaune, avec lampions. La République serait contente si elle nous voyait passer. C'est de me rencontrer à pareille fête qui m'étonnera le plus. Il faut s'habituer à se voir sans rire en si noble compagnie et n'en pas perdre surtout l'habitude.

Londres, 27 février 1872.

Le temps était beau, la reine était venue, pas d'accident à ma connaissance. *Rule Britannia!* Dès l'aurore, nous étions sur pied, nous n'avons pas été trop hués en route, en traversant ces flots humains; et quels flots, en approchant de la Cité, aussi boueux que ceux de la Tamise! Aucune populace ne ressemble à ce *mob* anglais; cela sent la misère. Elle est tout à la fois violente et humble sous les coups de la

l'origine, accordé leur concours actif et leur généreuse assistance. Cette abstention, d'ailleurs, répondait entièrement aux goûts et aux habitudes du personnel diplomatique impérial. Les représentants de la France, partant de cette idée, assez juste malheureusement, que le Français qui s'expatrie a de bonnes raisons pour ne pas rester chez lui, avaient pris pour règle de conduite d'ignorer à l'étranger la colonie française. Dès son arrivée à Londres, le duc de Broglie reprit l'ancienne tradition et montra le chemin à ses successeurs en présidant avec éclat le banquet annuel de l'hôpital. Il y a beaucoup à dire sur cette institution qui n'est pas seulement une réclame au profit de quelques très braves gens, mais un moyen de les tirer de leur ornière en se mêlant à eux, de les encourager, de les éclairer, de les assister, de les pousser en avant. C'est ce que, pour ma part, je n'ai cessé de faire pendant mon séjour en Angleterre, et, si je n'ai pas réussi à faire mieux, c'est le temps qui m'a manqué. »

police. Le haillon règne et domine; notre blouse nationale est inconnue en Angleterre; au lieu de ce vêtement qui cache tout, ce ne sont que des restes effiloqués d'habits qui laissent voir la saleté et la nudité du dessous. La foule qui craint d'être *mobée* remplissait les maisons couvertes d'inscriptions. Je n'ai jamais vu tant de têtes.

A onze heures, nous étions bien établis à Saint-Paul dans un courant d'air froid, un soufflet qui nous a douchés jusqu'à deux heures. Enfin les cloches sonnent à toute volée, c'est-à-dire en manière de décharges d'artillerie; la reine arrive, elle entre, elle est accueillie par ce silence royal que commandent la sainteté du lieu et la majesté de la personne, un vrai silence, pas celui qui se fait naturellement dans le vide, mais le silence que font vingt mille personnes en suspendant leur respiration.

Toutes les *royalties* se rangent en file devant le public; la reine, grosse, courte, en toilette de promenade, l'air maussade; le prince a déjà recouvré sa figure de prospérité; la princesse toujours belle et touchante. Une musique grave, un sermon pas trop long. Nous sommes rentrés à temps pour aller voir, dans Hyde-Park, le retour du cortège royal au milieu des manifestations étourdissantes de la foule.

Revenons à notre soirée d'hier (1). Succès complet. Le duc de Broglie a obtenu l'accueil le plus sympathique, et, après son discours, cela a été de l'enthousiasme. On a tout cassé quand il a parlé de ce pays

______

(1) Banquet des œuvres de bienfaisance française.

qui, depuis deux cents ans, n'a pas vu une fois la loi violée ni par le caprice d'un prince, ni par la violence de la multitude. Chacun de ses cinq toasts est une œuvre d'art. Un premier résumé assez exact a paru au *Times* d'aujourd'hui. Le duc a tourné habilement la difficulté de M. Thiers, à l'aide du vase de Sèvres, envoyé pour la loterie ; puis il a trouvé moyen de parler du noble emploi que les princes d'Orléans faisaient des restes d'opulence que la spoliation leur avait laissés. Vernon était venu et avait amené le colonel Anson, qui a répondu avec beaucoup de tact et de chaleur au toast sur l'armée : nature loyale, simple et sympathique. Nous avions aussi un lord Eliott, ancien diplomate quoique jeune encore, Français pour la langue et la tournure d'esprit. Il a fort galamment porté la santé du duc.

Londres, mars 1872.

La cérémonie du *levee* m'a fort intéressé. J'ai vu défiler tous les diamants de l'Angleterre et des queues à rendre tous les paons jaloux. Le grand jour, puis le courant d'air entretenu avec soin au profit de *Her gracious Majesty*, n'étaient pas aussi favorables aux épaules nues et aux nez qui les surmontaient. La reine a été aussi aimable qu'elle a pu pour Bernstorf (1), et puis voilà ! On se perd en plongeons devant les *royalties* et, par une série de pas de côté, on revient, sans cesser de faire face à l'ennemi, se ranger en haie devant

(1) Comte Bernstorf, ambassadeur d'Allemagne.

lui pour voir défiler le menu peuple des pairs et ba-
rons d'Angleterre. C'est un devoir sérieux pour tous ;
c'est un grand jour pour beaucoup qui datent, de cette
présentation, leur existence sociale. Au premier qui
s'est mis à genoux pour baiser la main j'ai bien été un
peu suffoqué, et, quand une lady a terminé sa révé-
rence par le même hommage, cela m'a gêné encore
plus ; puis, quand la reine a baisé les jeunes filles
présentées pour la première fois, je me suis demandé
ce qu'il adviendrait si la reine était un roi ; mais suis-je
bien sûr que tout s'est passé ainsi ?

Londres, 3 mars 1872.

Grand dîner, hier, chez les Rothschild : autant de
luxe que de bon goût, c'est rare dans ce pays. Nous
avions le duc de Cambridge (1) ; il a causé quelque
temps avec moi : bonnes paroles sur l'armée française
qu'on a souvent engagée à 1 contre 3, puis il m'a cité
ce mot de Bugeaud sur l'infanterie anglaise : « *Heu-*
reusement qu'elle n'est pas nombreuse. » J'ai repris :
« *Malheureusement* », et nous avons été les meilleurs
amis du monde.

On a fortement mangé et bu des vins exquis. Meyer
de R. me demandait à la fin quel était, suivant moi, le
meilleur morceau.

(1) Feld-maréchal, commandant en chef, né en 1819.

Londres, 14 mars 1872.

Je me suis fait porter sur la liste des grands personnages qui ont paru chez M. Gladstone et chez lady Margaret Beaumont. Je n'ai fait qu'entrer et sortir, et j'ai ramassé, chez Gladstone, le pauvre Musurus qui s'est laissé choir et s'est cassé le bras en trois endroits. Je l'ai mis en voiture avec un médecin. Chez lady Margaret, j'ai retrouvé le même personnel venant se faire inscrire comme moi.

Tout à l'heure *levce*... La reine était plus gracieuse que de coutume pour nous. Elle a demandé au duc de Broglie des nouvelles de son fils. Sa fille était assez belle. La duchesse de Sutherland (1), couverte de diamants, soutenait bien l'éclat du jour. Ici encore, le corps diplomatique s'est épaté : cette fois c'était un brillant Hongrois. S'est-il perdu dans ses bottes, son sabre ou son attila! Enfin, il a fait patatras, et événement.

Londres, 16 mars 1872.

Le duc de Broglie pleure, les sanglots l'étouffent quand il veut parler de Cochin (2). Celui-ci avait déjà tant fait et cependant si peu! On en attendait tant qu'on oublie qu'il laisse une vie bien remplie, mais beaucoup de déceptions, une mauvaise chance qui lui a

(1) Anne, de son fait comtesse de Cromartie, duchesse de Sutherland.

(2) M Augustin Cochin, mort préfet de Versailles.

fermé toutes les voies. Lui aussi, il a été enlevé avant l'heure, après Montalembert et Perreyve, et le P. Gatry, et le P. Captier, après tous ceux qui pouvaient ramener les esprits élevés à la religion. Quels sont les desseins de Dieu sur notre malheureux pays? Quels qu'ils soient, il faut s'incliner et prier. Vois-tu le pauvre duc, avec la mort dans l'âme, obligé de préparer la fête de demain (1) et de partir mardi pour Windsor, au lieu de prendre le chemin du cimetière, à la suite du corps de son ami?

Pour le dîner, il avait fallu, d'heure en heure, suppléer aux renonçants; pas un Anglais un peu sévère qui consente à faire travailler ses chevaux le dimanche, même pour *meet* une *Royal Highness*.

Londres, 18 mars 1872.

Nous avons eu, hier, notre représentation à grand orchestre (2) : cela a fort bien réussi. Le duc de Cambridge est descendu à l'heure dite sur le tapis rouge tendu à travers le trottoir; les livrées rouges, que Louis XIV ou Babin nous auraient enviées, faisaient la haie à partir du perron; les gens du prince écartaient la foule avec leurs cannes appuyées au mur (je ne garantis pas ce détail, mais il est dans le cérémonial). Honneur au maître des cérémonies qui a réussi à faire prendre à chacun sa place à table (ceci est pour moi); honneur au cuisinier qui a fait merveille. « Quel plai-

(1) Le duc de Broglie recevait le lendemain à dîner le duc de Cambridge.
(2) Le dîner à l'ambassade.

sir, me disait une vieille fourchette diplomatique, de pouvoir ainsi manger pendant deux heures à la française ! » Au dessert, des fraises qui n'avaient pas coûté moins de 350 francs. Mais la merveille la plus rare, c'était notre jeune princesse (1), ruisselante de diamants, recevant, parfaitement à son aise, comme si elle n'avait fait que cela toute sa vie, les hommages de l'Altesse royale, à droite, et du premier ministre, à gauche ; elle a fait tête toute la soirée à une charge à fond de tout le corps diplomatique, avec autant de bonne grâce que de modestie ; un petit air penché en saluant ne nuisait pas. Le moins heureux n'était pas l'ambassadeur, qui en oubliait son chagrin et qui convenait que c'était plaisir d'avoir à présenter un aussi joli bijou. Personne n'a manqué à l'appel, pas même l'ambassadeur d'Allemagne ; c'est l'appel qui avait fait défaut pour quelques-uns. Enfin, succès complet ; on en parlera et cela ne nuira pas à notre position..... Quant à moi, je n'ai cessé de présenter, pendant toute la soirée, des personnes dont je ne connaissais pas le nom (2).

Londres, 22 mars 1872.

Neige en masse, brouillard épais ; il gèle et dégèle en même temps ; c'est affreux, mais cela n'arrête per-

---

(1) Mlle d'Armaillé, princesse de Broglie.

(2) Aussitôt après cette fête, M. le duc de Broglie quitta Londres et rentra en France. Il était dès lors résolu à donner sa démission pour se consacrer tout entier à ses devoirs de député. M. Gavard se trouva ainsi de nouveau chargé de gérer l'ambassade ; cette gestion dura du 24 mars au 7 juin 1872.

sonne. Londres émigre par toutes les voies de trans-
port sur Putney et les bords de la Tamise (1). A partir
de Hammersmith, on ne voit, sur tout le parcours, à
droite et à gauche, qu'une haie de parapluies et des
champs de voitures, les unes dételées, les chevaux
abrités sous les estrades, les autres gardant chevaux
et voyageurs qui attendent impassibles sous la neige.
A grand'peine et grâce au policeman à cheval qui
bouscule tout sur le passage de notre carrosse privilégié, nous gagnons *The Cedars* ; c'est la propriété de
M. Philips, brasseur, au but même de la course. Le
drapeau tricolore, qui flotte à côté de ceux de la reine,
du prince de Galles et du Danemark, annonçait aux
populations notre arrivée. Habitation qui s'efforce
d'être élégante, en tout cas fort confortable et riche ;
des dames, des *swells* (2) ; on mange pour passer le
temps. On mange ici aussi naturellement qu'on tourne
ses pouces ailleurs, L'attente dure deux heures : on
boit et on mange pendant deux heures pour se préparer au *luncheon* final. Des nègres, dont le teint n'est
pas à l'épreuve de la pluie, font des parades musicales
et épileptiques. La foule oublie, en riant de son gros
rire, toutes les épreuves de l'attente. La neige tombe
toujours. Mais tout à coup, chacun se pousse, on serre
les rangs ; le signal a été donné à 4 milles de là, je
brave à mon tour les frimas et je grimpe sur le mur
du jardin. Un bruit lointain de marée montante se fait
entendre ; il grossit, il approche ; les chapeaux s'agi-

(1) Il s'agissait d'assister à la course de bateaux entre l'université d'Oxford et celle de Cambridge.
(2) Élégants à outrance.

tent au loin sur les estacades et sur les bateaux accotés. Je ne vois rien encore, si ce n'est des pigeons qu'on lance ; ils montent et emportent tout droit les nouvelles de 400, de 300, de 200 mètres avant le but, aux quatre coins de l'Angleterre, voire même de *Greater Britannia*, car les *wires* (1) attendent. Enfin, voici le premier équipage ; il me semble bien apercevoir une petite ligne bleu clair sur l'eau, c'est Cambridge. Le bleu foncé le suit à trois longueurs ; il regagne évidemment l'avance perdue. Le *crew* (2) d'Oxford avait été désorganisé, il y a quelques jours, par la maladie d'un de ses rameurs qui a dû être remplacé par un homme non entraîné ; aussi parie-t-on deux contre un pour Cambridge. En effet, le bleu clair arrive le premier ; il en est temps : il n'y avait plus qu'une longueur. Cris, fanfares, pigeons dans tous les sens. Mais, attention sur l'eau ! Voici venir d'autre coureurs plus formidables ; c'est la *City* qui arrive la première, en tête de la flottille à vapeur ; vingt navires la suivent, sifflant, fumant, lâchant la vapeur pour tâcher de ne pas écraser les frêles esquifs. Déjà les vainqueurs reviennent au milieu d'acclamations enragées ; il est vrai que les vaincus bleu foncé qui les suivent ne sont pas moins acclamés. Un magnifique *luncheon* attendait, chez notre hôte, vainqueurs et vaincus.

Nous ne pouvions nous attarder, et nous voici lancés dans cette débâcle de véhicules à un, à deux, à trois, à quatre, à cinq chevaux. Nos privilèges ne pouvaient rien contre un *regular block*. Il faut prendre patience.

(1) Fils électriques.
(2) L'équipage.

Dans nos oreilles, la trompette d'un cocher d'omnibus à quatre qui charme ses loisirs par des sons à faire hurler les chiens ; un cocher de *four wheeler* (fiacre), type idéal avec sa face rubiconde, lâche des paroles sentencieuses avec une magnifique impassibilité sous la neige fondante ; un autre personnage profite de l'auditoire pour réclamer *a radical reformation of Parliament !* et je distingue aux intonations d'un quatrième qu'il prêche sa religion. Je dois dire qu'on n'avait pas renié ses couleurs et que le bleu foncé d'Oxford n'avait pas disparu des fouets, des boutonnières, des chapeaux. Du haut en bas, tout le monde prend part à ce jeu ; les plus misérables s'y portent avec autant de passion que les heureux de la terre qui vont voir lutter leurs fils ou les représentants et les héritiers de leurs anciennes rivalités de grands seigneurs universitaires. Ce n'est pas seulement dans ses luttes politiques, c'est aussi dans ses jeux, dans ses passions nationales, que la société anglaise se divise, comme on l'a dit, non par tranches horizontales, mais par sections verticales.

Londres, 23 mars 1872.

Sir Ch. Dilke (1), devant renouveler son attaque contre la liste civile de la reine, j'ai trouvé *full house* (2) au Parlement (3). Les membres refluaient jusqu'à la

(1) Un des deux représentants de Chelsea.
(2) Chambre pleine.
(3) « Les séances du Parlement pendant la session, écrit M. Gavard dans ses Notes, firent promptement partie des habitudes de ma vie. Aussi exact que si j'avais été relancé à domicile

galerie diplomatique, où ils ne se distinguaient de la foule plus polie de leurs hôtes que par le privilège du chapeau sur la tête et des : *Hear! hear!* ou autres marques de leurs sentiments. La réciproque est vraie, et j'ai déjà occupé les galeries supérieures réservées aux MM. PP. (1), mais toujours chapeau bas.

Dilke a eu tout le loisir de dire ce qu'il pensait ; il a parlé une heure et demie sans une pause, sans un soupir, sans un point d'orgue, sans un hélas ! ou un holà ! de la Chambre. Elle a laissé à M. Gladstone le soin de lui témoigner son sentiment. La placidité avec laquelle le chef du cabinet avait passé, dans l'intervalle de la session, sur les attaques dirigées contre la couronne, par le membre de Chelsea, devant les ouvriers de Newcastle, n'était plus de mise après la maladie du prince de Galles et les éclatantes manifestations du loyalisme national. M. Gladstone a donc trouvé des flots d'éloquence pour confondre l'imprudent agresseur du trône, démontrer les erreurs commises dans ses additions par le soi-disant instructeur du peuple, et faire ressortir enfin le contraste de ce compte par sous et deniers et de cet appel aux plus petites passions avec la grandeur de l'institution dont il était seul à méconnaître les services. La Chambre a été plus loin dans son improbation ; elle a, chose rare, manqué de patience. Quand M. Oberon Herbert (2), frère de lord Carnar-

par le *whip* d'un des partis, je ne manquais pas d'accourir, soit avant, soit après le dîner, quand le compte rendu affiché sur les murs du club annonçait une discussion intéressante. »

(1) Membres du Parlement.
(2) Fils du troisième comte de Carnarvon.

von, s'est levé pour soutenir la motion de sir Ch. Dilke,
elle s'est refusée à l'entendre. La scène a été parfaitement comique ; on a lutté, pendant plus d'une heure,
avec une obstination égale de part et d'autre. A peine
M. Herbert a-t-il eu lancé le mot sacramentel de :
« *M. Speaker* » que les cris de : *Divide!* Division !
division ! — comme nous dirions *Aux voix !* — s'élèvent de toutes parts. Mesurant dès lors ses forces et les
ménageant pour la longueur du combat qu'il engage,
l'orateur ne lance plus ses paroles que syllabe après
syllabe ; chacune soulève une tempête de cris divers ;
mais, comme on ne peut crier toujours sans perdre
haleine, quand les crieurs respirent, l'impassible lutteur, les mains dans les poches, leur donne en pâture
une nouvelle syllabe, et le tumulte recommence ; les
plus jeunes soutenant seuls la partie, les cris d'animaux deviennent bientôt dominants dans le chœur.

Le *Speaker* assiste tristement à ce *match,* auquel
l'usage ne lui permet pas de mettre fin. Quand les
interrupteurs s'aperçurent que l'avantage resterait for-
cément à l'adversaire qui ménageait si bien ses ressources, ils eurent recours aux diverses ruses légales
en usage. Tout à coup un membre se lève et dit, avec
le plus grand sang-froid, qu'il croit que la Chambre
n'est pas en nombre ; il lui est permis d'affirmer qu'il
n'y a pas 40 membres présents, quand il y en a plus
de 500 qui étouffent et font entendre au loin, sous les
parois de Westminster, leurs formidables grognements. N'importe, il faut vérifier, l'usage l'exige. Le
Speaker se lève et commence à compter avec son chapeau ; mais, ô miracle ! le vide s'est fait, tout le monde

a disparu; est-ce par les portes, est-ce sous les bancs?
Néanmoins, la question est douteuse, et il faut compter
régulièrement. Grâce au gouvernement qui ne pouvait
quitter son banc, les 40 y sont. La foule reparaît
comme par résurrection, et la bataille recommence.
Au bout de quelques minutes, on a recours au même
expédient; la partie avait été mal jouée la première
fois, on espère mieux réussir à la seconde épreuve.
Vain espoir! les 40 se trouvent encore. Dès lors, la
victoire est assurée à ce parleur indomptable; il ne
s'agit plus que de le priver des avantages qu'il attend
de la publicité donnée à ses paroles. Il se trouve donc
un membre pour faire remarquer au *Speaker* que des
étrangers se sont introduits dans la salle; et, en effet,
le *Speaker* qui, jusqu'à présent, ne s'était pas aperçu
de notre présence dans la galerie et de celle des journalistes au-dessus de sa tête, nous fait prier de sortir.
Les dames, plus heureuses que nous, ont l'avantage
de rester parce qu'elles ne sont pas dans la salle dont
un grillage les sépare. Grâce à cette heureuse et trans-
parente fiction, elles demeurent; et c'est, sans doute,
par elles que le public a su, ce matin, l'issue de cette
lutte homérique d'un contre tous; il est vrai que ce
lutteur avait pour lui le droit.

Londres, 2 avril 1872.

L'absence de tous les ministres et de tous mes inter-
médiaires m'oblige à me croiser les bras. Quel préjugé
de croire que l'Angleterre est un pays d'affaires! Ce
sont des ruraux qui viennent en ville bâcler les affaires

publiques dans l'intervalle de leurs chasses et de leurs *sportings*. Ils n'ont ici qu'un pied-à-terre et, quand ils sont en ville, ils ne se préoccupent que de chauffer la machine pour aller plus vite et retourner plus tôt à leurs plaisirs champêtres. Aussi faut-il voir comme les affaires publiques se font!

Voici un mot de mon chancelier, digne de l'histoire. Comme je venais de réduire une dépense : « Vous créez là un mauvais précédent; c'est une économie. »

Nous avons passé la journée au *Cristal Palace*. C'est le temple de la vulgarité, le pêle-mêle le plus grossier, la négation de toute idée d'art et de goût. On a écrémé les chefs-d'œuvre du monde entier pour faire l'assemblage le plus écœurant; de plus, et pour que cela reluise, on les lave au moins une fois l'an. On a si bien encombré le vaisseau. le plus gigantesque qu'on se croit au bazar de Mme Tusseau. C'était un *people day;* le peuple était venu, en effet, y manger; il paraît qu'il mange mieux là qu'ailleurs. Le public est digne du palais. Que la race est laide, les jours de fête, quand le fond saxon vient à la surface ! Ma jeune amie s'est fort amusée de tout cela et surtout d'une ménagerie que nous avons rencontrée entre l'Alhambra et un temple égyptien. Une panthère noire et un beau lion qui avaient envie de manger un chameau, leur voisin, ont fait notre admiration.

Londres, 12 avril 1872.

Hier, j'ai écrit longuement au ministre après mon entretien avec lord Granville. Je me suis rabattu au

Parlement où m'a diverti le spectacle des *divisions*. Quand la Chambre est en comité, pas de *Speaker,* la masse est sous la table, pas de longs discours, on vote souvent. Tout un côté crie : *aie;* l'autre répond ensuite : *no,* avec d'autant plus de force qu'il est en minorité. Comme on conteste régulièrement le résultat, les *aies* sortent par un bout, les *nos* par l'autre, puis les *tellers* (1) reviennent, saluent, et je crois bien qu'ils annoncent ensemble le résultat.

Londres, 25 avril 1872.

Hier, à quatre heures, nous nous sommes mis en route, en costume d'entre chien et loup, habit noir, cravate de couleur, pantalon rayé, mais *orders and decorations*, dames en toilette à l'avenant. On se rend à Buckingham Palace (2) : deux ou trois cents invités, une *select party*. Musique en livrée à droite : c'est le Conservatoire, ou quelque chose d'équivalent ; il peut bien jouer ce qu'il veut, personne pour l'écouter ; puis, dans le salon du centre, ténor sentimental, piano, Mme Schumann, la famille royale assise, en ordre hiérarchique ; personne n'a l'idée de rire. Vastes buffets dans une ou deux salles attenantes : l'air est dévorant dans ce pays, il faut dévorer pour se défendre.

La reine passe entre les rangs de ses sujets ; le long usage de la royauté lui a donné un air de dignité, mais il a fait plus que la nature. On s'incline un peu comme

(1) Ceux qui comptent.
(2) Palais de la reine.

à l'église; elle s'arrête et distribue des paroles qui se transmettent de génération en génération. Elle a tendu la main, non pas à moi, — ce serait un événement de plus dans l'histoire, — mais, avec un empressement marqué, à une pagode qui était à côté de moi; je croyais voir un vieux rajah de l'Inde; c'était la vicomtesse Beaconsfield. Derrière elle, *Lothair, Conningsby, the Jew* (1), Dizzy (2), toujours sépulcral sous les restes de son vieux costume de jeune Angleterre; il y a du clinquant oriental dans cette apparence fardée. Il n'est pas drôle quand il ne larde pas Gladstone.

Le dernier effort de l'art, après ou plutôt entre les deux musiques, c'est l'entrée de deux pifferari écossais, avec double ou triple galoubet. Ils soufflent indéfiniment, et ce sont des gaillards qui ont du souffle. Ils vont et viennent à grands pas égaux et soufflent toujours. C'était à mourir.

Nous allons avoir la visite de la reine de Prusse, la semaine prochaine : pénible présentation.

Londres, 2 mai 1872.

Le télégraphe nous apprend que M. d'Harcourt est nommé (3).

Le colonel Anson est au plus mal : rupture d'un vaisseau dans la poitrine; il me semble qu'il y a peu

---

(1) Héros des romans de M. Disraëli.
(2) Dizzy, surnom de M. Disraëli.
(3) Le duc de Broglie avait donné sa démission d'ambassadeur ; il était remplacé par le comte Bernard d'Harcourt, de la branche ducale.

de chances de le sauver. C'est le plus galant homme que j'aie encore rencontré en Angleterre. Il m'est on ne peut plus sympathique. Mme Vernon ne quitte pas son amie. Vernon s'obstine à emmener sa femme pêcher en Norvège : « Les courants d'air, c'est si bon pour les poitrines délicates. »

Hier soir, *prima sera,* c'est-à-dire à onze heures, chez lady Jersey, fille de sir Robert Peel. J'y ai rencontré une lady qui arrange proprement mes connaissances, celle qui a chanté et celle qui a dansé. « Qui voit-on chez elle? Rien que de la canaille, pas un tory. — J'y ai vu lord Derby. — Vous appelez cela un tory? » Du reste, drôle de personne qui revient de Rome sans édification, furieuse de n'avoir vu que la société piémontaise. On pourrait causer dans ce salon si l'on avait le temps d'y pauser, mais il faut se hâter de partir en interrompant ses phrases, pour aller chez Gladstone.

Londres, 9 mai 1872.

Le roi des Belges a présidé le banquet du *Royal literary fund.* Il s'est acquitté de cette tâche, nouvelle pour un souverain, avec beaucoup de bonne grâce et aux applaudissements d'une assistance aristocratique et lettrée, doublement flattée des compliments qu'elle recevait d'une bouche royale et dans sa propre langue. La fondation du royaume de Belgique a nécessairement défrayé les compliments et félicitations qu'on a échangés ; mais le nom même de la France ne figure ni dans la dissertation de M. Disraëli, ni dans la réponse du petit-fils de Louis-Philippe.

Musurus, qui cherche à se faire bien venir à l'ambassade de France, m'a témoigné sa surprise de ne m'avoir pas rencontré. Je lui ai répondu : « Je ne puis m'étonner qu'on ait oublié le représentant de la France dans les invitations du banquet, puisqu'au banquet on a bien oublié la France elle-même. »

Tant pis, c'est un mot, et les diplomates ne doivent pas passer pour en faire ; mais je suis furieux contre le roi des Belges.

Londres, 14 mai 1872

Hier soir, j'ai été présenté à l'impératrice-reine (1) : c'était en plein public, à Prussia-House. Foule de rois et de princes, cercle. Grand silence à mon apparition. La reine, belle parleuse, ne s'arrête pas, même pendant qu'on change son auditeur ; le discours passe de l'un à l'autre, sans point ni virgule. Elle me témoigna le regret très vif de n'avoir pas rencontré le duc de Broglie qu'elle désirait connaître depuis si longtemps ; elle avait été tout exprès à Coppet. « Madame, je lui ferai part des regrets de Votre Majesté. » Puis elle se plaignit du mauvais temps et de la pluie. « Madame, la pluie calmera la mer pour le passage de Votre Majesté. » Ainsi finit ce mémorable entretien. C'était bien le cas de ne ne pas faire de mot, et je m'en suis tiré avec toute la bêtise voulue.

La seule chose amusante était une musique qui res-

(1) L'impératrice d'Allemagne était venue faire une visite en Angleterre.

semblait à un robinet lâché en bas de l'escalier. Goutte à goutte, une distillation de fausses notes.

Londres, 25 mai 1872.

J'ai passé hier une journée noyé dans la verdure (1). Rien n'égale la fraîcheur, l'éclat, l'harmonie de ton de la campagne anglaise, surtout quand ce produit du brouillard brille sous un premier rayon du soleil qui revient enfin. Partout des arbres d'une vigueur et d'une vétusté extraordinaires, avec un magnifique étalage de branches, un tapis courant par-dessous, vert sur vert ; cela monte et descend en croupes arrondies à perte de vue ; la Tamise met une ligne d'argent au fond du tableau. Je n'étais qu'à 20 milles de Londres, je me suis cru à 200 lieues de sa fumée et de son bruit. Quel repos ! et toutes sortes de chants d'oiseaux dans les branches et dans l'air, une symphonie pastorale, peu d'habitations et encore moins d'habitants. Une grande ferme de 20,000 francs de rente, qui marche tout seule ; une locomobile fait toute la besogne ; elle laboure, sème, fauche, coupe, hache, bat, rentre les récoltes ; il n'y a qu'à changer un peu, de temps en temps, les accessoires et à laisser faire. Le fermier est un respectable gentilhomme avec un chapeau rond ; sa femme se tient dans son parloir, avec des fleurs dans sa jardinière devant la fenêtre, les envois de la *circulating library* sur la table ; piano au fond, et des miss avec des incisives de rongeur. Je ne dis pas qu'un peu de chaume, un peu plus de pêle-mêle de poules fami-

(1) Visite à l'un des domaines de la comtesse Waldegrave.

lières, de bœufs attelés, un peu moins de correction et
de netteté partout n'auraient pas ajouté au pittoresque.
Oh! qui me rendra la campagne rustique, où les bêtes
du bon Dieu sont chez elles !

Mes hôtes, très agréables, sont réfugiés dans un
pied-à-terre auquel ils ne peuvent donner que quelques
jours dans l'année : une ruche composée de pièces et
de morceaux, sans caractère ni ancienneté; un jardin
coupé au hasard au milieu de la prairie qui le continue
à perte de vue. J'ai trouvé là Hayward, le conteur bre-
veté, l'intermédiaire de tous les hommes politiques, la
providence des diplomates; Beaulieu (1), qui m'a lu
les lettres humoristiques qu'il écrit pour amuser le
prince de Galles; lord Norreys (2) et sa femme : le
mari s'est converti pour l'épouser; puis, Borthwick (3)
du *Morning Post* : il a épousé une Clarendon, fine
personne, l'esprit ouvert, cultivé, de l'agrément; un
Seymour, m. p..... J'oublie le reste de la table. J'ai
beaucoup causé avec Fortescue des princes, nos amis
communs, dont les portraits remplissent sa campagne;
la *Smalah* y est aussi. Il paraît passablement ennuyé
de la position du ministère. Les causeries des commissaires anglais mettent Gladstone en flagrant délit
d'assertions erronées. Jamais on n'a vu pareilles mala-
dresses en Angleterre et pareille disposition à continuer. Gladstone avait promis de rester et de veiller au
grain : le voilà dans le pays de Galles.

(1) Ministre de Belgique.
(2) Futur comte Abingdon.
(3) Baronnet en 1880 et m. p. Lady Borthwick était née Lister,
nièce du comte Clarendon.

Londres, **28** mai **1872.**

La journée d'hier (1) a été fort belle, mais il n'y a rien qui réjouisse le cœur à voir la société sens dessus dessous. C'est le jour de fête de tous les sens. On vend beaucoup de faux nez et de fausses barbes à l'usage des ivrognes de circonstance qui gardent quelque vergogne. On boit, on mange à deux joues pleines. Le grand luxe est de mettre une nappe sur sa voiture, de s'attabler et de s'empifrer devant les meurt-de-faim. Ceux-ci ramassent et volent les miettes. L'espace laissé libre par les voitures et les chevaux est rempli de bâtons et de flèches qui se promènent dans l'air; tant pis si vous tombez dans un de ces jeux nationaux. Pour le fusil, on a obtenu qu'on tirerait dans un grand tube; il y a moins de mérite à atteindre le but, mais c'est moins dangereux. Je ne parle pas des chevaux et du jeu. Perché à la hauteur d'un troisième étage, sur le toit de la grande tribune, je n'ai vu que l'ensemble, mais l'espace était encore plus grand que la foule. Dans cette description un peu courte du *derby day,* n'oublions pas des myriades de tentes à ciel ouvert qui couvrent la plaine et le *hill* (2) : ce sont des chiffons attachés à quatre baguettes et qui volent au vent; à côté, tout ce que la boue de Londres nourrit de plus sale et de plus dégueuillé, qui dit à tout venant : *Accomodation, very good accomodation.* C'est le triomphe de la pudibonde Angleterre. Rien à dire quand on

(1) La course annuelle du derby.
(2) Monticule.

entre dans l'enceinte convenue, juste entre quatre tables servies sur les toits des voitures.

Au retour, c'était une immense soûlerie que nous avons laissée derrière nous, en partant avant la fin.

Londres, 2 juin 1872.

Je crois que le traité de Washington est à l'eau et le ministère au fond de l'eau ; mais comment en feront-ils un autre ? M. Disraëli dit juste quand il compare M. Gladstone et ses collègues qu'il voit en face de lui, au banc des ministres, à une chaîne de volcans dont les cratères sont éteints. Aucune hâte, d'ailleurs, de l'autre côté. Lord Derby déclare formellement que ses amis et lui attendent que le mouvement qui se fait dans le pays soit plus prononcé, et qu'ils n'entendent pas se mettre à la merci des radicaux et faire leurs affaires pour se maintenir au ministère. Quel dommage qu'il ait une si lourde et singulière prestance, une parole si embarrassée et si peu ailée ! On se représente bien ainsi un country-gentleman, mais le fils de lord Derby ! Son programme d'opposition patiente, effective, plaît beaucoup moins aux conservateurs qu'aux membres du parti au pouvoir.

M. Gladstone inquiète les uns par les hardiesses de son esprit, les élans de son cœur ou les imprudences de son langage ; il mécontente les autres par la hauteur ou la maladresse de ses procédés et les abus de pouvoir dans lesquels il paraît se complaire. J'ajoute que, toutes les fois que je l'entends, je suis sous le charme de cette parole facile, riche, ondulante, de cet

7.

organe harmonieux, de cette belle et claire prononcia-
tion, de cette élocution et de ce regard mobile qui suit,
cherche et surveille chacun des auditeurs, sans permettre que son attention échappe un moment ; mais
j'ai bien du mal à suivre sa pensée à travers tous ses
méandres, ses incidents, ses obscurités ; je me demande
parfois s'il la comprend toujours lui-même.

Hier soir, le dîner des uniformes (1). Le mien entre
le ministre du shah de Perse, qui m'a beaucoup amusé
en me prouvant qu'avec le service obligatoire et les
poor rates (taxes des pauvres) en Angleterre, l'Occident se faisait musulman, et le général Cust, *chamberlain,* vieillard fort agréable, plein de sympathie pour
la France et appréciant à leur juste valeur le comte de
Paris et le duc d'Aumale. Une musique d'Offenbach à
grand renfort de pistons brochait sur notre conversation. Dîner assez court. La belle lady Castalia est
ensuite apparue dans tout son éclat et sa grâce, et on a
établi le courant d'air nécessaire à ses épaules nues.
Pendant la soirée, le comte Bernstorf m'a honoré de sa
recherche et il m'a expliqué toutes ses croix dont une
que Bismarck n'a pas. Un ami du *Foreign* m'a montré
un escalier dérobé, par lequel j'ai pu m'échapper, le
grand escalier étant occupé par les colonnes d'assaut
de la foule. J'ai pu ainsi gagner Stafford-House, chez
le duc de Sutherland, un peu avant minuit.

Ah! quel escalier! Je n'ai pas eu le temps de me
faire un jugement sur l'architecture, mais quel vaisseau! c'est plus que royal. Avec cela une duchesse de

____

(1) Dîner chez lord Granville.

Sutherland qui a dû être plus belle encore que le palais qu'elle habite. Le possesseur de tous ces trésors, quand il montait cet escalier qu'un bataillon pourrait gravir de front devait aisément penser qu'un homme ne vaut pas un autre homme. Les grands appartements étaient fermés, on ne voyait donc pas les trois millions de peintures qu'ils contiennent; mais, à première vue, il y avait bien en bas pour cinq cent mille francs de croûtes, portraits, *water-colours*, lithographies ornées de cadres, sans doute de grande valeur, mais on n'y voyait pas bien et je n'ai fait que traverser pour arriver à minuit et demi chez M. Gladstone. Où allons-nous ? C'était dimanche, et il y avait encore une vingtaine de personnes, il est vrai, tous diplomates (1).

EXTRAITS DES NOTES.

LES NÉGOCIATIONS DU TRAITÉ DE COMMERCE.

Le comte Bernard d'Harcourt arriva à Londres, le 7 juin, pour remplacer le duc de Broglie. Il partit en congé le 9 août. Le lendemain matin, M. Ozenne survint avec les instructions du président pour l'ouverture, à Londres, de la négociation sur le traité de

(1) De juin à octobre, la correspondance fait défaut. M. Gavard, ayant alors sa famille auprès de lui, n'avait pas occasion de lui écrire. A partir du mois d'août, il fut surtout occupé, comme on va le voir, par la négociation du traité de commerce, affaire délicate qu'il n'avait pas perdue de vue depuis son arrivée à Londres.

commerce. Il avait été question de cette affaire dès la fin de 1871. M. Thiers était tourmenté de l'idée de s'affranchir des *odieux* traités de 1860 et, en même temps, de créer les ressources dont il avait besoin pour payer les intérêts de notre rançon par un impôt sur les matières premières. Dès que la Chambre lui eut donné les pouvoirs nécessaires, il n'hésita pas à s'en servir. Les traités furent dénoncés le 15 mars 1872, à un an de notification, c'est-à-dire, pour cesser leur effet au 15 mars 1873. Je n'entrerai dans le détail de la négociation qui s'ensuivit, que dans la mesure nécessaire pour l'intelligence de la comédie qui se joua entre Londres et Paris, dans les mois d'août, septembre et octobre, et dont je fus un des principaux acteurs. Je dis comédie, parce que toutes nos peines, bien que couronnées de succès dans le moment, n'eurent pas de résultat, et parce que le jeu des personnages fait tout l'intérêt de cette action sans suites.

On n'avait d'abord aucune idée de m'y donner un rôle direct pas plus qu'au duc de Broglie; c'était l'affaire personnelle de M. Thiers. Tout autre que lui, dans sa pensée, était incapable de la faire réussir, et il n'avait besoin que d'un instrument à sa main et à sa dévotion. M. Ozenne arrivait donc à Londres comme une émanation directe du cerveau de M. Thiers, avec mission de passer par-dessus la tête de l'ambassadeur à Londres, comme du ministre des affaires étrangères à Paris.

Les instructions que M. Ozenne apportait étaient pleines d'illusions; on demandait à l'Angleterre de renouveler les traités de 1860, avec aggravation de certains droits, à titre de protection pour l'industrie nationale, et augmentation des taxes afférentes à tous les produits fabriqués, à titre de compensation des droits sur les matières premières ; on demandait de plus l'application immédiate du nouveau régime, sans attendre l'expiration légale du traité en 1873.

Je connaissais bien mon terrain ; je l'avais depuis longtemps étudié, et je savais ce que nous allions trouver dans le gouvernement anglais : une grande bonne volonté pour sauver les traités de 1860 et en même temps pour nous permettre de relever nos finances, mais aussi la ferme résolution de ne pas se compromettre avec le Cobden Club et ses principes : voilà pour M. Gladstone. Lord Granville et sir Ch. Fortescue y ajoutaient une pensée politique. Le bon vouloir était moindre du côté du chancelier de l'Échiquier (1), ennemi en principe des traités de commerce, peu ami de la France, déterminé à ne prendre aucun engagement nouveau de nature à le gêner dans ses projets. Quant au pays, il était en grande méfiance, convaincu que toute proposition émanant de MM. Thiers et Pouyer-Quertier cachait un mauvais dessein. Nous n'avions guère pour nous que les armateurs des grands ports, désireux de reconquérir le traitement national en France pour les navires anglais faisant l'intercourse indirecte.

D'un autre côté, les affaires délicates que j'avais déjà eu à traiter dans mes précédentes gestions avaient établi, entre M. de Rémusat et moi, une correspondance régulière et une confiance réciproque. Je

______

(1) The H^{ble} R. Lowe.

n'hésitai donc pas à lui dire : « S'il s'agit, non pas d'abolir, mais de sauver les traités de 1860 et les principes sur lesquels ils reposent, tout en facilitant à notre gouvernement le recouvrement de ses impôts nouveaux ; s'il s'agit, en un mot, de modifications purement fiscales, et si vous êtes disposé, en même temps, à affranchir la marine anglaise du régime différentiel dont elle est la victime en ce moment, je vous garantis le succès. Si vous poursuivez des vues protectionnistes ouvertes ou déguisées, renoncez à la partie. » Je fus immédiatement d'accord avec M. de Rémusat ; mais il fallut plus d'une dépêche et plus d'un voyage de M. Ozenne pour ramener le président à ces idées.

Au début, on trouva que je le prenais bien d'un peu haut pour un chargé d'affaires de rencontre ; mais, avant la fin du mois, on me félicitait de la tournure nouvelle que j'avais donnée à la négociation. M. de Rémusat m'écrivait que le président était très frappé de ma correspondance officielle et privée et me témoignait sa satisfaction. A partir de ce moment, ce ne furent plus que félicitations, encouragements à aller de l'avant. J'ai eu certainement mon jour auprès de M. Thiers, pendant son séjour à Trouville ; les échos m'en sont revenus de tous côtés ; c'est moi qui empêchais la descente en France de l'Empereur ; moi qui expédiais les navires de guerre de Sa Majesté sur les côtes de la Manche pour saluer le président, etc. ; ce qui était plus vrai, c'est que je menais la négociation du traité. Après avoir obtenu qu'on retirerait toute prétention à un amendement protectionniste et qu'on restreindrait la négociation aux clauses purement fiscales, j'entrepris de faire séparer la question de principe de son application.

Je savais parfaitement toute la peine qu'on aurait à s'entendre sur la détermination de ces taxes destinées à compenser seulement les droits sur les matières premières, surtout si l'on donnait aux intéressés le temps d'opiner; d'un autre côté, je ne me dissimulais pas le temps qu'il faudrait pour un semblable travail; or, avec le temps, c'était la matière même de la négociation qui nous échappait. Plus nous approchions du 15 mars 1873, moins l'Angleterre avait à nous concéder, puisque nous recouvrions notre pleine liberté à partir de cette époque. Je mis les pieds dans le plat, et j'exposai à M. de Rémusat qu'il nous fallait un renouvellement du traité pour nous lier nous-mêmes, et aussi pour l'effet moral en Europe, au point de vue de la politique générale comme de la politique commerciale. Il est probable qu'on trouva mes raisons bonnes, car, après avoir consenti à la suspension des clauses protectionnistes, on consentit à la disjonction de la question de principe et de son application. Il fut entendu que le traité consacrerait le principe des droits compensateurs, réservant leur détermination aux décisions d'une commission mixte qui se réunirait à Paris dès la signature.

La négociation n'était pas engagée depuis un mois qu'on sentit la nécessité de me venir en aide et de donner plus de poids à mes paroles. Je fus officiellement désigné comme premier plénipotentiaire de la France, et mes pleins pouvoirs me furent adressés le 13 septembre, en même temps que ceux de M. Ozenne.

C'était un grand honneur qu'on me faisait. M. de Rémusat me confia, un jour, qu'on était venu lui dire que le gouvernement anglais s'attendait à ce qu'on envoyât un gros personnage, plus gros même que l'ambassadeur, pour signer. Il n'en était rien. Lord Granville, qui appréciait ma franchise et l'entrain avec lequel je menais l'affaire, était très aise de me donner un témoignage public de ses sentiments en signant avec moi le traité; il me l'a dit depuis et l'a répété publiquement. La difficulté était de signer avec M. Ozenne dont la position hiérarchique dans l'administration française n'était pas couverte par le caractère diplomatique; cependant lord Granville passa outre et il me fit la gracieuseté de me dire que c'était pour me ménager à moi-même la signature.

On ne se ferait pas une juste idée des difficultés, même matérielles, de la tâche que j'avais acceptée, si l'on oubliait que, dans les mois d'août, de septembre et d'octobre, il n'y a personne à Londres, surtout pas un ministre. A Londres, il est vrai, il me restait un intermédiaire merveilleux, M. Kennedy, que lord Granville avait désigné tout exprès. Je dois dire que c'est à ce choix, à l'intelligence et à la bonne volonté de cet intermédiaire que nous fûmes principalement redevables du succès; mais cet utile intermédiaire n'empêchait pas la correspondance directe avec les membres du cabinet. Mes lettres poursuivaient lord Granville à Walmer-Castle, M. Gladstone à Hawarden, the H^{ble} Fortescue à Shewton-Mendip. Les réponses de M. Gladstone étaient nuageuses et aussi peu claires que ses rédactions de traités; celles de lord Granville courtes, mais concluantes ; quant à Fortescue et lady Waldegrave, ils furent véritablement parfaits ; je ne m'étais pas inutilement réclamé près d'eux du nom des princes d'Orléans pour gagner leur confiance.

Pendant que nous nous efforcions ainsi de nous mettre d'accord pour le renouvellement du pacte de 1860, les trois empereurs se réunissaient à Berlin, et les représentants de l'Angleterre n'avaient pas été plus que ceux de la France convoqués à cette entrevue. J'insistai beaucoup auprès de lord Granville, pour que les absents profitassent de l'occasion afin de s'entendre et de répliquer par un rapprochement des deux nations sur le terrain des intérêts matériels, aux embrassades à huis clos des trois potentats. Je fis aussi développer cette thèse dans les journaux qui eurent leur part dans la négociation. J'étais et je reste convaincu que, pour mener à bien une affaire en Angleterre, il faut, en même temps qu'on s'adresse au gouvernement, négocier directement avec l'opinion par la presse et par les membres du Parlement ou des chambres de commerce, s'il s'agit d'affaires qui les concernent. Je n'ai jamais négligé ce moyen et m'en suis toujours bien trouvé, en 1872, comme plus tard, en 1875, avec le cabinet conservateur.

J'arrive à la période critique de l'affaire. La fin d'octobre approchait, il fallait aboutir ; malheureusement, plus on approchait du terme, moins il y avait de netteté dans la direction venue de Paris. C'était, au sein du conseil, des discussions d'autant plus vives qu'on n'osait pas aller au fond des choses et mettre le président en contradiction avec lui-même : il paraissait oublier ce qu'il avait concédé dans l'origine. Le pauvre M. Ozenne n'en pouvait plus; il me revenait complètement désemparé. Heureusement, mes lettres faisaient foi de ce qui avait été dit, et j'allais de l'avant, sans autre souci que de vaincre ou de périr.

Le 24 octobre, je jugeai que nous étions arrivés au moment psychologique. D'une part, M. Ozenne m'apportait de Paris l'ordre de changer nos propositions, de reprendre la stipulation d'une durée fixe que nous avions jusqu'alors écartée, contrairement à mon avis. Il n'était plus temps de revenir sur nos pas, même pour améliorer les conditions du contrat. J'avais pu m'apercevoir que lord Granville était très ébranlé depuis qu'on s'était rendu compte, en Angleterre, que, avec ou sans traité, nous ne pourrions appliquer à l'Angleterre un régime différentiel, soit pour sa marine soit pour son commerce; j'avais été averti par une amie sûre (lady Waldegrave) qu'il fallait en finir promptement et ne pas fournir de prétexte pour rompre. C'est précisément ce que j'étais invité à faire, en venant proposer, au dernier moment, de remanier toute notre rédaction. On y aurait vu certainement plus de malice que nous n'en mettions, d'autant qu'il n'y en avait aucune. C'était qu'on ne se rendait pas compte que la garantie du traitement de faveur nous assurait par la voie indirecte, à cause du traité qui liait l'Angleterre à l'Autriche, la même durée qu'on voulait s'assurer par une stipulation directe. J'annonçai à Paris que j'ajournais la communication des propositions nouvelles, et je donnai ainsi les motifs de cet ajournement : « M. Gladstone a la prétention d'être le chef du parti du *free trade* depuis la disparition de Cobden ; il se considère comme le gardien des principes de liberté commerciale, non seulement en Angleterre, mais encore en dehors. Il croit donc avoir fait un grand sacrifice en donnant son adhésion à nos propositions pour le prélèvement des droits compensateurs. Depuis qu'il a pris l'engagement de les laisser percevoir, les adversaires du traité, des deux côtés du détroit, n'ont rien épargné pour lui rendre plus pénible encore le sentiment de la responsabilité qu'il a encourue. Ils lui ont représenté que, sans le traité avec l'Angleterre, nous ne pouvions nous flatter d'aucun succès dans nos négociations avec les autres puissances, tandis que, si nous les abordons avec son adhésion, elles ne peuvent se montrer plus sévères gardiennes des principes du *free trade* que l'Angleterre ; on lui a reproché son assentiment comme un acte de faiblesse et un abandon ; on lui a dit, sous toutes les formes, que c'était lui qui assurait le triomphe des idées économiques que M. Thiers aurait inutilement essayé de faire prévaloir sans sa désertion. Enfin, j'ai lieu de croire que les efforts des gouvernements étrangers eux-mêmes entrent aussi pour quelque chose dans le ralentissement de la bonne volonté qui s'était manifestée d'une manière si sensible en notre faveur après le succès de l'emprunt et la réunion de Berlin. Je crains que le ministère, manifestement inquiet de la responsabilité qu'il a prise en acceptant nos ouvertures, ne saisisse l'occasion qui lui est offerte de s'en dégager, considérant comme un bon terrain parlementaire le sacrifice d'abord consenti par lui, puis retiré devant une demande tardive. Aux yeux de tout le monde, l'entente est aujourd'hui accomplie; les termes en sont connus; les deux gouvernements n'ont pas cherché à dissimuler plus longtemps leur accord. S'il n'y était pas donné suite, nous ne pourrions éviter un éclat, des publications, des récriminations fâcheuses qui exerceraient la plus mauvaise influence sur les relations des deux pays. L'opinion, qui se laisse diriger par les intérêts du commerce, se soulèverait aveuglément, et, au nom du libre-échange, le gouvernement et le public s'associeraient dans une regrettable hostilité contre la France et le gouvernement de M. Thiers. C'est afin de conjurer ce résultat que j'insiste pour un retour au projet auquel j'avais été autorisé, le 18 octobre, à donner notre adhésion. »

J'attendis tranquillement l'effet de ces observations. Les télégrammes commencèrent à arriver dans la nuit du 26. Le président annonce l'envoi de M. Amé; le ministre, l'envoi d'un courrier avec pli du président. Le jour ne m'apporte cependant, lundi, que les lamentations de M. de Rémusat, qui se demande si l'on n'aurait pas mieux fait de négocier à Paris. Je redouble. A trois heures, télégramme du président en clair : « J'avais ordonné à M. Amé de partir hier soir; je suis très mécontent qu'il ait ajourné son départ. Dans des affaires aussi graves, on fait le sacrifice de ses affaires personnelles et on part coûte que coûte. » Puis il continue, en clair, en m'enjoignant de signer et de céder. Cette injonction, entremêlée de chiffres, se renouvelle plusieurs fois. Le gouvernement anglais était donc désormais fixé aussi bien que moi. A sept heures

du soir, le courrier arrive bon premier : note du président : « Signez ! signez ! » Lettre de M. de Rémusat,
excellente, cordiale, nette : « Tirez-nous d'affaire à
tout prix, bon succès ! Je m'associe de tout cœur à vos
tourments d'esprit. » M. de Pontécoulant est également
chargé de me dire qu'on compte sur moi pour sauver
la négociation. M. Amé apparaît enfin à neuf heures ;
malles perdues, pas de place à l'hôtel ; pas plus au
courant que M. Ozenne des télégrammes de la journée... Mon seul souci, à partir de ce moment, fut de
ne pas signer le 2 novembre, jour des Morts. M. Ozenne
était prêt à tout signer pour en finir ; heureusement,
M. Thiers entra dans mes scrupules ; nous eûmes,
d'ailleurs, bien de la peine à être prêts matériellement
pour le 5. Il fallut qu'on travaillât au *Foreign Office,*
un jour de dimanche, pour l'expédition des actes ; cela
ne s'était jamais vu, et le vénérable M. March, chef du
service spécial qui viola le repos du dimanche, étant
mort quelques semaines après, on m'accusa d'être
l'auteur de sa fin.

Le 5, le traité fut signé au *Foreign Office,* à trois
heures. Lord Granville accompagna sa signature de
toutes sortes de paroles gracieuses et d'une lettre officielle dans laquelle il soulignait les intentions amicales
qui avaient décidé son gouvernement à accepter ce
pacte nouveau.

« Pour les uns, disais-je à M. de Rémusat, ce sont
les traités de 1860 renouvelés et survivant à l'Empire ;
pour les autres, c'est la possibilité d'appliquer la loi
sur les matières premières. » J'envoyai, le jour même,
une dépêche qui a fourni au ministre son exposédes

motifs. Je lui écrivis de nouveau, à sa demande, pour lui donner des arguments contre les adversaires du traité : « Il importe que le gouvernement ne se méprenne pas sur la valeur du sacrifice que le gouvernement de la reine a cru nous faire ; elle est, en effet, la mesure de la bonne volonté qu'il nous témoigne en souscrivant à nos propositions et que lord Granville exprime d'une manière si peu douteuse en m'écrivant : « Je puis vous assurer que le gouvernement de la reine « donne, par son consentement, la preuve la plus grave « qui soit possible de son sincère désir, dans l'esprit « d'amitié qui l'anime envers la France, de lui venir « en aide dans les circonstances présentes. » Nous n'avons aucun intérêt à amoindrir un semblable témoignage. »

M. de Rémusat ne se méprenait pas sur la portée de la démarche de l'Angleterre ; j'en trouvai la preuve dans la lettre qu'il m'écrivit le 7 novembre. « J'ai reçu, aujourd'hui même, le texte du traité et votre dépêche du 6... Je vous félicite de la mise à fin d'une œuvre à laquelle vous avez pris une grande part... Le zèle et l'habileté que vous avez apportés dans cette négociation difficile ont été remarqués par le Président de la République qui m'a chargé de vous en exprimer sa haute satisfaction. Pour moi, je vous dirais malaisément quel prix j'attache au service considérable que vous venez de rendre à l'État. » La suite était un développement de l'importance commerciale et politique, etc., etc.

Ma tâche était finie, ma consigne levée ; j'avais hâte de retourner à Paris, où l'on m'appelait pour les questions d'application.

Cette négociation a été l'époque de ma plus haute
faveur auprès de M. Thiers. Il chantait si hautement
mes louanges, un peu pour faire enrager mes chefs,
qu'on me crut un moment appelé aux plus hautes
destinées; toute l'administration française se mettait à
ma disposition. Mon crédit fut jugé tel par M. de Rémusat, qu'il me fit, à différentes reprises, venir à Paris
pour tenir tête à son terrible ami qui ne souffrait que
difficilement ou plutôt n'entendait pas la contradiction.
Il s'agissait de l'application du traité du 5 novembre.
M. Thiers s'obstinait à interpréter une des clauses
essentielles contrairement à toutes les déclarations, soit
des ministres à la tribune, soit de ses négociateurs en
Angleterre. On discutait à Versailles dans une sorte de
conseil spécial auquel j'assistais. M. de Rémusat me
cédait la parole et m'encourageait par des coups de
coude à aller de l'avant. Un jour que je devenais trop
pressant, un régiment de cavalerie survint bien à propos; M. Thiers ouvrit la fenêtre et nous le fit passer
en revue à distance; ainsi finit la discussion. Une autre
fois, comme je parlais avec conviction et pièces de
conviction, il se leva et alla chercher dans son cabinet
une boîte de chocolat; il revint, m'en remplit la
bouche, et la discussion fut close encore une fois.

Je crois bien que le courage avec lequel je défen-
dais mes opinions ne lui déplaisait pas, d'autant que je
ne négligeais aucun moyen pour racheter ma franchise
professionnelle par des compliments qui m'étaient
d'autant plus faciles qu'ils étaient sincères. Quand la
conversation devenait gênante et touchait à des sujets
de politique intérieure, ou à des personnes sur le

compte desquelles nous ne nous entendions aucunement, je me souvenais du coup du régiment, et, à mon
tour, j'ouvrais la fenêtre aux *militeriana*. Je n'avais
que le premier mot à dire, après quoi il n'y avait plus
qu'à écouter, et, vraiment c'était tout plaisir. J'appris
ainsi, un soir, toutes les transformations de l'armée romaine; j'avais toujours cru qu'il n'y en avait eu qu'une
seule et la même de Romulus jusqu'à la fin; mais il y
en a eu plusieurs; l'armée romaine a passé par des
transformations aussi radicales que l'armée française
depuis qu'il y en a une, et, à l'appui de cette thèse
fort vraisemblable, M. Thiers abondait en arguments.
De l'armée de Marius ou de César, nous passâmes à
Marius, à César, à Pompée. « César était un ignorant,
il ne savait rien de l'art de la guerre, mais il avait le
génie! Ah! le génie, cela supplée à tout. » Des anciens,
nous arrivâmes aux modernes. « Le plus complet des
hommes de guerre, c'est Turenne. Il réunit toutes les
parties. Quant à Napoléon, lui aussi, c'est le génie que
la Providence n'a allumé que deux fois dans le cerveau d'un homme de guerre. Nos ennemis, qu'ont-ils
pour eux? La prévoyance. Le général de Moltke, c'est
la prévoyance universelle, mais ce n'est pas le génie.
Si nous avions à choisir cependant entre la prévoyance
et le génie? » Après quelque hésitation, M. Thiers se
prononça pour la prévoyance universelle; peut-être
pensait-il bien un peu à lui-même en rendant le ver-
dict. Cette dissertation fut merveilleuse de détails,
agrémentée de mots vifs et saisissants. Elle me revint
en mémoire, à quelque temps de là, comme j'enten-
dais M. Jules Simon développer son éloquent plai-

doyer contre la constitution du pouvoir du maréchal.
L'orateur s'élevant aux considérations générales et tra-
çant le portrait héroïque de l'homme de guerre, pour
en accabler le vaincu de Sedan, je reconnus et la pensée et les mots mêmes, et j'avertis mon voisin qu'il
allait parler de Turenne. M. Jules Simon avait au
moins aussi bonne mémoire que moi. Les longs feux
de la batterie de Montretout me tirèrent une autre fois
d'affaire. Comme la conversation s'engageait sur un
terrain où je ne voulais pas suivre le président, il m'é-
tait beaucoup plus agréable d'acquiescer à la démon-
stration du progrès qu'il avait fait faire à la tactique
de l'artillerie. Je me souviens surtout d'une vive description qu'il fit de l'obus, cette mine toute chargée
qui se promène à travers les airs pour aller éclater à
point nommé, etc., etc. Mais mon dessein n'est pas de
ramasser ici les bribes que j'ai pu recueillir de cette
parole intarissable et toujours nourrie de faits et d'a-
perçus; j'ai simplement voulu marquer mes rapports
avec M. Thiers.

A la suite de la signature du traité du 5 novembre,
il me conféra la croix de commandeur et me renvoya
à Londres avec mon même grade. Je n'en demandais
pas plus. J'ai bien servi la politique de M. Thiers à
l'étranger ; j'ai contribué à lui procurer un succès moral dont il ne pouvait se passer à la fin de 1872, après
l'éclat donné à cette tentative de rapprochement avec
l'Angleterre ; je l'ai aidé à prévenir, au moment de
l'ouverture de sa campagne économique, un insuccès
à Londres, qui ne lui aurait même pas laissé le temps
de ménager une retraite en bon ordre pour ses projets

financiers. Je lui ai donc été utile; il a reconnu mes services par un témoignage officiel de sa satisfaction. J'ai regretté que nos relations ne pussent pas continuer sur le même pied, mais je n'ai jamais eu seulement l'idée qu'elles dussent m'engager à le suivre dans une voie politique qui n'était pas la mienne, qui ne l'avait pas été auparavant et qui ne l'est pas devenue.

EXTRAITS DES LETTRES.

Londres, 14 septembre 1872.

Manœuvres de la plaine de Salisbury. Nouveau sport militaire. On joue au soldat depuis l'école jusqu'au champ de manœuvre sur lequel M. Cardwell (1) vient d'amener tant bien que mal 30,000 hommes. Le fait capital, c'est la présence de ce ministre bourgeois, aujourd'hui chef effectif de l'armée, cherchant sa place à côté du prince qui en est le chef officiel, supportant avec une patience tout anglaise les petites avanies que ne lui épargnent ni les princes ni les représentants de l'aristocratie militaire. La présence de ce ministre signifie que l'armée appartient aujourd'hui à l'État, que les privilèges de l'organisation aristocratique ont fait place à la règle commune, les traditions routi-

____

(1) Vicomte Cardwell en 1874, alors secrétaire d'Etat pour la guerre.

nières aux réformes commandées par les conditions
nouvelles de l'art de la guerre. Je me garde de comparer M. Cardwell à Louvois, ni les timides essais de
l'un aux grandes créations de l'autre; il est tout au
moins certain que le ministre de la guerre d'Angleterre s'inspire, dans sa lutte contre l'aristocratie qu'il
dépossède de ses apanages militaires, des souvenirs
du réformateur de l'armée française, et que le rapprochement, je le sais, quand il lui est présenté sous la
forme d'une délicate allusion, est loin de lui déplaire.
Cela nous porte loin du temps où il était permis à une
mère de dédaigner un ordre honorifique conféré à son
fils, parce qu'il se donnait au mérite.

Londres, 25 octobre 1872.

S'il y avait quelqu'un à Londres, on parlerait de la
dernière mésaventure de l'Angleterre dans l'affaire de
l'île San-Juan (1). A Genève, on avait soumis les
Anglais au tribut; à Berlin, on leur prend un morceau de chair vive.

Le *Times* disait hier : « Après tout, si nous perdons
l'île qui commande à toutes les possessions anglaises
de la côte du Pacifique, c'est une garnison d'économisée. » Ils pourront faire beaucoup d'économies de ce
genre, avant peu, au Canada et ailleurs.

(1) Sentence arbitrale de l'empereur d'Allemagne en faveur
des États-Unis, dans l'affaire de l'île San-Juan. Les conséquences
étaient graves pour la Colombie et pour l'accès de l'océan Pacifique. C'était le résultat de la foi de M. Gladstone dans la panacée
universelle de l'arbitrage.

Hier, on annonçait l'entrée des Russes à Khiva et leur approche de l'Inde anglaise. « Tant mieux, dit le *Times*, au lieu d'un voisin barbare et turbulent, nous allons avoir un voisin civilisé et les rapports qu'on entretient avec une grande nation. »

Hier, dîner très intéressant au cercle. Nous avions fait table commune avec Hayward, Sumner (1), le célèbre Sumner du Sénat américain, et Kinglake (2), retour de Berlin. Sumner citait par cœur et déclamait les passages de tous les grands orateurs anglais. Hayward le poussait, rétablissait chaque mot, récitait à son tour et ajoutait : « Je les ai entendus, Canning, Peel, Plunkett, et le premier de tous, Brougham. »

Londres, 10 novembre 1872.

Hier, banquet à Guildhall. Tu connais cette salle immense. On était reçu dans la nouvelle bibliothèque, autre vaisseau de la même dimension. Entre deux rangs d'yeux avides, il faut s'avancer jusqu'au pied du trône où siègent le roi de pique et sa reine (3). Ce n'est qu'en allant prendre ma place, parmi les hauts dignitaires, que je me suis aperçu que tout le monde était en uniforme, excepté moi. Heureusement que l'autre républicain, le chargé d'affaires des États-Unis, était aussi habit noir que moi. Mœurs républicaines, simplicité antique : j'espère que ce sera une bonne note auprès de Barthélemy Saint-Hilaire. En fait, per-

(1) Charles Sumner, sénateur, grand orateur.
(2) Kinglake, auteur de l'*Histoire de la guerre en Crimée*.
(3) Lord-maire et mairesse.

sonne ne s'en est aperçu au milieu de cette cohue de 1,200 convives. La trompette sonne, c'est un ministre qui arrive au parvis ; les sonneries répondent de salle en salle jusqu'au pied du trône. Dommage qu'elles soient aussi fausses. Enfin Granville paraît avec la belle Castalia, ruisselante de diamants. La procession s'ébranle, nous arrivons à la salle du festin remplie de tables. Il faut en faire le tour, comme on passe devant tous les rangs à la revue. Nous avons rencontré, chemin faisant, un ministre de Honduras et l'Espagnol. Je commence donc à respirer plus librement ; sans eux, c'était à moi de parler comme le plus ancien des chargés d'affaires.

Nous trouvons enfin nos assiettes. Toute la cour prend place ; le maître des *toasts* monte à la tribune derrière le lord-maire ; les écuyers, sherifs, massiers, chapelains, à droite et à gauche. On dit un *Benedicite* ou ce que vous voudrez ; c'est un sans-façon un peu commercial, il vaut mieux n'en pas parler. On prend place en face de quelques vieux poulets froids, c'est le fond et le meilleur ; pour ne pas revenir sur la chair, c'est le seul plat dont on ose manger. La fête commence à sept heures, *God save the queen :* malheureusement, une musique insignifiante. Il aurait fallu un orchestre prussien, la musique de Parlow et des grands sons à la Wagner. L'effet de la salle n'en est pas moins magnifique avec Gog et Magog, les vieux vitraux, le plafond à arceaux, l'éclairage rutilant, les statues géantes en marbre de Pitt et autres colonnes de l'histoire d'Angleterre.

Il y a deux chaires en velours cramoisi ; je me

demandais ce qui pouvait bien s'y passer, quand deux
cuisiniers de Rabelais y sont montés avec des coutelas
terribles. On leur apporte des bœufs entiers, et les
voilà abattant des tranches pantagruéliques avec une
vraie rage. Je crois bien que c'étaient des bœufs de
carton, car je n'en ai rien vu venir jusqu'à nous.
L'effet était du dernier pittoresque.

Les discours commencent. *Mylords, ladies and gentlemen, charge your glasses!* Les toasts se succèdent,
on casse beaucoup de noisettes et on fait partir des
pétards au fond de la salle où on n'entend rien, mais
où on se fait entendre. Après les toasts, les hurrahs,
sur le signal et au bâton du *toast master*. Les fanfares précèdent et suivent, et se répètent de la table
d'honneur au zénith de la salle en face où est perché
l'orchestre. Toutes les classes et institutions de la
société anglaise sont passées en revue dans les toasts,
et les bénéficiaires se tiennent debout pendant qu'on
les encense. C'est assez drôle à voir quand toutes les
perruques de laine se lèvent avec leurs robes rouges.
Nous y avons passé également, « Messieurs du corps
diplomatique », mais nous avons oublié de nous lever,
mon corépublicain, le Belge, l'Espagnol et Honduras.
Ce maladroit a répondu après s'être beaucoup dé-
fendu. Il a récité une tartine d'une heure, improvisée
depuis des années ; il y a joint je ne sais quel panégyrique de Gladstone ; enfin, il a mis les pieds dans le
plat. Un sherif, qui était derrière moi, a dit un mot
profond : « Il serait mieux accueilli s'il pouvait simplement annoncer à l'assemblée que Honduras va
payer sa dette ! »

Tout danger n'était pas passé pour moi, et mon cœur s'est mis à battre singulièrement quand Granville est arrivé au traité de commerce, c'était son morceau de résistance, et il a commencé très gracieusement par désigner *the most distinguished diplomat* avec lequel il avait signé le traité quatre jours auparavant. *Cheers.* C'est écrit dans le journal. Ce sont mes voisines, les demoiselles Dakin, mon corépublicain et mon Espagnol, qui ont fait le bruit; enfin, c'est écrit, et, si on reproduit le discours dans les journaux français, qu'on n'oublie pas les applaudissements! J'ai salué, mais quelle venette! C'est à peine si j'écoutais ce que lord Granville débitait, préparant ma réponse. Heureusement, le sherif n'est pas venu me demander si je voulais relever le *hint* (1), et je commence à me remettre de mon alerte.

Cela a duré ainsi jusqu'à onze heures. Quel grand peuple! Les principaux honneurs ont été pour le nouveau lord chancelier; puis pour lord Granville : sa femme ne lui nuit pas.

Je te fais grâce de la coupe d'amour et du bassin d'eau de roses, du vrai or : tu connais tout cela.

(1) Allusion.

ANNÉE 1873

EXTRAITS DES LETTRES

Londres, 16 février 1873.

La nuit même de mon arrivée, nous avons eu au Parlement une séance historique. Aux Communes, discours de M. Gladstone de trois heures, tandis que, dans la salle en face, lord Selborne tenait l'Assemblée attentive pendant le même temps. Aux Communes, Gladstone exposait avec un art et une science infinis son projet de réforme pour l'éducation en Irlande : belle question, progrès libéral. Il est probable qu'il succombera avec elle. Il le sait, mais il veut finir sur une belle affaire et surtout la léguer à ses successeurs.

Londres, 27 février 1873.

La neige tombe : il y en a un demi-pied à terre et bien plus dans le ciel. Voilà le temps qui convient aux jérémiades de Longfellow... Il est dur pour les pauvres gens qui n'ont pas un manteau de fourrure et qui doivent payer leur charbon 50 shillings, quand, l'an dernier, il valait 25 shillings et, l'année précédente, 15.

La vieille duchesse douairière de Cleveland (1) est une bonne originale. Je suis arrivé exactement à huit heures ; une minute après, le dîner était sur la table ; mais les convives ne sont venus que les uns après les autres. Le dîner était humoristique ; la duchesse, qui ne voit pas bien, me demande ce qu'on sert, et moi je ne sais si c'est de la viande, des légumes, du poisson : c'était de la *raie au beurre noir* et le tout à l'avenant. A la fin, elle a réclamé un instrument particulier pour couper des pommes. Lady Bentinck était là avec sa fille, très belle, des yeux bleus, des cheveux blonds. Il y avait aussi mon jeune ami, lord Beresford, du 9ᵉ lanciers, un régiment où je suis en faveur. Après la cérémonie du *pass wine*, la duchesse nous fit prévenir qu'il était temps de rentrer au salon. Tout se fait à l'heure et à la baguette.

Je me suis dépêché d'entreprendre ma belle voisine ; j'avais hâte de savoir ce que c'est qu'une miss blanche, blonde, grande et bien habillée. Elle était arrivée, le matin même, de la campagne, et avait hâte d'y retourner pour continuer les chasses. Trois fois la semaine tout au moins, on est en selle souvent de neuf heures du matin jusqu'à la nuit, quand on s'amuse beaucoup. On prend rarement le renard ; l'affaire est d'aller vite et de tout franchir. Son père met à sa disposition huit chevaux qu'elle monte indistinctement. Il y a toujours de soixante à quatre-vingts personnes au

(1) Duchesse douairière de Cleveland, née en 1792.

rendez-vous. Quand le renard est lancé, tout cela se précipite sans s'occuper du voisin, et l'on passe partout le
plus naturellement du monde. La pluie est le meilleur
temps. Des accidents, il n'y en a pas ; il est plus facile
qu'on ne pense de franchir haies, fossés, murs. Ainsi,
l'autre jour, elle avait sauté un fossé un peu large, quand
le renard a fait un retour ; comme elle revenait, elle a
aperçu sa petite sœur de onze ans qui l'avait suivie et
qui avait repassé l'obstacle en sens inverse tout comme
elle. Il lui est cependant arrivé une aventure qui a fait
quelque bruit. Il y a deux mois, elle revenait avec
son père et ils traversaient une plaine inondée, les
chevaux ayant de l'eau jusqu'au poitrail. Tout à coup,
le sien disparaît dans un fossé, elle dessous. Comme
elle sait nager, elle s'en tire et gagne un endroit où
elle n'a plus d'eau que jusqu'au menton. Son père
saute à bas de son cheval et la rejoint ; mais les voilà
échoués, impossible de démarrer ; pendant qu'un ami
va chercher du secours, un de leurs chevaux se débat
et se noie sous leurs yeux ; des trains de chemin de
fer passent en vue, ils appellent en vain ; enfin le
secours arrive avec des cordes ; on les tire dehors,
après trois quarts d'heure de bain froid au mois de
décembre. Le soir, elle est revenue au salon aussi
blanche et rose que jamais ; et, le surlendemain, elle
était à cheval sans un rhume. Pendant qu'elle me faisait ce récit, qui l'intéressait autant que moi, j'ai surpris quelques regards significatifs de la mère ; j'ai
compris que je dérangeais quelque chose et je me suis
hâté de céder la place au lieutenant, qui est évidemment un cousin à épouser. Décidément je m'informe-

rai, avant d'aller causer avec les miss anglaises, si l'on se réunit pour s'amuser ou pour affaires sérieuses. Je ne sais ce qu'ils pouvaient se dire, mais, de temps en temps, mon lieutenant se mettait à siffler le plus naturellement du monde, comme s'il était à l'écurie. Tout cela fort original.

Londres, 28 février 1873.

Le drapeau royal flotte sur Buckingham (1). Événement à Londres. Je me suis livré à beaucoup de réflexions en traversant le parc et en voyant cette foule superstitieuse qui attendait l'exhibition de la personne sacrée. C'est le surnaturel en politique : c'est ce qui sauve de la révolution perpétuelle.

Londres, 2 mars 1873.

Hier soir, je suis allé chez le *Speaker*. Un très bel hôtel à l'air vieux, le long de la Tamise, dépendant du palais du Parlement. Les deux principales pièces contiennent les portraits de tous les *Speakers,* depuis que le Parlement s'est réuni pour la première fois. J'ai admiré sincèrement cette continuation, non interrompue, témoignage du respect de la loi et de la liberté. Quelques membres du Parlement me donnent rendez-vous pour demain, le premier grand débat sur l'Université. Le ministère est très ébranlé. Il y a quinze jours, tout le monde applaudissait le discours

(1) Palais de la reine.

de Gladstone. Maintenant, personne ne veut la loi. Les protestants se refusent à partager leurs revenus avec les catholiques ; les catholiques ne veulent rien partager avec les protestants et demandent le tout, et les spectateurs de sang-froid ne comprennent rien à une transaction qui mécontente tout le monde et d'abord ceux qui en profiteraient.

Londres, 31 mars 1873.

Fort agréable dîner (1), pas trop nombreux, dans une maison à moitié déménagée. J'ai fait la connaissance de M. Motley, ancien ministre des États-Unis, que son successeur fait un peu regretter. C'est un écrivain et un homme de bonnes manières, qui ne se plaît pas beaucoup dans sa grande république ; aussi est-il en Europe depuis dix-neuf ans. Il a une fille, européenne comme lui ; elle était ma voisine, causant agréablement, ni bien ni mal au physique. De l'autre côté, j'avais un Campbell (2) qui m'a hardiment parlé du temps où il était dans le commerce des vins, à Bordeaux, puis des thés, à Liverpool ; maintenant il est partner dans une grande maison de banque de la Cité. C'est le propre frère du marquis de Lorne. Sa femme est fort jolie ; quand il m'a présenté, après dîner, elle m'a fait une petite moue peu engageante ; puis, dans le courant de la conversation, elle s'est aperçue que

(1) Chez lord Granville.
(2) Lord Archibald Campbell, fils du huitième duc d'Argyll, partner dans la banque Coutts and C°, marié en 1869 à miss Callander.

j'étais de l'ambassade ; sa figure a changé tout à coup ;
ces succès-là flattent toujours... J'avais pour second
voisin le marquis de Ripon (1), fort agréable, peu
enclin aux réformes radicales, quoique membre du
cabinet réformateur. Ce qui me plaît dans tous ces
ministres, c'est leur simplicité. Tout le monde s'ap-
prête à partir pour le congé de Pâques.

Londres, 13 avril 1873.

Le comte de Beust m'a présenté à lady William (2),
mère des trois Russell : duc de Bedford (3) ; lord
Arthur m. p. (4) ; lord Odo (5), ambassadeur. J'y suis
venu un peu comme le berger qui veut interroger le
sphinx, incertain du sort qui l'attend. Tout ce qui se
flatte de causer à Londres aspire à défiler devant elle ;
tous ne sont pas admis, et, s'il y a peu d'appelés, il y
a encore moins d'élus ; n'y revient pas qui veut. Beust
y place ses calembours du jour et les met en circulation. Est-ce à titre de compère qu'il m'y a amené ?

Lady William Russell a, malgré ses quatre-vingts
ans, une tête remarquable, de l'autorité dans la parole ; elle a beaucoup vu, a gardé des souvenirs très
présents et des idées arrêtées sur toutes choses. Femme
de ministre en Portugal, à Berlin, au congrès de

(1) Comte de Grey, créé marquis de Ripon en 1871, vice-roi
de l'Inde en 1880, catholique.
(2) Élisabeth Rawdon, morte en 1874.
(3) F. C. Hastings Russell, 9th Duke of Bedford, né en 1819,
mort en 1892.
(4) Lord Arthur Russell, m. p., mort en 1892.
(5) Odo Russell, créé baron Ampthill en 1881, mort en 1884.

9

Vienne, elle a connu toute l'Europe. Elle habite dans un grand fouillis de livres et d'objets d'art de toute provenance ; on croit traverser les couloirs d'une salle de vente pour arriver au coin de son feu, où elle demeure dans son fauteuil, impotente depuis dix ans, couchée tout le jour, ne se levant que pour recevoir.

Ce soir, le duc de Bedford était de service, car lady William ne reste jamais sans un de ses fils. Le duc n'a aucun des attributs que nous prêtons à un des ducs les plus titrés et les plus riches d'Angleterre ; il est simple, courtois, bonhomme en apparence... Il était pauvre avant la mort de son cousin, un peu fou, dont il administrait les biens et auquel il portait des poupées pour l'amuser. Ce cousin s'était peut-être marié secrètement ? Qui pouvait savoir ?

Londres, 17 avril 1873.

J'ai passé une partie de ma journée à la *Court of common pleas*. En voyant ces quatre perruques avec soupape au-dessus de la tête, je gémissais tout le temps de n'avoir pas les crayons de Georges. L'un d'eux surtout, quelle tête ! John Bull tout craché sous une perruque. Mais, en même temps, tous ces gens ont un caractère. J'ai pris là une parfaite leçon d'anglais sans cachet, et j'y retournerai souvent, en alternant mes plaisirs de chambre en chambre. Les quatre principales cours d'appel sont à Westminster même ; on entre par le grand hall.

Londres, 21 avril 1873.

Dîner chez les Rothschild, un de ces dîners où l'on boit de l'or liquide. Pour la table, mes impressions se résument en un poulet soufflé à la Zingara ; vieille connaissance que j'ai visée dès le commencement de notre séance. Cela n'a pas duré moins de deux heures et demie sans relâche. J'avais eu la précaution de me pourvoir, comme voisin, de mon vieil ami, Hamilton Seymour ; force histoires et mots diplomatiques ont fait passer le temps.

En revenant au salon, nous avons trouvé un jeune gentilhomme qui nous a chanté des bouffonneries dans toutes les langues ; comme il n'a pas de fortune, m'a-t'on dit, on le paye. Puis, après, un autre fils de lord est venu imiter les acteurs : Mlle Chaumont, beaucoup trop bien à mon sens. Ces enfants d'Israël ont maintenant des lords pour épouser leurs filles et les amuser ! Du reste, fort aimables gens et fort charitables. Je dis charitables à cause de Mme Lionel de Rothschild. Je sais qu'elle donne plus que son argent, qui n'a pas de valeur pour elle ; elle donne sa peine. Elle s'occupe de notre bazar ; elle m'a présenté à une catholique, miss Gérard ; voilà que je la connaissais : une vendeuse de plus.

Londres, 30 avril 1873.

Je t'écris dans la salle d'attente de lord Granville, après avoir causé avec le doyen de la diplomatie européenne. On ne tire pas grand'chose de ce brave Brunnow : quelques petits coups de patte, mais si légèrement indiqués qu'il faut deviner la méchanceté... Il m'a donné cependant un bon conseil ou avis ; il venait de s'inscrire chez le roi des Belges, à Buckingham, et je vais en faire autant. Il faut, auparavant, que je voie lord Granville et que je lui fasse partager *ma confiance* sur l'état des affaires en France (1). J'ai passé ma soirée, hier, à déchiffrer un télégramme qui m'infusait la confiance que je dois répandre autour de moi, cela va sans dire, et j'avais été au-devant des instructions présidentielles ; j'avais écrit, dès hier, dans ce sens à M. de Rémusat. Je me rencontre dans mes arguments avec ceux du président ; je voudrais être aussi assuré de nous rencontrer dans nos conclusions.

Cham a envoyé une bonne aquarelle pour le bazar. *Un Chiffonnier ivre :* « Dire que, sans ces gredins de Versaillais, c'est moi qui serais ambassadeur à Londres ! » Sujet de circonstance. Il a des chances maintenant.

Londres, lundi 5 mai 1873.

Voici comment les choses se passent quand un successeur des ducs et pairs qui représentaient autrefois la France à l'étranger, va présenter ses devoirs à un roi qui est en passage (2). Au moment où il ouvre son

______

(1) M. Barodet venait d'être nommé député de Paris et la situation était devenue très tendue entre l'Assemblée nationale et M. Thiers.

(2) M. Gavard devait se présenter chez le roi des Belges, de passage à Londres.

parapluie pour gagner un fiacre, un élégant coupé s'arrête à sa porte, c'est son tailleur. Impossible de refuser à M. Cook l'honneur de vous sauver des eaux et de vous conduire à Buckingham Palace. Nous n'en dirons rien à la reine ni à XX. Chemin faisant, le tailleur me donne cinq livres pour le bazar (1) et m'annonce que sa femme ira y faire ses emplettes. Je débarque; je trouve Solvyns (2) qui m'attend dans un premier salon et, tout de suite, me voici en présence de Sa Majesté Belge : grand nez, grande barbe, parler traînant. J'ai bientôt aidé à la conversation : traité de commerce, personnel de l'ambassade, élection, traversée. Ici, un mot : la reine dit qu'un peu de mal de mer sert à faire apprécier le bonheur du débarquement sur l'une ou l'autre rive. Je réponds machinalement : C'est un petit purgatoire avant d'entrer en paradis. Le roi a la trop grande politesse de comprendre et de préciser le mot en me disant qu'il est presque exact. J'ai trouvé moyen de lui donner des nouvelles du comte de Paris. Après quoi, n'ayant plus mon tailleur à la porte, j'ai repris mon parapluie et je suis rentré sous une averse. Et qu'on dise encore que l'avènement de la nouvelle couche sociale n'est pas accompli !

J'ai passé ma journée au procès Tichborne. Est-il possible qu'une pareille entreprise soit tolérée et qu'on use encore des mois et la vie de tant d'hommes distingués à échanger des passes à propos d'une pareille affaire? C'est un simple prétexte à spéculations et paris. On a lancé le Tichborne comme on lance un renard,

(1) Vente au profit des Œuvres françaises à Londres.
(2) Baron Solvyns, ministre de Belgique, mort en 1893.

sans comparaison cependant; c'est à un éléphant qu'il ressemble. On a été obligé de pratiquer un rond dans la table devant laquelle il est assis, découpant des petits papiers et tressant des paniers. Il n'y a de comparable à pareil scandale que la puanteur du lieu. La foule anglaise a une odeur de misère concentrée que nous ne rencontrons pas en France, même parmi les électeurs de Barodet.

Londres, 8 mai 1873.

Avis à ceux qui croient qu'on a ici la liberté de tout faire. Je me proposais, ce soir, d'aller au *Court theater*. Porte close. Lord Sydney, grand chambellan, ayant assisté à la représentation d'hier soir, a trouvé qu'elle était malsaine et il a interdit le spectacle. Un aimable mime avait eu l'audace de singer Gladstone et Lowe. Le portrait de Gladstone était fort réussi, d'après ce qu'on m'en a dit. On le représentait recevant une ambassade de Chine qui vient lui demander l'Écosse. Le premier ministre réfléchit, puis il trouve qu'il y a trois réponses à faire : la première, c'est de céder tout de suite l'Écosse; la seconde, c'est d'attendre un peu et de finir par céder; la troisième, et ce parti est celui auquel il s'arrête, c'est de désigner un arbitre. C'est fort bien attrapé.

Drawing room : Deux heures de diamants et de traînes de toutes les couleurs. C'est, après tout, un beau spectacle que le défilé de tant de millions sterling et parfois de fort belles personnes. La plus agréable était lady Archibald Campbell, femme du fils du duc d'Argyll, bien jolie et bien mise. Solvyns m'a conté quelques mots : « L'Angleterre est un pays où le n° 2 va chez le n° 1, pour s'en vanter chez le n° 3. »

Londres, 9 mai 1873.

Une nouvelle élection conservatrice à Bath. C'est un avertissement. On n'en peut pas trop tirer une preuve ici, où les élections partielles sont toujours contre le pouvoir. Le pays a envie de souffler un peu, et de plus les conservateurs se sont puissamment organisés. Ah ! si nous pouvions faire ce qu'ils font ici : journaux, associations de toute sorte, parties de plaisir, enregistrement des électeurs : on s'occupe de l'électeur à toute heure, on est sans cesse en communication avec lui, publique dans les *meetings,* privée dans les associations, les clubs d'ouvriers, etc.

Je termine ma lettre dans la Cité. J'ai d'abord fait une longue station au *school board.* Je continue à recueillir d'utiles renseignements sur l'éducation primaire à Londres. J'ai ensuite tourné et retourné, pendant deux heures, dans les ruelles à millions de la Cité. C'est un étrange spectacle que cette fourmilière. On y a torturé l'espace, sans pitié pour le regard, l'âme ou l'imagination des habitants ; partout la pierre noire, avec la place strictement nécessaire pour la circulation des fourmis dont on neutralise le regard et tous les sens, sauf celui de l'argent.

Londres, 13 mai 1873.

Une intéressante journée. La baroness (1) m'avait donné rendez-vous à son école juive de Whitechapel. Il faut, pour s'y rendre, cheminer par les ruelles de l'East-End ; c'est là qu'on peut aller étudier les phénomènes de la génération spontanée et de la germination des infusoires dans la décomposition des corps organiques. Un peu ému des saletés du chemin, j'arrive à l'école, et d'abord, à la cuisine pour les pauvres malades juifs, une véritable école de propreté, — jamais il n'a été plus vrai de dire : une perle dans un fumier, bien qu'on nous y ait servi un déjeuner fort ragoûtant. Dans les écoles, j'ai eu le plaisir de voir 2,800 petits Juifs des deux sexes et de tous les pays. Je les aurais presque tous reconnus au visage ; cela fait honneur à la pureté de la race en tous pays et malgré toutes les fortunes, car ce ne sont qu'enfants de pauvres. Ils entrent dans les écoles à trois ans, voire même à deux ans, tout nus ; et ils en sortent, de onze à treize, vêtus, lisant et écrivant fort bien l'anglais, et déchiffrant l'hébreu. Cependant, ce que j'admire plus encore que l'école, qui fait merveille, c'est la générosité qui fait vivre l'école. Le plus difficile à trouver n'est pas l'école, c'est Simone (2). Le *manager* de l'établissement, instituteur endurci, orgueilleux comme un Satan, ne paraissait pas de cet avis, quand il me disait : « Dans mes six classes, rien

(1) Baronne de Rothschild.
(2) Allusion au conte de Musset.

que par la parole, d'animaux je fais des hommes ; je donne aux embryons qu'on m'apporte un corps et une âme. » Et, en effet, d'une année à l'autre, en allant de front, on peut suivre les progrès de la propreté, du vêtement, de l'intelligence, de l'instruction.

Comme on interrogeait les fillettes sur la géographie, une de ces petites sorcières a répondu que le Rhin sépare la France de l'Allemagne. Hélas !

Mme de Rothschild m'a envoyé un monde de jolis lots. Elle a la charité ingénieuse.

Londres, 14 mai 1873.

La reine n'assistera sans doute pas à son concert de ce soir. Elle était venue l'autre jour pour son *levee*, auquel elle a présidé pendant une demi-heure, puis elle est allée à l'exposition voir faire une omelette et entendre une leçon sur l'omelette. Les Anglais se sont aperçus que c'est la grande supériorité de la France, et ils cherchent sérieusement maintenant à nous l'enlever ; associations, meetings, cours publics, encouragements de la reine, articles de journaux... Heureux peuple !

Hier, dans la journée, tout Londres, dix mille voitures au parc, pour voir passer les quarante *mail-coaches* qui faisaient un *show* (1) pour la reine des Belges.

(1) Parade.

Londres, 19 mai 1873.

Hier soir, je suis allé au Court-Theatre avec Conolly (1). D'abord une pièce réellement primitive. C'est l'enfance de l'art. Tout arrive à propos. On dirait que c'est fait exprès. Des décors très soignés, un jardin au bord de la Tamise, à Twickenham ; c'est bien cela, l'enseigne même du *public house* voisin est exacte ; on y est ; de l'herbe jusque sur la rampe, on en mangerait ; et des pâquerettes dans l'herbe, on en cueillerait ; et encore des pâquerettes sur le pré de la colline en face. Pendant que le dialogue marche, le soleil marche aussi, il se lève et se couche ; la lune se lève à son tour et se reflète sur la Tamise, et le chantre des nuits se fait entendre ; c'est charmant, mais que devient la pièce ? Je l'ai oubliée. Voilà l'art dramatique ! Tout dans l'accessoire et en dehors de la question. Il est plus facile de faire manœuvrer le soleil et la lune et de faire chanter les oiseaux que de faire parler les personnages et de les animer de la passion qui remue le spectateur.

Le spectacle se termine par la farce de *Happy land :* charge politique un peu grossièrement touchée, mais le caractère des hommes est assez bien indiqué dans cette arlequinade.

J'oublie encore une grande ressource de l'auteur dramatique dans ce pays, ce sont les verres tantôt rouges, tantôt bleus, tantôt verts, qu'on met devant les lampes de la rampe.

(1) Général Conolly, attaché militaire à Paris, mort en 1885.

Londres, 20 mai 1873.

Hier, nous avons terminé notre vente (1) avec grand succès. Nous aurons 1,000 livres. Nous ferons donc vivre l'œuvre de sœur Lucie, sinon sœur Lucie. Pauvre sainte fille ! Il n'y a plus rien à ses mains que la peau, et cependant quelle activité ! Le tumulte fini, la foule partie, les cornettes sortent de tous les côtés, ramassant, empaquetant, les bonnes fourmis travailleuses. Notre vente aux enchères a été faite par un colonel M... Il n'y a que les Anglais pour avoir ce calme, cet aplomb devant le public. Le voilà tout de suite sur l'estrade, au son de la cloche. C'était fort comique...

Bal à la cour. Toujours la même cérémonie avec les chambellans à verge. Le *God save the queen* à propos de tout... Musique endormante. Vers une heure, je dormais littéralement debout et j'avais peur de me laisser choir tout d'un coup.

Londres, 24 mai 1873.

Comme je reçois le *Times* à sept heures et demie, j'avais lu le discours du duc (de Broglie) avant bien des Parisiens. La question me paraît bien posée, la majorité bien ralliée, et, maintenant, midi, M. Thiers a déjà fini de parler (2). Inutile donc de conjecturer, il faut attendre l'événement. Il me revient en mémoire

(1) Vente pour les OEuvres françaises à Londres.
(2) Il s'agit du débat à la suite duquel M. Thiers a quitté le pouvoir.

les conclusions de mon dernier entretien avec M. Guizot. « Quand M. Thiers sera au pied du mur, il
cédera. » Et puisque nous en sommes aux mots, Cochin
m'en citait un de M. Thiers, lui disant que le duc de
Broglie était le seul auquel il permît une complète
indépendance.

Hier, j'ai promené mon inquiétude au Salon anglais.
Une affreuse platitude : que de temps et de couleurs
perdus! Quelques portraits frais, une *Miss Dorothy*
fort simple, mais bien traitée et élégante, puis plus
rien. En général, un assez bon sentiment de ce qui est
marin. D'après le public, on comprend les artistes. Il
ne s'attache qu'au sujet, et si le sujet est *sensationnal*
ou *moral,* il est satisfait et marque sa satisfaction par
une note sur son livret, qu'il consulte au moins autant
que le tableau. Une peinture accomplie, c'est une
peinture à deux compartiments : d'un côté, des enfants
avant l'école; de l'autre, les mêmes après l'école : les
uns sales, maigres, en haillons; les autres propres,
gros, gras, convenablement vêtus; au-dessous : des
inscriptions bibliques; au-dessus : 100,000 *enfants à
Londres sans écoles!* Pour ces gens consciencieux,
c'est le dernier mot de l'art, à moins qu'on ne puisse
leur présenter un petit oignon si bien peint qu'il ferait
pleurer. Pas de nu, pas de dessin, ni sang ni vie dans
les figures; quand les toiles n'ont pas les pâles couleurs, les couleurs y sont en révolte les unes contre
les autres; la composition généralement enfantine,
jamais d'air autour ou derrière les personnages. Le
grand artiste qui livre ses portraits par faveur à 50,
voire même 75,000 francs s'il y ajoute un pot de fleurs,

excelle à reproduire les figures en cire blanche, encadrées dans des robes tapageuses, et personne ne sur-
passe notre compatriote Tissot pour les coller sur un
fond de paravent. On aime ici le détail, le particulier,
les brins d'herbes, les fleurs des prés, les feuilles des
arbres, mais on comprend moins la forêt, le pré, l'ensemble, l'idée simple, la pensée ou l'effet dominant,
ce je ne sais quoi au-dessus du modèle ; c'est chose à
peu près inconnue partout, je le sais bien, mais plus
encore ici que chez nous. Pas de statuaire, c'est peut-
être là faute du climat, soit ! Une *Bacchante printa-
nière* de Carpeaux brille singulièrement dans ce désert,
et une terre cuite simple et touchante dans sa réalité,
la Mère et l'Enfant, encore d'un Français. Connaissez-
vous M. Dalou, en France ?

Et maintenant il faut nous promener ce soir de
réceptions en réceptions pour le *Birth day* de la reine,
sans savoir au juste qui ou quoi nous représentons.

Londres, **25** mai 1873.

Hier, j'ai commencé à prendre courage avec le
compte rendu du discours de M. Thiers. Je ne crai-
gnais qu'un enjôlement. A six heures, Rothschild m'a
donné le cours de la bourse, qui ne signifiait pas grand'-
chose. Au *Foreign Office,* à minuit, lord Granville est
venu me dire : « Thiers est battu par 14 voix ! »

J'étais arrivé vers onze heures, représentant du gouvernement de M. Thiers, et j'avais répondu à lord
Granville que je devais croire que tout allait bien pour
mon gouvernement. Je me suis attardé le plus pos-

sible pour avoir des nouvelles, et, vers minuit et demi, j'ai appris, en effet, de la bouche du même lord Granville, que je ne représentais plus le même gouvernement qu'en entrant au *Foreign Office*, ou, du moins, que M. Thiers était battu et avait donné sa démission. Je lui ai répondu imperturbablement que j'avais lieu de croire que tout allait bien pour le gouvernement que je servais. Personne n'est plus disposé à saisir le côté comique des nécessités et des banalités d'une situation *officielle*, et nous sommes partis ensemble d'un éclat de rire qui n'avait rien d'officiel.

Ce matin, l'*Observer* m'apprend la nomination de Mac Mahon, et, tout à l'heure, j'ai vu le moment où la bonne lady G. Fullerton allait m'embrasser.

Londres, 26 mai, 4 heures.

Retour du *levee*. On est généralement tout surpris d'apprendre que Paris n'est pas à sac. Si j'avais été mon chef, j'aurais évité de me montrer aujourd'hui, surtout ne sachant que répondre aux questions.

(Après le 24 mai, M. Gavard fut désigné par M. le duc de Broglie pour être son chef de cabinet. Il revint au mois de décembre à Londres quand le duc quitta le ministère des affaires étrangères pour devenir ministre de l'intérieur. Le comte d'Harcourt n'était plus ambassadeur ; le duc de Bisaccia l'avait remplacé.)

Londres, 10 décembre 1873.

Excellente traversée. Tout le temps sur la passerelle,

aidant le capitaine de mes conseils; froid pénétrant dans le chemin de Dover-Chatam; *dark fog* en arrivant à Londres; à sa taille, je reconnais cependant, à travers le brouillard, l'ami Dutreil (1); on se hèle; un *hansom* nous conduit en tâtonnant à Albertgate, et me voilà ministre de France à Londres. Quel contraste! Avant-hier, à Versailles, au centre de tout. Aujourd'hui, au bout d'un fil, en plein silence et brouillard. J'y ai déjà tenu autrefois, pourquoi n'y tiendrais-je pas aujourd'hui? Et puis, ce milieu humide, silencieux, calmant, est bon pour mes nerfs.

Londres, 11 décembre 1873.

L'homme ne vit pas que de brouillard, c'est grand dommage en ce pays. Je m'en arrange, cependant.

La ville est déserte : personne au *Foreign Office*, personne nulle part; Beust, qui se désespère de n'avoir pas le nouvel ambassadeur à son dîner; Bylandt (2), toujours aimable; Solvyns, retour d'Italie, au milieu de ses déballages, plein d'enthousiasme pour ses colis. Lord Stanhope vient pleurer Bazaine; son grand argument, c'est la lettre de Frédéric-Charles. En vérité, voulez-vous que le vainqueur déclare que le vaincu n'était qu'un drôle qui a livré ses drapeaux par trahison? Brunnow, à me revoir, pleure des larmes de joie. Il m'a raconté que je devais mon succès ici à lord Granville, qu'il avait réellement de l'amitié pour moi, et

----

(1) M. Bernard Dutreil, alors secrétaire d'ambassade, maintenant sénateur, remplaçait M. Gavard comme chef de cabinet.

(2) Comte de Bylandt, ministre de Hollande, mort en 1893.

que c'est pour cela qu'il m'avait facilité toutes choses.

Je suis frappé des progrès que le duc de Broglie a faits ici dans l'opinion.

Londres, 15 décembre 1873.

Beaucoup de diplomates, tout le corps diplomatique, cela peut être réuni dans un salon sans faire le bonheur de la vie. Je n'éprouve jamais tant de découragement que dans ces réunions de famille. Hier soir, c'était en Suède; bien peu manquaient à l'appel; ils y viennent comme des loups affamés, mais ils n'y apportent pas grand'chose. Mieux vaut un grand feu de charbon, une bonne lumière de lampe, les volets fermés et le sentiment que le froid et le brouillard rôdent derrière.

Hier, grande stupeur! Comme je passais devant la Cour des appels, j'entre pour me faire l'oreille au dialecte anglais, que vois-je? Les mêmes juges sous leurs perruques, les mêmes jurés dans la boîte, le même Tichborne et le même ventre encastré dans la même table qu'il y a sept mois!

J'ai dîné dans le *Hayward corner*. Vers neuf heures et demie, notre ami était tout à fait gris. Je suis resté en tête à tête avec un antiquaire plus de sang-froid. Nous avons engagé une conversation sur une lettre inconnue de Pompée que nous avions retrouvée à la bibliothèque, dans une édition rare des papiers de Salluste. Ce sont les distractions des vieux célibataires. Il est vrai que la lettre ne signifie rien du tout.

Demande à Vaney (1) si *coram sepulcro* est un solécisme. Dans cet heureux pays, voilà la question qui passionne le plus en ce moment. Le *dean* de Westminster a-t-il fait une faute de grammaire? C'est Oxford qui a engagé la bataille; réplique; les tiers interviennent. Le pauvre *dean* Stanley va rester convaincu d'avoir fait du latin théologique. Pour lui, c'est un peu dur. Qui se serait douté que la théologie gâterait jamais son latin (2)? Il paraît que *coram* ne peut avoir pour régime un nom de choses. Meurand (3) lui-même y aurait peut-être été pris.

Voilà une nouvelle affaire dans ce pays. On a voulu mettre un baldaquin au-dessus du maître-autel de l'église Saint-Barnabé Pimlico! Toute l'Église a pris les armes. Le Pape lui-même envahirait l'Angleterre, qu'on ne crierait pas davantage. Heureuses gens!

Ce matin, comme j'essayais ma redingote, j'ai affecté de raconter devant le célèbre Cook, mon tailleur, une foule de choses qui ont été répétées, dix minutes après, au prince de Galles, qu'il habille en babillant, comme avec moi.

Londres, 18 décembre 1873.

Le tapissier du duc de Bisaccia dresse des plans et prend des mesures. Il me paraît décidé à faire les choses en grand. On ne pleurera pas pour l'étoffe, on taillera

(1) Conseiller à la Cour d'appel de Paris, mort en 1893.
(2) M. Stanley, doyen de l'abbaye de Westminster, passait pour n'avoir à peu près rien conservé des croyances chrétiennes.
(3) Directeur aux Affaires étrangères.

en long et en large. Toute trace du passé disparaîtra sous les tentures, les glaces et les tableaux. Il n'en faut pas tant pour que nous passions tous marquis.

Mon tailleur a très bien fait sa commission. Le prince de Galles me fait dire ce matin d'aller m'entendre avec le général Knollys, son aide de camp.

Londres, 21 décembre 1873.

Je viens de faire mes adieux à Beust. Il m'a avoué que, s'il n'était pas toujours à la veille d'un départ, il ne supporterait pas ce manteau de plomb qu'on a ici sur les épaules ; si l'on voit quelqu'un à Londres c'est en passant, et, pendant la saison, c'est en courant. Il faut donc faire cinq ou six heures de chemin de fer, en moyenne, pour aller chercher une conversation. Il paraît que lord Granville revient ce soir, mais il repart demain soir pour Wolmer-Castle, et, quand il sera rentré, il lèvera le pont-levis et abaissera la herse. Je dois le voir demain cinq minutes, et ce sera pour trois semaines au moins.

Pour me distraire d'écrire, je suis allé passer quelques instants à l'Athenæum à remuer des livres. Trop fatigué ou trop pressé pour les lire, je les prends, je les retourne, je les manie ; j'ai remarqué qu'il en reste toujours quelque chose.

Londres, 23 décembre 1873.

Il y a des jours où je me demande si c'est sérieusement que j'ai entrepris le métier que je fais. Les satisfactions qu'il procure me sont si peu sensibles et les privations si cruelles! Il faut se répéter que cela ne durera pas.

J'ai eu, hier soir, le plaisir de voir la charge, la très grossière charge, de deux pièces françaises : l'une, quelque chose comme *la Fille de l'aveugle,* de Bayard ; l'autre, *le Chapeau de paille d'Italie.* Bien entendu, on respecte trop les auteurs français pour les nommer. Comme on les arrange! Tout ce qui est fin est enlevé, on ne le comprendrait pas, et on le remplace par du brutal. On trouve le moyen d'être grossier sans choquer les mœurs. C'est le contraire en France. Une observation m'a frappé. Comme, après la pauvre pièce intitulée *Alone,* on faisait successivement, suivant l'usage, défiler, devant le rideau, tous les acteurs, un coup de sifflet a salué la *manager* du théâtre, Mrs Lutton. C'était fort injuste ; c'est la seule personne qui ait du mouvement, de l'expression et un certain charme. Le coup de sifflet était absolument isolé ; personne n'a crié : « A la porte » ; pas de protestation en sens contraire : chacun donne librement son opinion ici, même au théâtre ; il est permis de siffler à soi tout seul, quand tous les autres applaudissent.

Je viens enfin d'entendre de la musique à Londres : c'était une femme qui jouait de la trompette. Vois-tu cela? L'idée est tout à fait heureuse, et voici une émule à la virtuose qui joue du violon et au monsieur qui fait pleurer sur l'accordéon.

Londres, 25 décembre 1873.

Il y a tant de brouillard et les rues sont si désertes, que je suppose qu'il doit être dangereux de s'y promener ; je me suis donc rigoureusement enfermé dans ma chambre, et n'ai mis le nez dehors que pour aller à la messe. C'est encore la meilleure manière d'être seul.

Les trois quarts des Anglais sont ivres à l'heure qu'il est. Ces jours de repos coûtent cher aux familles pauvres. Ce matin, j'en suivais une dans Hyde Park. Le père portait un fardeau ; la mère un enfant à la mamelle ; puis quatre petits suivaient comme ils pouvaient ; l'un d'eux toussait et pleurait à fendre l'âme. Tout cela sous des haillons qui ne cachaient même pas la peau, et cependant, c'était évidemment la tenue du jour de fête. Rien que la manière dont ces bonshommes suivaient leurs parents, avec un pas ralenti, marquait la solennité de Noël. Le plus petit criait tant que le père, mettant son fardeau sur la plus grande des petites filles, a pris l'enfant souffrant dans ses bras, et la bande a continué ; la fillette, accablée sous le poids du fardeau, suivait à distance. Que j'aurais voulu lui venir en aide !

Cette procession de la misère défilait sous les fenêtres de Dorchester-House, pour passer, à quatre pas plus loin, sous celles de lord Dudley et de Grosvenor-House ; contraste perpétuel ; mystère économique que je n'ai jamais pu démêler : tant de charité et de si affreuses privations !

Londres, 31 décembre 1873.

J'ai écrit aux amis, mais ce qui me perd mon temps c'est l'*arrivage*, par chaque train, d'escouades de cuisiniers, de valets de pied, de cochers, de chevaux, de voitures. Où loger tout cela? Au dernier moment, voici les télégrammes; c'est un peu tard. Il me faut louer des écuries, des chambres, acheter des meubles, mettre la paix dans la maison; chaque *arrivant* veut prendre un appartement complet.

Le duc (de Bisaccia) sera lui-même ici demain : il est précédé d'une splendide argenterie, et commande que tout le monde soit poudré pour le recevoir. Voilà qui est bien, pourvu que je ne sois pas invité à en faire autant.

La reine le recevra tout de suite à l'île de Wight.

ANNÉE 1874

EXTRAITS DES LETTRES

Londres, 2 janvier 1874.

Hier soir, réception de mon ambassadeur (1), très aimable ; on doit bien vivre avec lui. Nous nous entendrons fort bien pour le travail…

Londres, 3 janvier 1874,

Mon duc est revenu ce matin d'Osborne. Tout s'est passé pour le mieux. La reine lui a fait un accueil comme s'il n'était pas ambassadeur de France. Elle a causé tout le temps et de ses parents et de ses enfants. Il est certain que, pour être ambassadeur, mieux vaut être le gendre du prince de Polignac, puis du prince de Ligne, le fils ou l'héritier d'un grand nom, que M. *So and so*. Je suis convaincu qu'il s'en est fort bien tiré ; ce sera là, pour commencer, le côté le plus brillant. J'ai voulu expédier moi-même le compte rendu de la visite à Osborne. C'est écrit comme par un

(1) Duc de La Rochefoucauld-Bisaccia.

homme qui se pique de ne pas en faire profession, mais cela dit très exactement les choses, et je le donne en mille à tel ou tel pour faire aussi bien parler la reine et lord Granville. Il a évidemment réussi; ses procédés n'auront pas nui; il a répandu l'or à profusion; on se le dira en bas et l'opinion remonte souvent de bas en haut.

Londres, 4 janvier 1874.

Tu sais que le procès Tichborne dure toujours. Nous sommes à la 150ᵉ représentation de la reprise. Hier, la patience a fini par échapper au *chief justice* et au *foreman* du jury. Note qu'il y a près d'une année que ces douze malheureux jurés sont en *box* enlevés à leurs affaires pour juger un homme dont la culpabilité est aussi évidente qu'un fait peut l'être; mais la justice anglaise n'admet pas l'évidence sans la preuve. Hier, le savant conseiller, comme on appelle le misérable avocat qui ose organiser et plaider cette tentative de vol avec calomnie infamante, conteste la déposition d'un colonel qui déclare avoir vu, sur le bras du jeune Tichborne, le tatouage indélébile dont il n'y a pas trace sur celui du *claimant;* il l'a vu comme on le saignait. L'avocat nie qu'il ait pu voir le tatouage à moins qu'il ne démontre qu'il faisait clair. Le *chief justice* finit par l'interrompre, en lui disant qu'il devait faire assez clair pour voir le tatouage, puisque le chirurgien voyait la veine. L'avocat répond que c'était sans doute un chirurgien imprudent. « Soit, mais qu'il soit bon ou mauvais, vous ne nous ferez pas croire qu'il ait pu pratiquer une saignée, sans y voir suffisamment pour trouver la veine. » L'avocat : « C'est à vous de faire la preuve des lumières, et tant que vous n'aurez pas démontré qu'il y avait des lumières, je pourrai maintenir qu'il faisait nuit, etc. » Le *foreman* (chef du jury) a enfin éclaté. De part et d'autre, on est édifié ; ce n'est qu'une lutte de *barristers*. C'est un vrai trait de mœurs. Le seul but de l'avocat est de traîner les choses tellement en longueur qu'un juré vienne à mourir, alors il faudra recommencer une troisième fois. Dans l'état de la jurisprudence anglaise, on peut tout entreprendre, même de prouver qu'un hippopotame est une gazelle ; il ne faut que des capitaux suffisants, c'est-à-dire une bonne commandite pour tourner autour de la preuve légale. Les entreprises judiciaires contre les successions se mettent en actions, aussi bien que le vol de diamants.

Londres, 7 janvier 1874.

Hier soir, nous avons reçu, pendant le dîner, un télégramme pour remercier mon chef de sa dépêche et le féliciter... Je ne m'étais donc pas trompé. Il me paraît toutefois décidé à ne pas forcer son succès. Jusqu'à présent, il appartient à son tapissier, et, dès l'aurore, le voilà rôdant en haut, en bas, mesurant, disposant, ordonnant...

J'ai terminé ma soirée chez lady Russell. Il est vraiment bien touchant de voir comme cette vieille femme est entourée par ses fils. Elle savait si bien que j'avais, moi aussi, une mère dont je souffrais d'être séparé.

Elle m'a chargé de dire au duc de Bisaccia qu'il avait beaucoup plu à la reine, qu'il représente tout ce qu'elle aime : commission agréable.

Londres, 11 janvier 1874.

Nous allons avoir le *meeting* John Russell, en faveur de Bismarck et de la persécution de l'Église, et le contre-*meeting* catholique. Il y aura bien quelques têtes cassées et il en restera le renouvellement des querelles religieuses dans ce pays. Ce *Johnny* a trop vécu pour son nom. Ne compte-t-il pas déjà dans ses archives une certaine lettre qui commence l'affaire du Sleswig-Holstein ?

Inauguration d'une statue de plus du prince Albert, cette fois à cheval au galop, dans la Cité. L'atmosphère interdit la statuaire; ni le métal ni le marbre ne peuvent résister à la suie et à la pluie. Quand ici on vous montre une statue, on a envie de faire passer avant le ramoneur. Nous sommes allés nous mêler un peu au *mob*, à ces haillons de Londres, sans pareils, aux *policemen* qui piétinent là dedans comme sur des fourmis.

Ce matin, j'ai vu l'archevêque (1). Il a grand air et une figure ascétique; cela se concilie bien dans un archevêque.

18 janvier 1874.

Lord Clarendon, veut m'inviter avec Borthwick au Grove; c'est un vieux château plein de Van Dyck, en-

____

(1) Cardinal Manning.

10

touré des plus vieux et des plus célèbres manoirs de l'Angleterre et à trois quarts d'heure de Londres. Voici comment lord Clarendon passe son temps : il revient de la chasse, il est à cheval, mais un domestique conduit le cheval; premier accident le matin : comme mylord voulait passer d'un cheval sur l'autre, dans une cour de ferme remplie de boue, le cheval s'écarte, patatras, voilà mylord dans la mare; il se nettoie comme il peut et on part; patatras, voilà mylord par-dessus la tête de son cheval tombant sur la sienne; il remonte, mais il paraît absorbé; on le ramène; ce n'est qu'en arivant qu'il revient à lui, il avait perdu connaissance; comme il faut le ménager, le lendemain, on chasse à tir; puis, le surlendemain, on remonte à cheval; mylord arrive fort en retard au dîner, deux domestiques le soutiennent, les jambes refusent le service à la suite d'une nouvelle chute. Quand il rentrera en ville, il redeviendra un lord très sérieux, en passe de devenir membre du cabinet.

Lady Clarendon est une des quatre comtesses. Il paraît que sa mère a passé sa vie en répétant : « Quatre filles, quatre comtesses; quatre comtesses, quatre filles. » On ne sait pas sur quelle version elle a fini.

Le vieux Russell consent à être malade pour ne pas présider le *meeting* en faveur de Bismarck, mais il écrira. En revanche, on verra l'entrepreneur de l'affaire Tichborne, l'*honorable* Whaley, qui ne l'est plus guère, donner à la réunion son véritable caractère.

Je comptais aller aujourd'hui à une église *High Church,* où l'on apprend maintenant aux fidèles à faire le signe de la croix. « Chaque dimanche, me disait un bon fidèle, c'est une nouvelle innovation. Dimanche dernier, c'était le sacristain affublé d'une lévite, et maintenant, voilà qu'il faut se signer. »

Londres, 26 janvier 1874.

Rien n'était moins prévu, il y a huit jours, que la dissolution du Parlement. Le terme de son existence était même éloigné d'un an, et les circonstances au milieu desquelles l'année vient de se renouveler ne faisaient pas supposer que le gouvernement libéral voulût l'anticiper.

L'annonce de la dissolution a donné le signal d'une déroute universelle. On ne voit que candidats affolés qui traversent Londres, laissant derrière eux, sur les routes, femmes, enfants, bagages, pour arriver à temps dans leurs collèges. Les plus malheureux sont ceux qui courent après un collège, non moins malheureux sont les collèges qui courent après un candidat. L'événement montrera à quel parti cette confusion devra le plus nuire.

Le secret absolu dans lequel la dissolution a été préparée (1), la soudaineté de la décision, la forme dans laquelle le public en a été prévenu, tout concourt à donner à cette grave mesure le caractère d'un coup de parti. Il est d'ailleurs difficile de méconnaître que l'intervention personnelle du *Premier* accuse une fois

____

(1) Après s'être entendu avec la reine, M. Gladstone n'avait prévenu ses collègues que le 19 janvier, et, dès le lendemain, le public avait été informé par son adresse aux électeurs de Greenwich.

de plus des tendances qui s'écartent sensiblement des traditions parlementaires anglaises pour se rapprocher de la conception démocratique de l'appel au peuple.

Dans les cercles libéraux comme dans les réunions conservatrices, on croit encore au succès du cabinet, tout en prévoyant des pertes sérieuses résultant des divisions qui s'accusent de plus en plus dans les rangs ministériels.

Londres, 3 février 1874.

Alléché par le souvenir des séances à sensation dont sir Ch. Dilke a jadis fait les frais au Parlement, je me suis attaché à ses pas pendant cette période électorale, un peu, je l'avoue, avec le sentiment de l'Anglais qui suivait les représentations de Van Amburg dans l'espoir de le voir, un jour, dévoré par ses lions. Mon mauvais sentiment, je me hâte de le dire, a été déçu ; pas le plus petit scandale, pas un mot qui ne soit d'un loyal sujet de Sa Majesté, pas une proposition qui n'eût été aussi bien à sa place dans une adresse de M. Gladstone ; des dissertations sur toutes les réformes désirables ou non, une parole toujours sûre et facile, trop abondante, suivant moi, mais qui ne lasse jamais la patience de l'auditoire.

Hier soir, un grand meeting se réunissait à Chelsea. Mais d'abord, quelques mots d'explication sur l'élection du bourg de Chelsea. Cette circonscription compte 24,000 électeurs ; elle s'étend d'une extrémité à l'autre du West-End de Londres et nomme deux députés. Il

y a treize *polling-places,* c'est-à-dire treize endroits
où l'on vote. Il faut à chaque candidat, dans chacune
de ces subdivisions, une agence centrale, ce qui com-
porte une maison louée à cet effet, et, dans chacune,
un personnel d'employés et d'agents à tous les degrés,
depuis le chef, qui ne reçoit pas moins de cinq à six
mille francs, jusqu'à l'homme-affiche qui se promène
tout le jour avec le nom des candidats sur le ventre et
sur le dos. On comprend que, pour partager les frais
énormes d'une semblable élection, les candidats associent leur fortune. L'association va même au delà de
la question financière, car il est évident que, dans
l'élection de Chelsea, les deux « baronnets » associent
également leur clientèle : sir Ch. Dilke amène à sa
suite les radicaux extrêmes ; sir Henry Hoare gagne à
la cause commune les voix des libéraux qui éprouvent
le besoin de réformer, mais qui n'ont nulle envie de
tuer la poule aux œufs d'or.

Les affiches ambulantes, indépendamment de celles
qui couvraient les murs, avaient annoncé tout le jour
la grande réunion qui devait avoir lieu au quartier
général des candidats associés des deux fractions du
parti ministériel. La nuit venue, tout le quartier paraissait en fête. En dehors de la salle, le public qui n'avait
pu entrer stationnait devant les transparents qui lui
permettaient de contempler les propres traits des deux
baronnets auxquels il était convié à donner ses suffrages. Au dedans, 1,200 personnes attendent les candidats, ce qui n'empêche pas 500 autres de s'insinuer
encore dans la salle ; ce sont comme des flots de lave
qui jaillissent de chaque porte ; ils s'avancent d'une

manière insensible, mais irrésistible ; les têtes montent
les unes par-dessus les autres et s'accumulent jusqu'à
la hauteur de la galerie. Je vois encore la figure impassible d'un gros cocher de *cab* qui se laissait porter
doucement par-dessus les bancs et les spectateurs qui
les garnissaient. Au commencement de la séance, il
était à l'entrée de la salle ; à la fin, il était au milieu,
reposant sur un sous-sol humain. Cette invasion ne se
pratiquait pas sans bruit, sans quelques coups de poing,
sans quelques interruptions de la séance. J'admirais
cependant les mœurs parlementaires de cette cohue
qui trouvait moyen d'entendre, et le talent des orateurs qui se faisaient écouter. Sir Ch. Dilke avait eu le
bon esprit de se faire accompagner sur l'estrade par sa
femme, Anglaise au nez à la Roxelane, le teint frais,
l'œil vif, le sourire gracieux ; il a pris place à la droite
du *chairman,* sir Henry Hoare à gauche. Après l'introduction de rigueur du président, le premier des
baronnets a pris la parole et l'a gardée pendant une
grande heure, sans souffler ni hésiter une minute ; pas
un point, pas une virgule dans son discours. C'est à
peine s'il laisse à l'auditoire le temps d'applaudir ; il
s'assied enfin, au milieu des acclamations et des applaudissements. Les chapeaux s'agitent et font le moulinet ;
les imprimés pleuvent de tous côtés.

Sir Henry Hoare lui succède, orateur moins disert,
mais plus animé ; il paraît tantôt empoigner plus vivement son auditoire, tantôt le moins ménager. Quand il
parle du troisième compétiteur, qui semble n'avoir
introduit sa candidature que pour diviser le parti libéral, il soulève des hurlements comme ceux de la cage

aux lions. Quelques protestations isolées, et aussitôt étouffées sous les huées, se font entendre en faveur de ce malencontreux candidat. Mais l'assemblée semble sur le point de se partager sérieusement quand sir H. Hoare donne bravement son opinion sur la politique étrangère. Dans ses différentes adresses, M. Gladstone a réduit assez pauvrement la politique de l'Angleterre à la défense de ses intérêts insulaires. Sir Henry Hoare, relevant à son tour la lacune qui paraît exister dans l'esprit de M. Gladstone sur l'action extérieure d'une grande nation, déclare que, pour un pays comme pour un individu, les intérêts sont inséparables de l'honneur. Quelques cris de « Vive Bismarck ! » partent des extrémités de la salle ; des applaudissements et des grognements leur répondent, mais il est visible que l'auditoire est partagé, inquiet ; beaucoup se taisent. L'orateur reprend alors, et je résume à peu près sa péroraison : « Oui, messieurs, je suis pour la liberté des catholiques, parce que je suis pour la liberté des protestants ; je suis pour que les pasteurs puissent enseigner et parler suivant leur conscience, parce que je veux pouvoir parler selon la mienne. Oui, messieurs, je suis pour la France, parce qu'elle a été brutalement dépouillée ; je suis contre ceux qui lui ont arraché l'Alsace et la Lorraine ; je suis contre l'homme qui veut empêcher ce grand pays de reprendre son rang parmi les nations et qui veut dicter des lois à la presse au delà même des frontières de l'Allemagne ; je suis contre les *meetings* qui sympathisent avec les oppresseurs contre les opprimés, et, si ces déclarations devaient me fermer l'entrée du Parlement et m'enlever

vos suffrages, je serais fier de ne les avoir pas mérités. »
Ces courageuses et éloquentes paroles ont enlevé l'auditoire et l'orateur a été récompensé par des applaudissements qui l'ont suivi jusque dans la rue (1).

Je ne me vante pas de la façon dont j'ai été introduit
dans la grande salle de la *vestry* de Chelsea. On m'avait
fait entrer, à mon arrivée, dans un salon particulier où
se réunissaient, en attendant l'heure, les candidats et
leurs patrons. Le moment venu, il fallut donner le
bras aux dames ; il n'y en avait qu'une qui était lady
Ch. Dilke, et, comme étranger de distinction, c'est à
moi que revenait l'honneur de l'accompagner. Honneur imprévu ! mon sang ne fit qu'un tour, mais il n'y
avait pas à hésiter, et j'entrai le premier avec lady
Dilke, accueilli par un tonnerre d'applaudissements
comme je ne me flatte pas d'en provoquer un semblable dans le reste de ma vie. Les candidats et les patrons
nous suivaient processionnellement. Les reporters à
l'affût me visaient tous, cherchant mon nom pour le
livrer, dès le lendemain matin, à toute l'Angleterre.
Heureusement sir H. Hoare s'avisa du péril où j'étais
et il parcourut les rangs de la presse en lui donnant le
change sur mon identité. J'échappais ainsi à une mésaventure qui aurait bien pu mettre fin à ma carrière
diplomatique, car, franchement, je n'étais pas à ma
place sur l'estrade, au milieu des patrons de la candidature qui passait pour la plus hostile à la personne
royale elle-même.

(1) « Il convient d'ajouter, dit **M**. Gavard dans ses Notes, que
sir Charles Dilke fut seul élu ; il passa avec le candidat conservateur qui enleva 7 à 800 voix à sir **H**. Hoare à cause de sa coura-

Londres, 4 février 1874.

Hier, nous avions M. Gladstone à dîner. Il attendait le résultat du scrutin qui venait d'avoir lieu à Greenwich. Grande tranquillité, soit qu'il ne doutât pas du succès, soit affectation de la résignation du sage qui retourne à ses chères études. C'est pour la dix-huitième fois qu'il se présente devant les électeurs, et pour la dernière, m'a-t-il dit. Il était charmant, ou, du moins, il a toujours l'art de me charmer, parce qu'il a l'esprit rempli de souvenirs et l'âme ouverte à tout. Nous avons examiné un peu toutes les réformes que les *crochet mongers* (1) promènent de *meeting* en *meeting*. Il incline sincèrement à tout ce qui paraît généreux. Encore une fois, c'est un charmeur, peut-être pas très rassurant. Il a reçu, pendant la soirée, l'avis de la réélection de son fils à une petite majorité. Quant à la sienne, il a recommandé qu'on ne s'avisât pas de le réveiller pour lui apprendre le résultat. Son réveil n'a pas dû être agréable; il a passé à une petite majorité et au deuxième rang, et toutes les nouvelles du matin sont mauvaises pour le gouvernement.

La conversation s'est prolongée fort tard. Il m'a

geuse déclaration contre les conquêtes de la Prusse. Elles lui procurèrent cependant une compensation à laquelle il ne fut pas insensible. Son discours fut reproduit par beaucoup de journaux de Paris, ce qui décida le comité du *Jockey club* à présenter une adresse fort honorable à l'ancien membre pour Chelsea, qui reste un des Anglais les plus parisiens et les plus appréciés de toute la société élégante. »

(1) Gens qui poussent à outrance des idées sottes ou absurdes.

même tant soit peu converti au vote des femmes, dont il est partisan, tout comme son rival le chef des conservateurs.

Londres, 6 février 1874.

Great victory of the conservatives ! Two more in Westminster ! C'est ce qu'on crie dans les rues au moment où je t'écris. Déjà, ce matin, le gouvernement n'avait plus de majorité.

Je vais donc aller porter mes condoléances à lord Granville et me hâter de m'accréditer moi-même. Il y a force majeure. Demain, nous n'aurons peut-être plus de ministère et je me trouverai entre deux selles. Il est très probable que le cabinet va donner sa démission d'ici à cinq ou six jours, vers le 14. Nous verrons alors lord Derby aux affaires étrangères, M. Disraëli, premier ministre, avec les finances, etc.

Londres, 14 février 1874.

Le résultat des élections est aujourd'hui connu. Il donne aux conservateurs une majorité de 350 voix contre 300. Leur avantage est d'autant plus grand qu'on compte dans la minorité, au nombre de quarante environ, les nouveaux élus de l'Irlande, qui ne représentent réellement que le soulèvement contre le maintien de l'union des trois royaumes.

La composition du nouveau cabinet est généralement approuvée. J'avoue ma surprise de l'assentiment que la substitution d'un parti à l'autre dans le

gouvernement rencontre à peu près indistinctement
dans les organes et chez les représentants autorisés de
toutes les opinions. Les faits accomplis sont acceptés
par les conservateurs ; ils n'ont aucune idée d'user du
pouvoir qui leur revient pour contester les réformes
qu'ils ont combattues dans l'opposition, et leurs adversaires déclarent que, puisque le pays ne se soucie pas
de réformes nouvelles, il est naturel que le ministère
des réformes se retire et fasse place au gouvernement
qui répond au vœu de la nation.

Le gouvernement nouveau ne trouvera pas moins
de force dans la division de ses adversaires que dans
l'union de son parti. La décomposition du parti libéral
s'accuse de plus en plus. Il n'y a que Gladstone qui ne
sera pas commode ; s'il avait l'esprit ouvert à toutes les
réformes quand il était au pouvoir, que sera-ce quand
il sera dans l'opposition ? N'étant plus obligé d'être
homme d'État, il sera enfant et fou tout à son aise.

Le jour du scrutin de Chelsea, lady Dilke se prome-
nait avec rubans jaunes et bouffettes même couleur à
ses chevaux, c'est la couleur radicale ; mais elle ne
s'était pas aperçue qu'on lui avait placardé dans le dos
de sa voiture l'affiche conservatrice : *plump for
Gordon*.

Londres, 16 février 1874.

Je t'écris non pas à la lueur, mais à l'affreuse clarté
de l'incendie qui dévorera peut-être tout un quartier
avant le jour. Le *pantecnicon,* c'est-à-dire le principal
dépôt de meubles, voitures, objets d'art, est brûlé ;

l'épaisse muraille qui devait le protéger contre la contagion des baraques du voisinage a sauvé les écuries de l'ambassade du feu, sinon de l'eau. Quand je suis arrivé, on déménageait tout par les fenêtres, on traînait sans façon les équipages d'apparat, on distribuait les chevaux dans les écuries plus éloignées. S'ils étaient à moi, ou si le cocher avait voulu m'écouter, ils seraient plus loin encore, car on ne peut jamais être assuré contre les retours offensifs de cet ennemi enragé qui ne s'arrête qu'où il lui plaît. Nous sommes maintenant protégés par l'immense cratère qui nous sépare. Le feu est dans le fond, mais, comme le mur a résisté, ce n'est plus qu'un brasier. Malheureusement la flamme a sauté la rue et voilà qu'elle s'étend de l'autre côté. D'affreuses langues de feu et de sang montent dans le ciel et, tout à coup, sous le souffle du vent, s'abattent et se précipitent sur les toits voisins. Nul ne peut savoir où elles s'arrêteront. Le feu civilisé lutte contre le feu révolté ; tout autour on entend le piston des pompes à vapeur. La lutte se fait dans un grand silence, rien que le bruit des murs qui tombent et des sifflets de commandement. On aperçoit les pompiers qui s'approchent par les toits, en détournant leur visage, les malheureux habitants qui versent de l'eau sur leurs fenêtres et éteignent les commencements d'incendie. Les flammes se reflètent dans les carreaux de toutes les maisons en face du foyer. On ne sait si c'est le reflet ou déjà le feu. Le vent emporte avec la fumée, des masses de flammèches qui se répandent sur Wilton-Place, du côté de Grosvenor-Gardens. Tout Londres est accouru, une masse de filles, de marchands d'huîtres ou d'oranges, de musiciens, c'était une foire tout autour de l'enceinte formée par la police. Maintenant, le *mob* va se coucher, et je reste, tête à tête, dans mon observatoire, avec le feu. La fumée m'empêche de voir s'il s'éloigne de nous.

Londres, samedi 15 février 1874.

Je te renvoie au récit du *Times*, qui paraît beaucoup mieux renseigné que moi, bien que je fusse sur place. On assure qu'il y a des collections inappréciables perdues. Envoyez donc vos tableaux en Angleterre pour les sauver des pétroleurs! Il y avait une collection de Wallace et plusieurs autres, dit-on, venues de France. On parle de 75 millions de perte. Nous avons eu là un beau feu de joie!

Gladstone annonce qu'il retourne à ses chères études et expose déjà une réfutation en *trois* points du livre de Strauss, mais, en attendant, il ne se presse pas de se retirer.

Londres, 18 février 1874.

Je t'écris dans la salle d'attente de lord Granville, à qui je viens de rendre visite pour prendre congé (1). Je regrette bien sincèrement les rapports que j'ai eus avec lui. Je doute qu'avec tout autre ministre j'eusse réussi à me faire la position que j'ai ici. Il m'a dit qu'il espérait que nous nous verrions maintenant plus

(1) Lord Granville quittait le ministère par suite des élections.

souvent et m'a raconté l'histoire d'un ambassadeur trop pressé de lâcher les ministres tombés.

Londres, 21 février 1874.

Les nouveaux ministres reviennent de Windsor avec le sac, les sceaux, les clefs, les bâtons, tous les accessoires d'un cabinet. On est très content des choix... Il ne tient qu'à eux de vivre longtemps. Espérons que Derby (1) va comprendre qu'il y a autre chose à faire, dans l'état de l'Europe, que de continuer la politique de Palmerston. J'aurai bien du mal à me créer des relations dans ce nouveau monde; je fais ce que je peux.

Londres, 25 février 1874.

Pour procéder par ordre, je suis donc allé, hier, en uniforme, au *Foreign Office*. Premier incident : l'ambassadeur d'Allemagne était venu en *pékin ;* il fait demander s'il a le temps d'aller mettre son uniforme; réponse : « Oui ». Cela étonne un peu, et il va le revêtir. L'appel nominal commence ensuite, et voilà mon tour avant tous les ministres : nouvel étonnement. Enfin, lord Derby me retient pendant vingt minutes au lieu de cinq : troisième point d'interrogation. Je crois que le hasard et un peu de maladresse ou d'oubli ont fait la chose. Néanmoins j'aime mieux que ces petits incidents soient à notre profit qu'à notre préjudice.

Quant à lord Derby, on ne peut en trop dire sur la

(1) Lord Derby occupait le ministère des affaires étrangères dans le nouveau cabinet formé par M. Disraëli.

gaucherie de son abord. Il se précipite sur une paire de gants qu'il n'a pas mise et qu'il tient à la main pour vous recevoir, avec un balancement excentrique, un salut forcé. On s'assoit et on cause ; il s'est vite mis à l'aise, le français lui vient couramment avec quelques impropriétés, mais enfin cela marche sans hésitation. Je n'ai pas essayé de le forcer sur la politique étrangère à laquelle il ne venait pas volontiers, mais je l'ai poussé sur les affaires intérieures. Étant en confiance et sur son sujet, il a parlé volontiers et longtemps, trop longtemps pour les camarades qui attendaient. En somme, je crois qu'un membre de l'ancien cabinet ne m'aurait pas tenu un autre langage. Il m'a parlé de la retraite momentanée de Gladstone, de ses motifs, de la nécessité qu'un gouvernement ne se perpétue pas au pouvoir, pour que ses membres puissent voir l'autre côté des questions. Il a passé en revue majorité et minorité, puis il a formulé son avis sur la nouvelle Chambre : elle est un peu vieille, fort riche, très respectable ; elle sera un peu ennuyeuse faute de jeunesse. Je lui ai dit que sa définition me faisait envie. Il est plus rassuré que moi sur l'intervention des Unionistes. Je l'ai quitté en prenant rendez-vous pour mon chef demain avant le *drawing room*.

Londres, 21 mars 1874.

C'est bien vide une journée dans laquelle on n'a rien de mieux à faire que des visites, et quand l'Éternel vous dira : Qu'avez-vous fait ? et qu'on n'aura à répondre que : Des visites !

M. Gladstone sortait de chez la baroness de Rothschild quand j'y suis venu. Il se plaint de l'ingratitude des Irlandais, et il n'a pas tort, ou, du moins, il a eu le tort de compter sur de pareilles gens. Il attend le juge-ment de l'histoire, mais il exaspère ses partisans en ne leur disant pas ce qu'il veut faire. C'est comme quand il était au pouvoir. Restera-t-il après Pâques? Une dame qui était là a eu l'indiscrétion spirituelle de le lui demander. Il a répondu par un de ces mots vagues dont il a le secret. A peine était-il sorti que Disraëli est arrivé, toujours comme le spectre de Macbeth. J'ai eu l'avantage de le rencontrer. Il ne me reconnait ni en uniforme ni en bourgeois. Il s'est efforcé d'être aimable quand on m'a nommé et m'a parlé en bons termes de mon chef que je lui avais présenté hier. Crois-tu qu'un premier ministre aurait tant de loisir chez nous?

J'ai encore vu lord Sydney, le Chamberlain sortant, — nous sommes amis intimes maintenant, — lord Lennox et Beust, toujours chez la baroness. Comme elle m'of-frait un gâteau, elle s'arrête, n'osant l'appeler par son nom : c'était un Bismarck; de là des mots avec Beust que c'était un feu d'artifice... « Mangez-en donc! — Mais non, vous savez que je ne suis pas pour la revanche. — Ne craignez pas de l'entamer; il l'est déjà. Voyez donc sa couleur, il a mauvais teint, etc. » Comme tu penses, ce n'était pas moi qui tirais sur le Bismarck-pudding.

Londres, 26 mars 1874.

Dîner hier chez le marquis de Salisbury (1). Vaste hôtel à moitié en construction ; par de longs vestibules, on parvient aux appartements, intimes sans doute. Le dîner l'était, en effet. Lord Salisbury, physionomie bienveillante, regard très doux, ensemble fort modeste, me rappelant, par sa grande taille et sa forte tête penchée sous le poids du cerveau, le pauvre Verdet. Voilà ce fougueux et ironique orateur ! Il me plaît à première vue. Nous avons eu la conversation la plus intéressante sur les institutions anglaises. Chose étrange pour un homme de cette condition et de ce talent, il laisse son interlocuteur placer son mot. J'ai profité de la permission pour lui faire une comparaison de l'Angleterre avec ses divisions sociales et hiérarchiques, à un navire réparti en compartiments étanches. Nous avons passé à l'Inde, et il m'a fort bien expliqué l'exportation du blé pendant la famine. La marquise n'est pas jeune, elle paraît intelligente, fort bienveillante aussi, fort torye, pas trop rassurée sur l'avenir depuis le quinquennat conservateur. J'ai causé longuement avec lord Carnarvon (2) : nous avons disserté sur les *trade unions* que j'ai attaquées un peu vivement et

(1) R. A. Talbot Gascoigne Cecil, d'abord viscount Cranborn, né en 1830, marié en 1850 à la fille aînée de sir Anderson, troisième marquis de Salisbury en 1868. Il faisait partie du nouveau cabinet.

(2) Quatrième comte Carnarvon, secrétaire d'État pour les colonies.

qu'il n'a guère défendues. Avec lord Eustache Cecil (1),
secrétaire pour la guerre, nous avons parlé de l'armée
anglaise ; il prétend avoir soixante mille hommes disponibles ; je ne crois pas même à trente mille ; il n'y
avait à Coomassie que mille blancs tout au plus, etc.
Les deux fillettes de la maison : c'est toujours la tête
et les attributs de l'intelligence qui dominent. Je comprends pourquoi on dit qu'il n'y a que des hommes
dans cette famille.

Londres, 29 mars 1874.

Il y avait, hier, chez le duc de Bedford, lord Cardwell (2), qui tenait la première place, et M. Gladstone
qui ne venait qu'après son compère. C'était un peu
froid. J'avais pour voisin Frédéric Peel (3), le *whip*
des libéraux ; il m'a expliqué l'organisation de son
staff (4). Tout un personnel prêt à sauter en *hansom*
au premier signal. Chaque membre est tenu, quand il
sort de chez lui, de dire où on pourra le trouver. Si
une discussion s'engage ou une division s'annonce
qu'on n'avait pas prévue, les sonnettes du Parlement et
les télégrammes dans les clubs ne suffisent pas ; on
court après les suspects et on les ramène. La discipline est très sévère ! Après dîner, j'ai entrepris
Gladstone. Il part demain pour trois mois et après-

(1) Fils du deuxième marquis de Salisbury.
(2) Ministre de la guerre jusqu'en 1874, créé alors vicomte
Cardwell.
(3) Honorable Frédéric Peel, maintenant président de la Chambre
des communes.
(4) État-major.

demain il reprend la plume ; il a un travail tout
prêt sur Homère, la Troade, etc. Il est probable que
cela ne vaudra pas mieux que ce qu'il a déjà écrit. Il
loue sa maison à Londres. Cette retraite a sa dignité.
Que ne suis-je un croque-notes, un préparateur de
mémoires ! Ces conversations avec les personnages
historiques de l'Angleterre seraient sans prix. Il m'a
dit que la session se passerait sans discussion et que
tout irait ainsi tant que l'Angleterre ne demanderait
rien de plus. On avait parlé auparavant du mouvement
des ouvriers de la campagne. Le duc de Bedford me
paraissait goûter médiocrement les considérations
vagues de son ancien ministre, qui n'est pas propriétaire et aspire à redevenir *the people's William*. Ce
qui me frappe, dans cet homme d'État déchu, c'est
combien il est sensible à ce qu'il appelle l'ingratitude
populaire. Il me semble, quant à moi, que, si j'avais
fait autant de réformes que Gladstone, la reconnaissance du public est la dernière chose à laquelle je
penserais.

Londres, 31 mars 1874.

Départ à dix heures pour Windsor. La Reine passe
en revue les troupes, retour de la guerre des Ashan-
tees. Entrée à une heure sur le gazon royal avec notre
poste à la Daumont et les classiques chapeaux gris
des postillons. L'armée c'est 1,200 hommes. Il n'en
faut pas plus pour aller brûler une ville de bambous
sous l'équateur. Le grand mérite c'est d'avoir compté
si juste le nombre d'Anglais nécessaire, de les avoir

approvisionnés, menés et ramenés à jour et heure dits, après les fièvres et avant les pluies. Ce sont peut-être les commissaires, qui venaient les derniers, qu'on aurait dû le plus applaudir. Les Lords et les Communes attendaient dans leurs tribunes ; nous, sur le haut de notre voiture ; le populaire, où il pouvait. Enfin, la reine a paru avec ses chevaux roses, ses magnifiques Horse-Guards et Brown : tout cela est classique, sauf peut-être le Highlander sur le siège.

Les troupes paraissent sortir de leurs *barracks ;* pas le plus petit Ashantee à la suite, pas l'ombre d'un parasol. On n'a pas ménagé la récompense à sir Garnett-Wolseley : baronnet, général, quartier-maître sous les ordres du duc de Cambridge, 1,500 livres sterling de revenu, ordre de Saint-Michel, K. C. B., vote de reconnaissance des deux Chambres avec discours à l'envi de Disraëli et de Gladstone. Comment tous les colonels essaimés dans la *Greater Britannia* n'engagent-ils pas, quand même, de semblables et aussi productives expéditions ?

Tout s'est passé avec une lente régularité. Des *cheerings* furieux éclataient quand la reine ou les troupes venaient à portée du public ou des Chambres. La partie humoristique était réservée à la chèvre donnée par la reine au régiment dont c'est l'insigne. La chèvre de service était morte pendant la campagne et la nouvelle venue n'avait pas encore appris la discipline militaire ; il fallait la traîner ou la porter.

Londres, 11 avril 1874.

Le duc de Bisaccia me prie de prendre la présidence du banquet (1). Soit ! Je n'ai plus qu'une douzaine de jours pour préparer mes improvisations et chercher qui me répondra. Trouver un mot qui ne soit pas banal pour chacun de mes toasts : la reine, la *royal family,* l'armée, les patrons de l'hôpital, remerciements. Ajoute le maréchal ; ceci est nouveau, mais c'est le drapeau. Enfin, c'est comme le voyage de Chine, on est bien aise quand on l'a fait.

Lord Derby a bien plus de mouvement et d'esprit dans la conversation qu'on ne me l'avait dit. Comme je plaidais la cause de nos auteurs dramatiques : « Mais si vous retirez aux auteurs anglais le théâtre français, que leur restera-t-il ? » C'était assez joli et encourageant.

Londres, 17 avril 1874.

Funérailles de Livingstone à Westminster. Beau spectacle que ce corps rapporté du fond de l'Afrique par les natifs qui accompagnaient Livingstone ! Mais est-ce bien son corps ? L'embaumement devait laisser à désirer. Heureusement, ayant eu autrefois affaire avec un lion, il avait eu l'épaule démise par un coup de croc, et, en la remettant lui-même, il se l'était remise d'une manière si bizarre qu'on l'a reconnu à cette excentricité.

(1) Banquet des OEuvres de charité françaises.

Il y avait aux funérailles un négrillon qui a enterré les entrailles du grand voyageur sous un arbre avec inscription sur l'arbre et prières de la liturgie anglicane. Le reste va reposer sous le pavé de Westminster, devant le monument de Pitt.

Le printemps vient d'éclater ce matin ; les feuilles se pressent de rattraper le temps perdu. Il ferait bon être assis quelque part près d'un bois, avec accompagnement de loriots et autres chanteurs de la saison. Je n'accepte la ville que par un temps affreux.

Londres, 23 avril 1874.

Hier soir, grand rassemblement au *Foreign Office*. Grand effet d'escalier. Tout le succès est pour notre ambassadrice et ses diamants. J'avais à propos propagé la nouvelle de notre prochain bal. On a déjà l'agrément du prince de Galles. Lady Derby est bien simple, bien aimable, lady Granville est toujours belle, mais la conversation ne va pas au delà d'une poignée de main. J'ai promené la petite Juive de lady Waldegrave. Elle l'avait envoyée dans le monde, sans doute avec un valet de pied. Puis j'ai découvert que je n'avais mis aucune décoration. Impardonnable ! Mais que veux-tu, un orateur (1) ! N'oublie pas que je ne cesse de grommeler mes discours et que, dans ma maison, on doit me tenir pour fou ou ventriloque.

Je suis un peu gêné de mon dîner de dimanche chez Dilke. Pourvu que je n'y trouve pas Rochefort !

(1) Allusion aux discours que M. Gavard devait prononcer au banquet des OEuvres de charité françaises.

Londres, 28 avril 1874.

Succès complet (1) ! Il y avait cent quatre-vingts convives, et tous ont été contents. Je crois la recette très belle. Personne n'a manqué.

C'est vers neuf heures que l'action s'est engagée; on s'était mis à table à sept. J'avais tous mes discours écrits en poche, mais je n'ai pas pensé à les en tirer, leur vue m'aurait tenté et troublé. Après que le *toast master* a fait *charger* les verres et annoncé d'une voix retentissante, comme le *tuba mirum,* que le *chairman* allait parler, il a bien fallu se lever au milieu des *cheers* et promener sur l'assemblée un œil plus rassuré que la personne elle-même. Quelques mots pour excuser l'absence du duc, puis le toast à la reine et aux princes. J'ai dit ces banalités avec assez d'aplomb, et le public a été agréablement surpris. Les *cheers* étaient de rigueur, quoi que je pusse dire, et ils n'ont pas manqué. Après les trois hourrahs, nouvelle proclamation du *master* et me revoilà sur mes pieds : « Milords et messieurs. » Cette fois, c'était pour la France et le maréchal. C'était mon toast, celui que j'ai imposé et j'ai bien fait ; il a réellement enlevé la salle. Je l'ai dit avec passion ; j'avais bien calculé mes termes. De tous côtés, mes fidèles m'ont fait des signes cabalistiques pour me dire le succès : « A la France ! Au maréchal président de la République ! Au soldat qui a bien mérité de la patrie sur tous les champs de ba-

(1) Il s'agit toujours du même banquet.

taille ! A l'homme de bien à qui est échu ce rare honneur, au milieu des partis qui malheureusement nous
divisent, de nous réunir tous dans un commun sentiment de respect, de gratitude et de confiance, au
maréchal Mac-Mahon ! » Là-dessus, un petit air de
musique : *la Fille du régiment !* et me revoilà sur
pied : *Army and navy !* Un souvenir à Anson, ce vaillant colonel qui nous avait dit des paroles si cordiales
l'an dernier et qui maintenant est allé demander à
notre beau climat de Provence de lui rendre la santé ;
le compliment lui a été envoyé, séance tenante, par
le télégraphe ; un compliment et une plaisanterie sur
lord Eliot que nous avions travesti, l'an dernier, en
soldat ; une grande politesse pour le général Ady, là
présent ; transition à l'expédition de Coomassie ; grands
applaudissements et, pendant la musique, les amis
accourent me dire toute sorte de choses ; ils étaient
réellement rassurés et satisfaits. Le général Ady a très
sérieusement répondu ; il a parlé de la Crimée autour
de laquelle j'avais tourné tout le temps sans la nommer ; c'est une des difficultés de ma position ; rien qui
puisse déplaire à la Russie. Puis Véron (1) pour la
marine et les flottes anglaises, qui ne combattront
jamais que pour le droit et la civilisation. Triple salve.

J'arrive à mon toast difficile, *l'evening toast :*
d'abord, il est le plus long et j'ai la prétention de sortir de la banalité et de donner des conseils. Mon début
à effet a bien pris : la patrie, les sœurs de Charité, les
leçons de la mère ; allusion au duc de Broglie, puis

(1) Attaché militaire à l'ambassade, actuellement amiral et
sénateur.

revue de nos œuvres de charité, conseils pour l'entente. Il y a eu, un moment, un point d'orgue; comme je passais d'une œuvre à l'autre, je croyais avoir oublié quelque chose et, sentant que je me troublais, au lieu de battre l'eau, je me suis arrêté le temps de me remettre. Arrivé au bout : « Je devrais avoir fini depuis longtemps, mais, si je m'arrêtais sans réclamer un souvenir pour les princes et princesses de la maison d'Orléans, vos murs mêmes parleraient pour m'accuser d'ingratitude... » Cette fin a provoqué des éclats de satisfaction. Ouf! j'ai fini. Voilà Wolowski qui porte ma santé, des compliments à tout casser, notre vieille amitié, puis les Alsaciens-Lorrains, le budget; heureusement, il était affreusement enrhumé, sans quoi nous y serions encore. O surprise! Le *master of the toasts* annonce la réponse du *chairman;* je croyais avoir fini et n'avais aucun papier en poche. J'ai répondu qu'on voyait bien que M. Wolowski était venu dans une pensée de charité et l'avait voulu étendre jusqu'à moi, puis remerciement à l'assemblée. Tu comprends que je ne pouvais me lancer à sa suite sur l'Alsace-Lorraine. Toast avec compliment d'Eliot et encore deux ou trois.

A onze heures, je sautais dans mon brougham et je me faisais conduire chez Salisbury. Le bruit de *mon succès* m'avait précédé; le duc de Bisaccia m'a paru sincèrement satisfait. — Foule. — Pluie de bougies. — Lady Derby me raconte le conflit du dîner entre la comtesse Marie Munster et la baronne Rothschild. Toujours la question des filles d'ambassadeur et des femmes de ministre. Salisbury avait eu l'imprudence d'offrir le bras à la comtesse Munster. La question des ducs et des légitimés a seule soulevé de pareilles colères; il manque un Saint-Simon pour y donner de l'intérêt. J'ai rencontré une de mes jeunes amies, lady Ela Russell : c'est la fille du duc de Bedford. Son père est Bedford, elle est Russell et son frère Tavistock. Retrouvez-vous donc!

Comme Wolowski connaît bien son Angleterre! Il n'est venu passer que cinq ou six jours ici et il a apporté une panoplie de décorations.

Londres, 29 avril 1874.

Hier, dîner chez Dilke. Il y avait heureusement sir L. Malet, qui est tout à fait de mes amis. Comme, à la fin du dîner, on plaisantait la Bible, sa femme a levé la séance. Les singulières gens! Lady Dilke se dit torye, elle est plus âgée que son mari, encore agréable et parfaitement folle. C'est une grande amie de Gambetta qui lui envoie des bouquets de roses; il paraît qu'il est très généreux; c'est sans doute depuis la guerre; admiratrice de Schœlcher et toujours torye; amie de Mme Weldon, mais elle ne veut plus la voir, parce que celle-ci a fini par abuser de la permission de lui demander de l'argent. Il y avait aussi là un entrepreneur de théâtre, à moitié communard, qui disait des inconvenances sur mon ambassade et auquel j'ai été obligé de décliner ma qualité pour le rappeler à l'ordre. Dilke lui-même est, il paraît, un esprit très cultivé et il a du talent. On dit que, dans dix ans (il n'en a que trente), ce sera un des chefs du parti libéral. Tout est possible dans ce drôle de pays.

Londres, 30 avril 1874.

Decazes félicite le duc de Bisaccia du bal qu'il va donner, et il a raison. La situation est changée ici; tout le monde cherche à se faire inviter, et, malgré soi, on finit par croire à l'existence d'un pays quand on sollicite les faveurs de son représentant. Tous les princes viendront au bal; il y aura deux soupers assis dans les régions supérieures de l'hôtel, de manière à diviser les augustes personnages et à ne pas les faire se manger entre eux.

Une remarque que je fais, en roulant dans le monde ici, c'est la grossièreté — le mot n'est pas trop fort quand il s'agit des jeunes gens — des hommes dans les rapports avec les femmes. Le monde est renversé : comme les hommes ont tout, la fortune et les titres, et les femmes rien, ce sont les femmes qui courent après les hommes, et ceux-ci, en prenant tout à fait à leur aise, les traitent comme des êtres inférieurs.

Londres, 7 mai 1874.

Nous sommes absorbés par les préparatifs de notre fête. Le plus grave c'est qu'on dit la duchesse de Cambridge mourante, alors bonsoir les princes. Morier, le ministre d'Angleterre à Munich, me dit que, si elle fait cela, elle prouvera qu'elle ne sait pas vivre. Le mot a déjà pu servir ailleurs. La rage est toujours aux invitations, et, en attendant, les invitations pleuvent sur nous-mêmes, mais gare dessous, quand tout espoir sera perdu. On me demande ce que je ne puis obtenir, on me remercie de ce que je n'ai pas fait. Hier soir, les invitées narguaient celles qui ne l'étaient pas. Un bal, c'est de la haute diplomatie : les chevaux du duc et ses invitations font plus que lui et moi.

Londres, 9 mai 1874.

C'était une féerie : des princes, des fleurs, des livrées, des diamants, des émeraudes, des perles, des duchesses, des lumières, de la musique comme dans les *Mille et une nuits*. Féerie pantagruélique aussi. Quand je voyais les cinq cents personnes monter successivement à l'assaut d'un souper qui a fini par un déjeuner au grand soleil et qui a tenu bon jusqu'à six heures du matin, je croyais voir monter, par l'autre escalier, des troupeaux de bœufs et de cochons qui venaient s'engouffrer dans ces petites bouches anglaises! J'ai lâché la partie à quatre heures. Les oiseaux et les coqs chantaient. On n'entendait que les derniers sons de l'orchestre ; cet air du matin me faisait penser à la campagne.

Le succès a été complet. L'ambassade avait disparu sous les fleurs. Les hottes accrochées sur tous les murs, — brevet d'invention du duc — faisaient merveille, et elles feront le tour des maisons de Londres où l'on ne craindra pas de dépenser des guinées. L'arrivage des princes a commencé, dès onze heures, par le duc d'Édimbourg. On se précipite au bas de l'escalier pour le recevoir. Mon admiration pour mon amie X... m'a fait oublier les princes. Quelles pirouettes, quelle aisance ! elle est née pour accompagner ; c'était un poisson dans l'eau. Même cérémonie pour chacun des princes, y compris le duc de Nemours ; celui-ci charmé et de son dîner (1) et de la fête ; il est resté jusqu'à trois heures et demie, dansant avec les *Royalties*. La duchesse d'Édimbourg, vraiment jolie et *touchante,* comme on dit dans ce pays. Elle était en rouge et la duchesse de Bisaccia en blanc ; c'étaient peut-être les plus belles personnes. Beaucoup de monde, mais il n'en aurait pas fallu moins ; toutes les duchesses disponibles avec leurs diamants. Le collier Buccleugh m'a fait découvrir cette bonne vieille dame que j'avais oubliée. Que faisais-je au milieu de toutes ces beautés ou royautés ? Je me rendais utile autant que je pouvais. J'ai d'abord soigné lady Derby ; puis j'ai promené sa fille, la comtesse Galloway, une très agréable personne qui a dû remarquer que je la trouvais charmante ; ensuite, la duchesse de Bedford, et ses filles sur lesquelles je veillais pendant que la mère soupait.

A une heure, souper de quarante-huit couverts à l'étage au-dessus. Grande difficulté pour y amener les personnes choisies et écarter les autres. Il y a eu des grincements de dents, mais tout le monde a fini par être servi. La belle Castalia (2), toujours simple et bonne enfant, riait des *mistake* de mes invitations successives et de la satisfaction que mes erreurs avaient causée à son mari ; nous avions eu toute une corres-

(1) Il avait dîné l'avant-veille à l'ambassade.
(2) Lady Granville.

pondance qui avait donné à Granville le plaisir de
décocher des petits billets drôles. Lord Vernon et sa
fille, mon ami Wood (1) et lady Agnès, puis Mme Holford et Eveline ; je me suis occupé tout le temps de cette
jeune fille si candide et si naïvement contente. Lady
Rosamund Churchill, le nez au vent, bien gracieuse
et contente de plaire à tout le monde, plus aimable
que sa mère, la duchesse de Marlborough. Lady Barington que j'ai retrouvée, personne distinguée et qui
a dû être bien jolie. Puis les beautés, miss Gérard,
Mme Murietta, incendiée de la nuit d'avant, tout
perdu, excepté la robe qu'elle portait ; cela ne l'a pas
empêchée de danser vaillamment jusqu'après l'alouette.
Et je viens à l'instant d'apercevoir toutes ces belles
dames réparant au petit galop ces fatigues de la nuit (2).

Londres, 14 mai 1874.

L'empereur de Russie n'est arrivé qu'hier soir par
suite d'un retard peut-être volontaire. On dit qu'il
n'aime pas beaucoup aller là où il est trop attendu.
Demain, nous ne savons pas encore si le *people* fait
partie du corps diplomatique reçu par le tsar ; puis
faudra-t-il mettre *breeches* (culottes) au bal à Stafford-
House? Voilà nos préoccupations. Il est vraiment singulier de changer tant de fois de culottes pendant que,
chez nous, on change peut-être de gouvernement et
qu'on est exposé à en représenter un qui n'en portera
pas du tout.

(1) Maintenant lord Halifax.
(2) Promenade du matin à Rotten-row.

Londres, 16 mai 1874.

Une journée à sensation. A midi, départ à quatre lanternes pour Buckingham-Palace. Le corps diplomatique se range en colonne, sentant les coudes à gauche, chaque chef de mission en tête de son bataillon. Après quelque attente, l'empereur (1) entre tout raide, suivi de Brunnow, qui arrive comme il peut. S'il pouvait encore vieillir, il aurait vieilli de dix ans depuis hier.

Belle contenance : gracieusetés pour Musurus ; froideur marquée pour le comte de Beust ; amitiés et poignées de main pour le comte Munster, en famille avec l'ambassade d'Allemagne, reconnaissant chaque secrétaire ; bienveillance seulement pour notre ambassadeur, explications à demi-voix sur une visite nécessaire à Chislehurst, paroles gracieuses pour le maréchal, puis, en s'éloignant, mais, cette fois, de manière à être entendu de tous : « *Surtout dites-lui que je suis pour l'ordre.* » C'était trop souligné et, bien que le duc fût, autant et plus qu'un autre, pour l'ordre, il a été un peu offusqué de cette parole qui ne manquera pas de retentissement en Europe. J'ai remarqué, dans la suite de cette revue, la dureté de l'empereur pour le pauvre Brunnow. Il est vrai que celui-ci l'a laissé s'échouer plus que de raison, dans son voyage autour du corps diplomatique, devant le représentant du Nicaragua qui jouit d'une assez pauvre réputation. Passant par-

(1) Alexandre II.

dessus son ambassadeur, l'empereur ne s'adressait
pour ses renseignements qu'au comte Schouvaloff, qui
le suivait.

EXTRAITS DES NOTES

Ma mère et ma sœur m'ayant rejoint, les lettres me
manquent pour parler des dernières fêtes de l'ambassade, notamment d'un bal improvisé à Ascott, au lieu et
place du prince de Galles. Du jour au lendemain, on fit
venir en poste fleurs, luminaires, musiciens, vale-
taille, souper et même un plancher pour la salle de bal.
On ne parla pas moins, dans le moment, d'une certaine
réception des volontaires, retour du Havre, auxquels
l'ambassadeur consentit à distribuer des médailles au
milieu de flots de vin de Champagne. Ils étaient tous
accourus avec armes et femmes. A partir de ce moment, le duc ne put plus sortir de l'ambassade qu'au
milieu d'une foule qui s'assemblait autour des voitures
pour attendre sa sortie... Généreux, loyal, plus que
loyal, chevaleresque, plus que chevaleresque, le duc
de Bisaccia, à mon grand regret, voulut accompagner
la duchesse pour le Grand-Prix de Paris. Il partit
ambassadeur et revint sans ambassade.

Le comte de Jarnac fut nommé à la place du duc de
Bisaccia. Sous la monarchie de Juillet, en qualité de
premier secrétaire et de chargé d'affaires, il avait eu
déjà, à Londres, un rôle diplomatique important. Sa

nomination me faisait passer d'un rôle actif à celui de cinquième roue de carrosse. Je connaissais tous les inconvénients et les dangers de cette situation ; je n'avais cependant pas hésité à opiner pour le choix du comte de Jarnac ; je m'étais fait un devoir d'écrire ou de parler dans ce sens au ministère, chaque fois que la succession s'était ouverte depuis mon arrivée en Angleterre. C'était, tout au moins pour le service public, le choix le plus heureux qu'on pût faire. Le comte de Jarnac, à vrai dire, était né diplomate ; on ne lui connaît pas, dans sa vie, d'autre maîtresse que sa carrière. Il s'est marié, il a recueilli par succession la charge d'une terre considérable en Irlande, il a eu des succès littéraires ; il n'a jamais été que diplomate.

Je comptais tout d'abord sur mes absences pour ménager les difficultés de ma position. Je ramenai ma mère et ma sœur en France, le 3 septembre 1874. De retour à Londres, le 15 novembre, je vins encore passer à Paris le mois de février 1875. Je n'ai donc séjourné à Londres que trois mois au plus avec le comte de Jarnac. S'ils ne furent pas absolument sans nuage, ma loyauté, d'une part, la grande bienveillance de mon chef, de l'autre, et aussi son intelligence supérieure, les dissipèrent aussi vite qu'ils s'étaient formés.

M. de Jarnac portait un peu de susceptibilité et d'inquiétude dans ses relations officielles. Je voyais poindre quelque tension dans ses rapports avec lord Derby, et son imagination lui en créait dans ses rapports avec le ministère français. Dans quelle inquiétude je l'ai vu pour avoir osé marquer, dans sa correspondance particulière, une nuance entre ses appréciations et celles du duc Decazes sur la nature des relations à entretenir avec le cabinet de M. Disraëli! Il avait entrepris de renouer l'alliance intime. Dans ses procédés, dans ses illusions, il y avait peut-être un peu trop de réminiscence du passé; il y avait bien aussi un peu de suranné dans le tour de ses dépêches officielles, dans l'importance qu'il attachait à toutes choses, mais il faut dire qu'il considérait la dépêche officielle comme un mal nécessaire; il me reprochait amicalement de tout dire dans la mienne; il prétendait qu'on devait se tenir assuré que tout mot dangereux à répéter arrivait par dépêche, comme par la voie la plus sûre, à l'oreille qui ne devait pas l'entendre. Aussi, à force de se méfier de la correspondance officielle, n'y mettait-il guère que des rogatons ou des théories générales qui ne se comprenaient plus guère; il prenait sa revanche dans sa correspondance particulière, d'une activité, d'une exactitude sans égales. Le courage, celui qui consiste à contredire un ministre, n'y manquait pas. Avec ses formes doucereuses, M. de Jarnac savait, quand sa conscience parlait, résister même aux princes auxquels il avait dévoué sa vie. Personne ne ménageait plus que lui l'opinion constituée en autorité, mais il y avait un abîme entre ses ménagements et la complaisance. Sous l'aménité des formes, c'était un caractère, capable, au besoin, d'emportement. Je me souviens de l'avoir vu, dans les derniers jours de sa vie, aux prises avec un article des *Débats,* dans lequel John Lemoinne disait spirituellement tout juste ce qu'il fallait pour nous aliéner les dispositions du gouvernement anglais. Dans sa légitime colère, il s'oublia complètement; il criait, il trépignait; encore un peu, il eût exécuté sur ma personne cet incorrigible goguenard.

EXTRAITS DES LETTRES

Londres, 9 octobre 1874.

J'ai rencontré le comte Schouvaloff (1) au thé de la comtesse. Il m'a l'air surtout préoccupé de s'émanciper de toute complaisance pour l'Allemagne et les Allemands. Il est assez brusquement tombé sur Bismarck, à propos de d'Arnim; il ne croit pas aux pièces détournées, c'est purement une vengeance et un coup, — j'allais dire : de Jarnac, — pour le détruire dans l'opinion de l'empereur et se débarrasser d'un successeur possible. Il a ensuite critiqué ses collègues de Prusse à Londres, passés et présents. Ne sachant si je n'avais pas affaire à un agent provocateur, je me suis mis à dire du bien de Munster. Ce n'est donc pas un diplomate de l'école de Brunnow. Il fait, du reste, galamment les honneurs de son prédécesseur.

Aujourd'hui, rien qu'une visite à la bonne Georgina (2). Elle m'a dit que c'est la conversion du marquis de Ripon au catholicisme qui a rendu Gladstone

(1) Il venait d'être nommé ambassadeur de Russie. Mort en 1889.
(2) Lady G. Fullerton

enragé et lui a fait écrire son pamphlet où il jette l'injure à la face des catholiques, en s'aliénant tous les défenseurs de l'Église établie. Il a l'air d'avoir juré de se brouiller avec tout son parti.

Londres, 26 octobre 1874.

Ce matin, comme je partais pour la messe, arrive Guillaume Guizot. Il venait m'emprunter une chemise, ayant, cette nuit, perdu son bagage en route. Il a déjeuné chez Jarnac, et nous avons passé une bonne partie de la journée à causer uniquement de son père. Il serait à désirer que tous les fils sussent garder ainsi la mémoire de leur père.

Je croyais entendre M. Guizot lui-même quand son fils me répétait ses discours... Il m'a raconté les derniers moments de son père. Celui-ci dormait beaucoup et se plaignait de son sommeil. « Je m'endors, disait-il, je lutte en vain contre le sommeil éternel, mais je ne souffre pas ! » Quand il n'a plus pu lire, il se souvenait et récitait des vers qu'il trouvait dans le répertoire inépuisable de sa mémoire ; mais, quand une suite venait à lui manquer, il s'inquiétait, répétant le dernier vers indéfiniment ; pour le tirer de peine, il fallait retrouver le fil, et on appelait Guillaume Guizot qui continuait immédiatement. La veille de sa mort, il s'était arrêté sur un vers dont je ne suis pas sûr, quelque chose comme ceci :

> Il avait le cœur grand, l'esprit beau...
> Le roi...

et impossible de passer outre. On appelle Guillaume

qui finit par reconnaître la fin d'une pièce de vers adressée par Molière à un père qui a perdu son fils (1). Le malade rattachait ce vers à une tirade de Corneille, dans *Nicomède,* où la même pensée se retrouve. Elle se termine par ces mots :

> Attale a le cœur grand, l'esprit grand, l'âme grande,
> Et toutes les grandeurs dont se fait un grand roi.

Dès que Guillaume a pu débrouiller ces deux souvenirs confondus, son père a continué tranquillement son rôle de Nicomède. C'était la pièce favorite de M. Guizot qu'il déclamait volontiers à ses enfants. Quant aux vers de Molière, Guillaume les avait révélés à son père, et voici comment. Il montait en chaire à la Sorbonne pour faire une leçon sur les *Fourberies de Scapin*, quand il a appris la mort du duc de Broglie. Il l'a annoncée, terminant par la citation des vers de Molière et disant : « Voilà des vers qui s'appliquent aussi bien au duc de Broglie qu'à La Mothe Le Vayer » ; puis il est rentré dans sa leçon. M. Guizot s'est endormi sans qu'on s'en aperçût. C'est bien le soir d'un beau jour.

Nous avons parlé de son Histoire de France qu'il a commencée à quatre-vingt-trois ans. Trois volumes sont publiés. Il laisse à sa fille Henriette (2) les notes qui complètent le quatrième volume et conduisent jusqu'en 1789. Ce volume paraîtra bientôt. Henriette, c'est toute la famille. « Je ne puis rien faire ni décider

(1) A La Mothe Le Vayer :

> Il avait le cœur grand, l'esprit beau, l'âme belle,
> Et ce sont des sujets à toujours le pleurer.

(2) Fille aînée de M. Guizot, Mme Conrad de Witt.

sans son aveu, disait Guillaume ; c'est le fils aîné, je ne suis que le cadet. »

Je regrette de ne pouvoir vous répéter tout ce qu'il m'a dit encore, entre autres choses, un discours improvisé à Nîmes, par son père, dans une assemblée populaire, en réponse à un vieillard qui venait de lui rappeler les actes de charité de sa mère à Nîmes. C'est un chef-d'œuvre pour le tact, la mesure, la profonde émotion. Nous avons ensuite passé en revue vingt discours, Guillaume récitant dès qu'à travers la confusion de mes souvenirs j'avais pu lui donner une indication.

Il vient ici employer quinze jours à des recherches au British Museum. Je vais le faire inviter à l'Atheneum ; tu comprends que je ne m'ennuierai pas avec ce prodigieux dictionnaire.

J'ai fini ma journée avec les Jarnac, à Gunnersbury, chez les Rothschild. On y arrive bien, il est vrai, à travers les maisons, mais, chez eux, c'est la campagne. Leur parc suffit au paysage ; il est sans fin ; des eaux, des prairies, de grands troupeaux, de vieux arbres, des serres. Nous parcourions toutes ces merveilles à la suite du baron sur son poney. Il ne peut plus marcher, mais il se tient en équilibre. Cette promenade lui fait grand bien ; il ne se l'accorde que le samedi et le dimanche. Le reste de la semaine, il est à la Cité, à cause des affaires. Tout cela est trop beau, tout cela attache trop à la vie ; mieux vaut la chambre garnie d'où je vous écris ce soir. Soit dit en passant, mes voisins de l'église d'en face sont terriblement ritualistes ; ils font une musique superbe qui m'arrive à travers la rue et les fenêtres fermées.

Londres, 28 octobre 1874.

Un très curieux entretien avec Schouvaloff. Un de ses secrétaires m'avait encouragé à l'aller voir un matin. Conversation très libre; expressions très crues. M. Thiers arrivant à Saint-Pétersbourg : « Je suis honteux de représenter la République; c'est le plus grand sacrifice que j'aie pu faire à mon patriotisme, moi le représentant par excellence de la royauté constitutionnelle. » Puis, Schouvaloff vient au duc de Broglie : « C'est le seul homme d'État que vous ayez; il a toute mon admiration; il n'y a que lui qui ait fait tête à la démagogie, etc. » Il m'a ensuite dit qu'il venait de recevoir la carte d'un « monsieur, moitié maréchal, moitié forçat, M. Bazaine ». Puis explications sur l'impératrice Eugénie qui s'est jetée à la tête de la tsarine; force de lui rendre sa visite, etc. M. de Jarnac m'a prié de mettre en dépêche mon entretien.

Londres, 2 novembre 1874.

Le diner avec Schouvaloff a été plein d'intérêt. C'est un causeur, voire même un conteur, homme d'esprit, agréable et séduisant. Est-ce une forte tête? Cela ne peut pas se savoir après une première rencontre.

Il nous a d'abord fort divertis à ses dépens, en nous racontant comment il s'est laissé voler 500 livres sterling à son arrivée à Londres. Il rencontre, dans le coupé qu'il avait retenu à Paris, un diplomate allemand; la connaissance se fait, c'est le premier secrétaire de l'ambassade d'Allemagne à Madrid qui revient avec des dépêches, baron de... Il vient en Angleterre voir sa sœur. Il lui donne les renseignements les plus curieux et les plus précis sur l'Espagne, puis, enfin, sur Bismarck et d'Arnim; c'est à crier : la ressemblance est parfaite. Il n'y a qu'un intime de Bismarck qui en puisse dire autant. Chemin faisant, au bateau, à la station, on le connaît et on lui serre la main. Le comte reçoit sa visite à Londres. Il est autorisé par Bismarck à le mettre sur la voie d'une grande fabrication de faux billets de la banque russe. On peut se procurer le tout moyennant 500 livres sterling, pas de risques, on ne paye qu'après; pour cela, il suffit de les déposer chez un banquier qui ne lâchera que sur signature du comte. Comme le baron, premier secrétaire, est sur le point de partir, il emporte le chèque... et il part bien réellement comme il l'a dit. Tu comprends qu'il est un peu gênant, pour un ancien directeur de la police russe, d'avoir été joué de la sorte. Il a été vraiment naïf, et il trahit ainsi, malgré la liberté de son langage, l'effet que produit sur lui le nom de Bismarck employé à propos. Le piquant c'est qu'il est probable que c'est un agent de Bismarck qui, sur son ordre, lui aura donné cette leçon de modestie.

C'est pendant le dîner qu'il nous contait cette mésaventure avec beaucoup de bonne grâce. Après, je suis allé le trouver et je lui ai dit : « Il n'y a qu'un homme qui puisse jouer cette comédie et il demeure à Clapham. — C'est précisément le nom de la station », reprend le comte Schouvaloff. Je suis, pour ma part, convaincu que c'est un des agents de la compagnie de faussaires internationaux exerçant depuis bien des années, qui a mystifié l'empereur, M. Thiers, et qui nous a fait des offres. Leurs fabrications étaient tellement parfaites et dénotaient une telle connaissance des choses, qu'elles donnaient à supposer que les renseignements pour amorcer les poissons venaient de Berlin. « Je vais mettre la police sur la piste », réplique le comte. Je ne sais pas si, réflexion faite, il n'aura pas peur qu'on finisse par découvrir le voleur.

Il nous a ensuite raconté son voyage dans le Caucase avec l'empereur. Voyage de nuit, éclairage à giorno. Sur un parcours de vingt lieues, on avait allumé les forêts à droite et à gauche de la route. Il en restait au narrateur comme le souvenir d'un cauchemar. Cela se comprend ; puis des descriptions de l'escorte de trois cents cavaliers se précipitant à fond de train sur tous les chemins et enlevant, au passage, les plus belles femmes du pays qu'ils jetaient en travers sur leur selle et rejetaient par terre sans plus de cérémonie, quand ils étaient fatigués, pour recommencer ensuite ce jeu de bague pendant toute la route, etc., etc. Il dit que c'est une folie d'avoir tant dépensé d'hommes et d'argent pour conquérir un pays qui ne rapporte rien. Il se trompe : avant cinquante ans, quand la Suisse sera tout à fait usée, on ira voir les Circassiens jouer aux bagues avec les femmes. Il paraît qu'il y a, en outre, des glaciers tant qu'on en veut.

Après dîner, nous avons eu une conversation plus sérieuse. Il dit que l'Allemagne est moins forte qu'avant la guerre et que son unité est à la merci de la Russie. Il part de ce raisonnement qu'il lui faut immobiliser au moins 400,000 hommes pour contenir l'Alsace et la France. C'est vrai. Mais il est à craindre que l'Allemagne ne soit tentée de nous achever pour nous empêcher d'être en état de lui immobiliser 400,000 hommes autour de Metz.

Je me souviens encore d'une bien bonne description d'un conseil municipal prussien. On se réunit dans une circonstance officielle. Le maire ou syndic aligne son monde. « N° 2, rentrez votre ventre ! N° 5, avancez! » Enfin, quand on est bien aligné, le bras le long de la couture de la culotte, le conseil municipal se met au pas et on va délibérer.

Londres, 8 novembre 1874.

Je me suis fait expliquer, par la fille de ma propriétaire, la différence entre l'église d'en face et celle où elle va dans Piccadilly. On chante dans les deux ; il y a des vêtements sacerdotaux dans les deux ; mais, en face, le prêtre se tourne vers l'autel pendant la consécration et là-bas vers le public. Elle n'a pu me dire le pourquoi ! « En face, on fait le signe de la croix et on cache un chapelet sous son vêtement ; ensuite, on dit tous ses secrets à de jeunes *clergymen* qui cherchent à s'introduire dans les familles ; c'est horrible ! Si c'étaient des prêtres comme les vôtres, cela ne me scandaliserait pas. » Il y a du vrai dans la réflexion de cette pauvrette.

En fait, les ritualistes se tournent vers l'autel, parce qu'ils croient qu'il se passe quelque chose sur l'autel et non pas seulement dans l'âme des spectateurs ; ils

croient au miracle, au mystère, à l'action divine qui
s'exerce par le sacrement. Ils cherchent à être chré-
tiens. Je reconnais qu'il est beaucoup plus facile, mais
plus dangereux, de croire que tout se passe dans l'âme
des fidèles.

Puisque tu aimes les mots, voici une bonne citation
de Pitt. Ce sont ses dernières paroles en public, à un
banquet du lord-maire. On lui avait porté un toast
comme au sauveur de la patrie. « Ne dites pas qu'un
homme a été le sauveur de l'Angleterre ; elle s'est
sauvée elle-même par ses efforts et elle a sauvé ses voisins par ses exemples. » Et il s'est assis. Pour être
court, il n'en a pas été moins éloquent.

Hatfield-House (1), 21 novembre 1874.

J'arrive, à cinq heures et demie, à *King's cross station*. Je trouve d'abord lord Carnarvon et je l'aide à
expédier pour la Chine une dernière dépêche qui arri-
vera presque en même temps que nous à destination.
A Hatfield, une voiture nous attend à la station et nous
enlève par le même chemin montant, malaisé. Effet de
lune sur le château éclairé à toutes les fenêtres. On
entre par une salle des gardes avec quarante panoplies
en faction, puis un grand hall entouré de livres, une
cheminée avec des arbres qui brûlent. Je me trouve en
pays de connaissances, dans le château d'Élisabeth :
c'est lord Lyons avec Sheffield, c'est lady Stafford
Northcote et sa seconde fille, et, enfin, la marquise et

(1) Résidence du marquis de Salisbury.

sa sœur. On passe dans une galerie qui a bien la longueur de la galerie des Glaces à Versailles.

Le marquis arrive de Londres avec sir Stafford Northcote. Nous montons dans nos chambres : escalier en bois avec des étages qui se compliquent ; on croit qu'on y va rencontrer Jacques Ier. Ce restant du seizième siècle vous amène dans des chambres à petits carreaux, mais avec tout le confortable du dix-neuvième : grand feu, cabinets de toute espèce, y compris, — oui, — celui qu'on a tant de peine à trouver la nuit dans nos bicoques de France ; cela donne envie d'être malade. Toutes mes affaires sont prêtes, je m'habille. Je retrouve heureusement Sheffield sur l'escalier ; sans lui, j'errerais encore dans tous ces *halls*. Pour nous rendre à la salle à manger, nous passons par la tribune d'une chapelle intérieure. Enfin, nous voici à table dans la petite salle à manger ; partout de vieilles boiseries. Excellent dîner. La bande du château nous souffle des airs pendant tout le repas. Au dessert, surviennent deux filles à côté du marquis, deux fils à côté de la marquise. L'un d'eux est lord Cranborne. Quand je pense que ce gamin de douze ans est héritier de ce château et de tant d'autres, le respect commence à me gagner. On finit le dîner et nous voici encore dans d'autres salons ; partout du feu, de la lumière, tant d'espace, tout cela pour une dizaine de personnes. Il faudrait avoir l'esprit mal fait pour ne pas s'attacher à la vie en de pareilles conditions.

Dans un coin de ma chambre, le programme de la journée est affiché. Chapelle à neuf heures. Que feraije ? Déjeuner à dix heures, puis chasse, puis dîner à une heure, puis thé à cinq heures, puis rediner à huit heures! Comment pouvait-on vivre à la chandelle dans ces immensités? On comprend qu'on y vit des revenants.

Après le diner, trop d'espace pour la conversation. On se promène par groupes et on ne se retrouve pas. Les femmes et les enfants finissent par s'attrouper autour de Stafford Northcote, qui ne prêche pas comme au Parlement, mais conte des histoires ou plutôt des dialogues comiques. Je perds tout, ou à peu près, et ne puis suivre.

Hatfield, 21 novembre 1874.

Un dernier beau jour d'automne en plein paysage anglais. J'ai suivi, tout le jour, la chasse à travers les fougères, m'arrêtant en admiration devant les chênes préhistoriques. La fin de l'année a jauni leur chevelure. Le soleil verse de l'or sur les fonds de paysage. J'étais plus à la nature qu'aux faisans. Nous étions partagés en deux bandes marchant l'une contre l'autre; cela s'est terminé par un massacre général. Les trois membres du cabinet y ont pris leur part, le marquis de Salisbury un peu rêveur... Je suivais Sheffield, qui est de première force, cela me suffisait. Je n'éprouve aucun besoin de verser le sang, même des bêtes.

On avait commencé la journée par la prière à la chapelle, les hôtes dans la galerie du premier, la famille et la maison en bas; le chapelain a dit les prières; on a chanté un psaume, l'orgue accompagnait. A dix heures, on se réunit pour déjeuner. J'étais près de

Lyons, toujours bienveillant. Quelques voisins sont arrivés bottés pour la chasse. Il n'y a pas eu place pour grande causerie dans la journée.

A notre retour, le château se dessinait en noir sur un ciel parfaitement pur; c'était bien grand. Je n'essaye pas de te rien décrire, c'est trop compliqué. Chemin faisant, nous avions rencontré le chicot de chêne d'Élisabeth, dûment mastiqué et encadré. C'est sous ce chêne qu'on lui a appris que la mort de sa très chère sœur la faisait reine. Nous étions trois, dont un des premiers pairs d'Angleterre, et nous nous sommes ou plutôt j'ai demandé qui de nous serait roi. J'ai conclu que c'était encore moi qui avais le plus de chances. C'est ce qui fait la différence entre cet heureux pays et notre malheureux sol révolutionnaire.

Hatfield, 22 novembre 1874.

Superbe gelée blanche, beaucoup de ciel et d'espace devant ma fenêtre. Hier soir, les Jarnac sont arrivés.

On dîne dans la grande salle à manger avec tribune au premier étage. J'avais pour voisin un tout jeune homme à qui j'ai demandé s'il était à une université : c'est un membre du Parlement, très jeune de fait et ne cherchant pas à farder son âge, neveu du marquis, M. Balfour (1), je crois. A la fin du dîner, lord Cranborne est venu s'asseoir entre nous. Je l'ai retenu au *pass wine* et il y a fait honneur. « Moi, m'a-t-il dit, je

(1) The R. H^ble A. J. Balfour, premier lord de la Trésorerie sous le dernier ministère et actuellement leader du parti conservateur à la Chambre des communes.

serai ambassadeur, mon frère sera général, l'autre, amiral, le dernier, évêque. » Après dîner, j'ai causé avec la jeune mathématicienne : cette enfant, avec son franc regard et sa vive intelligence, me plaît beaucoup. Stafford Northcote a recommencé ses dialogues du Devonshire; c'est trop long; puis il a fait des tours de cartes. Je n'ai pas recueilli grande conversation à *greviller* (1), comme dit la marquise de Salisbury.

J'ai fait, ce matin, une bien belle promenade à travers la gelée blanche; fougères et branches sont frappées à blanc; du soleil par-dessus. Nous avons trouvé tout le monde à table au retour pour le premier déjeuner, ensuite office. Il est une heure, on va se remettre à table. Je suis déjà hors de combat pour avoir avalé, ce matin, un bout d'aile de faisan. Surtout ne recopies pas mes lettres. Il n'y a rien qui vaille.

(1) Allusion aux Mémoires de Greville.

ANNÉE 1875

Woburn-Abbey (1), 3 janvier 1875.

Erreur de croire que les richesses du clergé font sa force, c'est le contraire. Quand il est riche, il devient une proie à dévorer et, pour trouver prétexte à le dévorer, on change un mot à son *credo* et on l'oblige à choisir entre sa foi et ses biens, ou même, sans lui laisser le choix, on le dépouille et on le pend à un arbre de son parc, comme c'est arrivé au dernier abbé de Woburn. On me montre, au passage, « l'arbre de l'abbé ». Si l'on m'avait dit qu'il se balançait encore au bout de la branche, je l'aurais cru, tant j'avais l'imagination frappée par ce vaste domaine, ces allées séculaires que je traversais pour la première fois au clair de lune. Rien ne m'a paru changé au cloître avec sa cour quadrangulaire et la galerie tout autour. L'immense bâtiment est partagé en vastes cellules. J'en

---

(1) Résidence du duc de Bedford. Henri VIII a nommé Russell baron en 1538 et lui a donné l'abbaye de Tavistock. Édouard VI l'a créé comte de Bedford en 1550 et lui a donné Woburn. Le duché date de 1694.

habite une avec un lit à baldaquin. Y en avait-il déjà,
il y a trois cents ans, quand des moines priaient et
étudiaient ici, quand ils venaient y chercher le ciel?
Cette même cloche qui m'annonce le dîner les appelait
à matines et à laudes. Méfiez-vous un peu de mes premières impressions avec la lune pour m'éclairer; il
n'en restera peut être rien demain matin.

Woburn-Abbey, 4 janvier 1875.

J'avais décidément un peu trop d'imagination hier
soir. Il ne reste rien de l'ancienne abbaye des Bénédic-
tins. C'est de propos délibéré qu'on a reconstruit ici
un château au fond d'un trou, dans le goût de l'Escu-
rial, tout aussi gai... Singulière idée d'avoir enfoui ce
château-monastère entre des glacis qui l'entourent et
arrivent presque à la hauteur des toits. Les terrasse-
ments sont tout préparés pour en faire un fort à la
Vauban; de la grandeur dans l'ensemble et par l'ensemble, mais sans art. Le château est enveloppé, d'un
côté, par d'immenses communs en demi-cercle, écuries, manèges, jeu de paume, mais ces bâtiments
ferment l'horizon. A l'intérieur, une vaste cour carrée
avec de l'herbe, mais rien qui inspire la gaieté; d'in-
terminables galeries avec portraits enveloppent cette
cour. En résumé, c'est sévère, monotone et triste.

Je suis entré, hier soir, sans m'en douter, par le
premier étage, et, comme nous étions descendus pour
dîner, je croyais que la table était mise dans les
caveaux du couvent; erreur, on dînait dans une salle
à manger du rez-de-chaussée. Le château étant con-

13

struit sur une pente, il y a la différence d'un étage, d'un côté à l'autre. On passe son temps, dans cette immensité, à émigrer de pièce en pièce, de quartier en quartier, pour utiliser un peu l'espace. Le danger est de se perdre dans les corridors glacés, sans fin, qui se ressemblent tous, et de tourner indéfiniment en passant devant la porte qu'on cherche, jusqu'à ce qu'on ait appris à se guider d'après les portraits suspendus au mur de la galerie intérieure. On se tient généralement dans la *library,* au milieu de vieux livres que j'ai beaucoup feuilletés, à la poursuite de l'histoire des Russell. Elle se confond avec l'histoire d'Angleterre depuis Henri VIII. Malheureusement, l'origine de toutes ces admirables fortunes est toujours la même : confiscations de biens d'Églises et donations royales, souvent aussi pendaison du dernier abbé, comme à Woburn.

On dîne, chaque jour, dans une salle à manger différente. Hier, c'était en bas, sous les yeux de dix personnages en pied de Van Dyck. Tenue ordinaire, rien que la vaisselle plate qui éblouit en réfléchissant les lumières du centre de la salle, et le service, ou du moins une infiniment petite partie du service gros bleu de Sèvres, cadeau diplomatique offert au duc de Bedford, à l'occasion du traité de 1763. Après le dîner et le vin, nous remontons de galerie en galerie dans un beau salon d'une hauteur de deux étages avec un magnifique portrait de Reynolds au-dessus de la cheminée ; c'est une marquise de Tavistock. Parmi les Russell, on est Tavistock en attendant la couronne et le nom ducal de Bedford. Comme nous étions en famille, la soirée finit en temps convenable, après quelques conversations et quelques coups de queue de billard dans la galerie voisine.

Il faut se hâter de se lever, le lendemain, pour arriver au déjeuner. Après quelque circumnavigation, je finis par trouver la salle à manger du premier *breakfast*. C'est la salle des vingt-quatre Canaletti peints pour la place. Le soleil était de la partie, car l'hiver semble passé; il se jouait sur le *Canal Grande,* le *Rialto, San Marco* et *tutti quanti*. Il se complaisait à faire valoir les contours arrondis de deux méchants vases de Sèvres, valeur 250,000 francs.

Après déjeuner, je visite, avec le duc, les appartements réservés aux *Royalties;* beaucoup de portraits historiques, trois ou quatre Van Dyck, des Reynolds, des Gainsborough; on ne sort guère de la famille. Voici toute celle d'un précédent duc. En me la montrant, le duc actuel a soin de dire : « Celui-ci était le fils aîné; heureusement il est mort jeune, car c'était un joueur. » Cet « heureusement » est profond dans la bouche d'un héritier. Le duc me repasse à lord Arthur avec qui je visite un peu les dehors. Le parc est taillé dans le grand, prairies sans fin, vieux arbres. Troupeaux de daims, perdreaux, sous le château. La faim et la crainte des renards rapprochent les animaux domestiques des lieux habités. Ici, le renard règne et gouverne. Il mange impunément les petits cygnes, les couvées, les œufs, jusqu'aux oiseaux en cage. On porte plainte au seigneur voisin; rien n'y fait : le larron privilégié ne peut mourir que de la dent de la meute.

Dans une première tournée, ce matin, avec lord Russell, j'ai visité la galerie des sculptures, quelques antiques avec trop de copies et de sculptures anglaises. Dans un coin, un temple pour Fox. Le buste est au milieu d'une rotonde. J'en ai rencontré plusieurs semblables dans les manoirs wighs. Le pauvre Fox suait beaucoup à cause du dégel. On croirait que tout va fondre dans ce bas-fond. Par une galerie couverte qui entoure presque tout le château, nous sommes arrivés à une *dairy,* laiterie chinoise, mais je renonce à en parler ; j'ai froid rien que d'y penser, tant tout suintait.

Au *luncheon,* je fais nécessairement scandale par mon abstinence. On avait déjà remarqué mon grigno-tage du matin. Que dire, si ce n'est qu'à l'heure du diner je ne suis pas encore parvenu à digérer mes miettes du déjeuner. C'est dommage de ne pas faire honneur au repas dont le chef m'a offert le menu dans ma visite à son empire : un vaste hall à deux étages d'élévation ; c'est la cuisine ou plutôt le laboratoire. Feu de bois, feu de charbons, feu de gaz, pas une odeur, pas une grossièreté inutile ; mais il faut péné-trer au delà, dans le cabinet attenant, pour trouver, au milieu de ses livres, M. X..., artiste français qui a mis, pour la première fois, la main à la casserole en 1821, comme Napoléon mourait à Sainte-Hélène. Ce brave homme parle du siècle avec l'accent de la mélan-colie, de l'art qui s'en va ; il se réchauffe un peu en me disant qu'il a été assez heureux pour trouver et réaliser la réduction du champignon. — « Plaît-il ? — Oui, la purée de champignon », et, cela disant, il jetait les yeux sur les papiers qui couvraient sa table, sans doute la formule algébrique.

Visite au cabinet des porcelaines. Le service offert par Louis XV, tout en fameux bleu de Sèvres, se compose de trois à quatre cents pièces. Après le *luncheon,* visite de serres sans nombre. Il y en a une pour chaque mois de l'année; la pêche et le raisin mûrissent ainsi, sans interruption, du 1er janvier à la Saint-Sylvestre. La ferme, splendeur de propreté : du beau lait jaune à pleines vasques, du lait encore chaud et mousseux à pleins tonneaux. Ce n'est que la consommation du château. Il y a aussi de grands ateliers où le duc a entrepris de faire tout le matériel que réclament l'établissement et l'entretien de ses fermes. Il m'a confié que les salaires du personnel de ses châteaux et de son administration s'élèvent à 250,000 francs par an. La fortune s'est amusée en prodiguant ainsi, d'un coup de baguette, duché, marquisat, *estates*, plus de six millions de revenus en terre, un quart de Londres en nue propriété, à ce petit personnage qui n'a nulle envie de changer ses habitudes par égard pour sa fortune. Il reste, au milieu de ces splendeurs, tel qu'il était auparavant, simple cadet d'une grande famille, réduit à la portion congrue, administrateur des biens dont il n'a hérité que par un concours de circonstances imprévues. Il est resté simple, sobre, parfaitement original et indépendant, au milieu de ce luxe dont il n'a pas le droit de se défaire et qu'il livre à ses hôtes ; son fils est aussi modeste, aussi muet à table qu'avant d'être le marquis de Tavistock. Il a deux filles. On remarque l'aînée au soin qu'elle prend de passer inaperçue ; elle a une dot cependant, et le second fils, lord Herbrand (1), aura aussi un *estate*. « Si l'on vous dit que je suis un avare, m'avait dit le duc, répondez que j'ai économisé de belles dots pour mes filles et acquis un *estate* pour mon cadet. » Les jeunes filles sont plus simples de goût et de mise que toutes les *nobodies* de Londres. Elles n'ont jamais été sur le continent ! Elles ne montent pas à cheval !

Woburn-Abbey, 5 janvier 1875.

Ce matin j'ai visité, avec le duc, les écoles, les cottages loués aux ouvriers, à raison de 1 shilling 3 pence par semaine. Le dernier mot de ces splendides charités est le *workhouse* entretenu par l'union de 16 paroisses réunies : maison de secours et hospice. Ce refuge est le minimum garanti, dans sa détresse ou sa vieillesse, à tout habitant de l'Angleterre, quoi qu'il ait fait ou n'ait pas fait. Il faut que les ou le propriétaire du comté payent le nécessaire pour entretenir les pauvres tant qu'il s'en présente. Ce sont les besoins des pauvres qui règlent les sacrifices, — principe dangereux partout ailleurs, — mais que dire ici? La maison est plus qu'à moitié vide.

Au *luncheon,* nous avions trois *radicals* du voisinage, l'un à lunettes, avec incisives saillantes, un vrai rongeur; l'autre, le révérend, insinuant, un vrai renard; je crois bien que ce n'est pas faute d'envie qu'ils ne dépècent pas *His Grace.* Comme le duc est

______
(1) Actuellement duc de Bedford.

libéral, il faut bien qu'il les écoute et les héberge.

J'ai lu, ce matin, l'histoire de Henri VIII dans un in-folio. C'est l'endroit pour une pareille lecture. Quel scélérat, avec des agréments naturels, et quels scélérats autour de lui, pour favoriser ses grossières et hypocrites passions! Je crois vraiment que nous valons mieux que cela. L'histoire de ses femmes serait du dernier comique, si chacune ne se terminait dans le sang. Dans la journée, je suis allé voir les chasseurs ; c'est toujours et partout le même massacre de faisans aux beaux plumages et de lièvres qui pleurent! Quel dommage que ce plaisir soit si cruel! J'ai failli tuer le renard! Si l'on n'avait relevé mon fusil, c'en était fait du crédit des Bedford dans le comté.

Ce soir, on dînait de nouveau dans la salle à manger des Van Dyck : Van Dyck à droite, à gauche, en face ; vaisselle d'or sur les dressoirs dont un plat de Benvenuto Cellini. Après dîner, on se tient d'abord dans le salon où se trouve le beau portrait de Reynolds. On est entre deux cheminées immenses, pris entre deux feux ; ils sont si terribles que, malgré la distance qui les sépare, on ne peut tenir dans l'intervalle et on s'écoule petit à petit dans la galerie latérale où se trouvent le thé, le billard, le whist, chacun devant un foyer infernal. Sous une vitrine, la canne de Charles Ier.

Londres, 8 janvier 1875.

J'ai accompagné Borthwick au bureau du *Morning Post*. J'ai assisté, jusqu'à une heure, à la fabrication du journal. C'est une merveille d'organisation. Tout se fait tranquillement; plus de cent compositeurs à l'œuvre. On leur livre le journal à trois heures, et, une demi-heure après, c'est imprimé. Les articles arrivent tout faits de tous les côtés. Chacun a sa tâche marquée. Il y a, au centre, un directeur qui ne touche pas à la plume. C'est un personnage riche; il était candidat aux dernières élections. On comprend qu'il soit bien payé. Chaque compositeur reçoit environ dix francs par jour. Organisation, division du travail, *plenty of money,* voilà le secret.

EXTRAITS DES NOTES

MALADIE ET MORT DU COMTE DE JARNAC

Je n'ai déjà plus qu'à raconter la fin de mon pauvre ambassadeur. Il souffrait, depuis le commencement de l'année, d'une crise d'asthme. Le docteur Vintras lui avait recommandé le repos, mais en vain. Courir à Brighton pour quarante-huit heures, c'est tout ce qu'il entendait par le repos. J'avais été très frappé de son épuisement au banquet de l'hôpital. On ne l'entendait plus après les dernières paroles de ses toasts pleins d'*humour,* vrais modèles du genre. La défaillance de sa voix avait toutefois contribué à donner un tour d'homélie à ses derniers mots sur l'hôpital et les souffrances d'ici-bas. Il était triste en sortant et me parla de mes affaires avec un véritable intérêt. Rien ne put le déterminer à prendre les précautions que son état commandait. Le 17 mars, au soir, avant dîner, malgré un vif retour du froid, il sortit, comme de coutume, sans paletot, pour faire le tour de la Serpentine. Quelques amis l'attendaient pour dîner. Qui leur eût dit qu'ils le voyaient pour la dernière fois? Le lendemain, de grand matin, je fus réveillé par Vintras. Appelé dans la nuit auprès de l'ambassadeur, il avait constaté un point pleurétique et ordonné trois sangsues pour diminuer la douleur locale et éviter les déchirements quand il toussait. Il ne me dissimula pas que la combinaison de l'asthme avec la pleurésie donnait à la maladie une vraie gravité. On fut cependant, autour de lui, deux jours à se rendre compte de l'état des choses; on fit force imprudences, ne voulant pas le croire malade.

Mon embarras était extrême. J'avais attendu son ordre pour me rendre au *levee* de la reine, le vendredi. Je m'étais décidé à écrire, le soir, au duc Decazes pour le prévenir de la gravité du mal. J'avais à répondre aux lettres qui m'arrivaient de tous côtés, parce que les journaux avaient répandu l'alarme. Je m'efforçais de faire bonne contenance entre la famille qui semblait en pleine sécurité et le médecin qui ne la partageait pas. Une apparente amélioration s'était produite le 19; on annonçait qu'il se lèverait dès le lendemain... Le sentiment de ma responsabilité commençait à me peser. Je m'ouvris à la marquise d'Ely, envoyée par la reine. Quelques heures après, le dcoteur Jenner se présenta, de la part de la reine, pour prendre des nouvelles du malade. C'est tout ce que nous demandions, le docteur Vintras et moi.

Je vois encore ce petit homme sans yeux, brusque, pressé, entrer dans mon cabinet la montre à la main. Toutes les portes s'ouvrent au nom de la reine. Il ne tarde pas à revenir très animé; il s'en prend presque à moi de l'état où il a trouvé le malade. « C'est très grave; on ne plaisante pas avec pareille maladie. On m'a demandé quand le malade pourrait se lever, j'ai répondu : Demandez-moi plutôt si le malade pourra se relever jamais. » Là-dessus, il me donne un télégramme pour la reine et m'annonce qu'il reviendra bientôt. Il fait trois visites dans cette même journée. Trois visites de Jenner le même jour, c'était le plus effrayant symptôme.

J'écrivis à Paris, le lendemain 21 : « Le pauvre comte est bien mal. J'ai prévenu hier, par le télégraphe, le comte de Paris et la famille; j'ai redoublé, ce matin, après une nuit détestable. Le mal a gagné les poumons sous l'influence de la toux asthmatique. Jenner est venu, hier, deux fois, me laissant, à chaque fois, entre les mains un télégramme de plus en plus alarmant pour la reine. A cinq heures, il a demandé un médecin pour la nuit... Je vois dans cette grande infortune un terrible avertissement pour tous. Après une vie consacrée à une seule ambition, après avoir, pendant vingt-six ans, sacrifié cette légitime ambition à un devoir d'honneur, il arrive au but avec le bénéfice de sa longue abnégation qui tourne à sa plus grande gloire; il est ambassadeur enfin; il peut mettre au service de son pays son nom, l'autorité de sa vie passée, ses connaissances, son expérience, sa double position sociale en France et en Angleterre; il peut faire pour la France tout le bien dont il est capable; il commence à peine, et déjà il voit grandir à vue d'œil son crédit; puis, en quelques heures, ce succès même le tue. S'il était resté landlord irlandais, son asthme n'était rien. Hélas! quand il a repris la direction de l'ambassade, il a oublié les vingt-six ans passés; il s'est cru le comte de Rohan-Chabot, comme aux beaux jours de ses discussions avec Palmerston... »

J'ajoutais, dans une autre lettre, le 22 mars : « Le mal s'aggrave d'heure en heure... Je suis interrompu par le prince de Galles qui vient lui-même avec la princesse prendre des nouvelles. Hélas! toutes les grandeurs humaines n'y peuvent rien ! »

Le même jour, à onze heures du soir, j'écrivais : « Le comte de Jarnac est mort pendant que je donnais des nouvelles, devant la porte, au prince et à la princesse de Galles. Il n'a prévu, à aucun moment, l'issue de sa maladie, et il a été surpris par la mort. Il a perdu connaissance dix minutes avant et s'est éteint sans souffrir. On n'a pas vu tout de suite que c'était fini. Oui, tout est fini; avis à ceux qui arrivent à leur but après une longue lutte, et à ceux qui désespèrent de n'y pas arriver. Que cette mort protestante, sans prière, sans un mot d'espérance, est froide! »

La nouvelle se répandit immédiatement dans la foule qui stationnait devant l'hôtel et gagna la ville. Je donnai avis, de mon côté, à quelques personnages; tous accoururent ou écrivirent le soir même. Je revins à l'ambassade vers dix heures, je trouvai place nette et portes ouvertes, et j'arrivai tout droit à ce corps à peine refroidi : une lampe allumée dans un coin, mais personne en prière : il était protestant.

C'est moi qui ai passé la nuit près du corps de M. de Jarnac. J'ai dit tout ce que je pouvais de prières. J'ai eu tout le loisir de contempler, froide et sévère, cette tête que j'avais toujours vue souriante et bienveillante. Jusqu'au dernier moment, il avait gardé, avec ceux qui l'entouraient, la bienveillance enjouée qui lui était familière. La mort avait donné à son masque une belle et grave expression. Elle avait fait ressortir la marque de la volonté, à laquelle toute cette vie a été subordonnée; on aurait dit un vieux guerrier endormi sur une tombe. Les jambes se détendirent, un mouvement se produisit dans le corps. J'écrivis, pendant cette veillée, l'avis officiel suivant, que je devais adresser au ministre, de la mort de mon chef :

« J'ai la douleur de vous annoncer que le comte de Jarnac a succombé, ce soir à six heures, à la pleurésie dont il était atteint depuis jeudi dernier. Les nouvelles que je vous ai envoyées chaque jour par le télégraphe vous ont marqué les progrès du mal que ni les soins les plus tendres ni les efforts de la science n'ont pu conjurer. Dès que le bruit de la maladie de l'ambassadeur de France s'est répandu, la reine a manifesté le désir que son médecin pût visiter le malade et lui rendît compte de son état. Depuis ce moment, sir W. Jenner a suivi, d'heure en heure, le cours de la maladie, conjointement avec le docteur Vintras, informant directement la reine après chaque visite. Le prince et la princesse de Galles n'ont pas montré moins de sollicitude : Leurs Altesses Royales se trou-

vaient à la porte de l'ambassade, où elles étaient venues
elles-mêmes prendre des nouvelles, quand le malade
a succombé. La reine et la famille royale, en multi-
pliant les témoignages de leur sympathie et de leur
estime pour le comte de Jarnac, se sont faits, dans ce
malheur, les interprètes du sentiment public. Il n'est
pas un homme politique, pas un membre de la société
à Londres, qui n'ait, ces jours-ci, inscrit son nom à
l'ambassade. Un billet que je reçois de M. Disraëli
montre bien l'impression qu'a produite la soudaine
annonce de cette mort. Répondant à l'instant même à
l'avis que je lui avais envoyé, le premier ministre
m'écrit : « Votre terrible missive m'arrive au Parle-
« ment. La tombe se ferme sur une amitié de quarante
« ans. Rien n'égale la douleur que je ressens. » Il ne
m'appartient pas de vous dire ce que la France perd
avec le comte de Jarnac. Aux témoignages du sentiment général de ce pays je ne joindrai donc que l'expression des profonds et douloureux regrets que
m'inspire la mort du chef éminent et bienveillant sous
les ordres duquel j'ai eu l'honneur de servir pendant
un temps malheureusement si court. »

La lettre que je reçus, le lendemain, de lord Derby,
contenait un jugement qui mérite d'être noté : « Nous
avons perdu, avec le comte de Jarnac, le plus parfait
représentant de la France en Angleterre qu'il fût possible de concevoir. Sa connaissance intime des deux
nations, combinée avec une inaltérable courtoisie et
un tact accompli, lui donnaient une aptitude incompa-
rable pour le poste élevé qu'il occupait; il s'était con-
cilié l'estime et l'affection de tous ceux qui l'appro-

chaient. Sa mort aussi soudaine que prématurée sera ressentie par tous comme une perte nationale... »

Je suis resté l'ami de la comtesse de Jarnac. Elle m'a donné un témoignage de sa confiance en me désignant au comte de Paris pour recevoir et garder, de son vivant, le dépôt de tous les papiers de son mari qui doivent à sa mort revenir au prince. Son intention, en constituant ce dépôt entre mes mains, a été que je prisse connaissance de toutes les pièces qui le composent, pour, au besoin, en faire l'usage que pourraient réclamer les intérêts de la famille à laquelle le comte de Jarnac a dévoué son existence. Ces pièces et correspondances remontent à son entrée dans la vie publique. Elles se rattachent aux affaires qu'il a traitées pour le compte de l'État et à celles qu'il a suivies au nom de la famille d'Orléans.

L'ALERTE DE 1875

... J'ai pris la gestion de l'ambassade le 22 mars 1875, après la mort du comte de Jarnac. L'inquiétude qui commençait à se propager en Europe et surtout en France, depuis la note Perponcher du 3 février, sur l'affaire Duchesne, et les lettres pastorales des évêques belges, n'avait pas encore gagné l'Angleterre.

Un mot sur l'affaire Duchesne que j'avais vue naître pendant mon séjour à Versailles et que je devais tenir comme finie. Un jour, c'était un dimanche, le vénérable archevêque de Paris, le cardinal Guibert, arriva tout effaré à mon cabinet (1) et me communiqua une lettre qu'il venait de recevoir de Belgique. Elle était signée Duchesne, un individu qui offrait d'assassiner le prince de Bismarck. Cette lettre présentait toutes les apparences d'une mystification, mais, comme en pareille matière, nous ne pouvions prendre trop de précautions, je promis au cardinal de traiter la chose sérieusement et, le soir même, je communiquais la lettre au comte de Wesdehlen, le chargé d'affaires d'Allemagne. Au bout de quelques jours, il vint m'apporter les remerciements de son gouvernement qu'il me pria de transmettre au cardinal. Je ne me souviens pas également de ce qu'il me dit sur les résultats de l'enquête, mais l'impression qui m'est restée de notre conversation, c'est qu'on avait reconnu qu'il ne s'agissait que d'une mauvaise plaisanterie d'ivrogne.

Après la note Perponcher au gouvernement belge, vint la note au gouvernement italien sur l'insuffisance de la loi des garanties, l'interdiction d'exporter des chevaux d'Allemagne et enfin un article menaçant du *Post* de Berlin du 9 avril. Je ne m'occuperai pas des causes qui produisirent la panique du printemps sur le continent, je n'en relaterai que les conséquences en Angleterre. C'est le 8 avril que, pour la première fois, sans avoir reçu aucun avis du ministère, je crus utile de mettre la conversation avec lord Derby sur les premiers symptômes alarmants des dispositions de M. de Bismarck. Je trouvai une quiétude parfaite chez le chef du *Fo-*

____

(1) M. Gavard était alors chef du cabinet du duc de Broglie.

reign Office. J'envoyai le compte rendu de ce premier
entretien au duc Decazes par lettre particulière écrite,
sans minute, à l'Atheneum, au sortir de *Downing
Street*. Suivant mon habitude, j'envoyai au ministère,
par dépêche, la substance de cette conversation. Voici,
d'après ce rapport du 8 avril, le langage de lord
Derby :

« *No news, good news* (1). Je ne vois rien sur le
continent qui puisse nous alarmer pour la conservation de la paix. Je puis vous répéter ce que je vous
disais l'an dernier : je n'ai pas de crainte pour cette
année ; je ne parle, il est vrai, que pour cette année ;
mais c'est beaucoup dans l'état de l'Europe. Des deux
notes qui vous ont si vivement préoccupé, l'une semble
avoir disparu, car le gouvernement italien nie l'avoir
reçue, l'autre n'aura pas de suite. C'est une simple
menace de Bismarck à ses adversaires du dedans ; il
veut leur faire croire qu'il peut les atteindre partout ;
il a voulu, lui aussi, faire son *encyclique*. L'affaire
qu'il s'est mise sur les bras avec l'Église catholique lui
suffit... Pour bien comprendre ce qui se passe en Allemagne, il faut tenir compte de deux choses : la nation
a la conscience, depuis ses succès, qu'elle inquiète
tous ses voisins et elle est poursuivie de l'idée qu'ils
s'apprêtent à se coaliser contre elle ; elle voit la coalition partout et elle veut la conjurer. Il faut, d'un autre
côté, faire, dans tout ce qui passe, la part du tempé-
rament de Bismarck ; il est devenu de plus en plus
irritable, il ne sait plus maîtriser ses nerfs. On lui

____

(1) Pas de nouvelles, bonnes nouvelles.

prête donc souvent des calculs et des combinaisons, quand il cède seulement à un mouvement d'humeur. Telle est l'interdiction d'exporter les chevaux, mesure prise dans un moment de colère, qui ne fait tort qu'aux producteurs allemands. N'y voyez pas la preuve de préparatifs extraordinaires, ou d'une mise immédiate de l'armée allemande sur pied de guerre... » Passant enfin au projet de voyage de l'empereur Guillaume en Italie, lord Derby m'a dit que, « vu son âge et son état de santé, la renonciation à ce projet lui paraissait plus explicable que le projet lui-même ».

La paix pour cette année, ou plutôt pour cette session, c'est à peu près le langage que m'avait tenu M. Gladstone, la veille des élections. Je constate qu'au mois d'avril, le ministère tory considérait l'état de l'Europe avec le même optimisme et sans plus de prévoyance que le cabinet qui l'avait précédé. La presse commençait cependant à s'émouvoir. L'entrevue de Venise entre l'empereur d'Autriche et le roi d'Italie, les témoignages d'amitié échangés entre les deux souverains, le dépit manifeste de l'Allemagne et la renonciation de l'empereur Guillaume à son projet de voyage en Italie, étaient fort remarqués à Londres par les hommes en petit nombre qui s'occupaient en ce moment de la politique étrangère.

Le 9, le baron Solvyns, ministre de Belgique, avec lequel j'ai fait toute cette campagne en compte à demi, ainsi qu'avec le baron de Beust, ambassadeur d'Autriche, me prévint que lord Derby avait engagé son gouvernement à fortifier sa position, en examinant s'il n'y aurait pas moyen de donner satisfaction en une certaine mesure à M. de Bismarck, au sujet de l'affaire Duchesne. Il reconnaissait, de son côté, l'insuffisance de la loi belge qui ne protège pas les personnes résidant à l'étranger contre les menaces de mort émanant de son territoire.

Le 10, je constate l'alarme générale dans la presse quotidienne et les revues hehdomadaires. Le *Times,* le *Standard,* le *Telegraph,* le *Daily news* luttent de vivacité dans l'expression de leur réprobation de la politique dont l'article du *Post* de Berlin donne la révélation. L'*Economist* croit que le coup est plutôt dirigé contre l'Autriche et l'Italie que contre la France. Cette idée fera son chemin.

Le 12 avril, nouvelle question au Parlement. Bien qu'elle provienne d'un membre irlandais, le premier ministre croit devoir répondre lui-même. M. Disraëli dit que la note adressée à la Belgique n'est qu'une remontrance amicale et non une menace et qu'il tient l'affaire pour réglée. Il termine toutefois par quelques mots de bravoure sur l'indépendance de la Belgique, si jamais elle était menacée.

A peine M. Disraëli venait-il de donner ces assurances pacifiques sur les relations de l'Allemagne avec la Belgique que le bruit se répand de l'envoi d'une troisième note au cabinet de Bruxelles. L'opinion, d'accord avec la presse, couvre la Belgique de son égide; je n'ai jamais douté, pour ma part, que l'Angleterre, quel que fût son gouvernement, ne laisserait pas porter la main sur la Belgique. En ce qui concerne la France, le *Times* exposait, en ce moment même, que notre impuissance à relever les défis de l'Allemagne était une garantie de la paix européenne ; le *Standard* se bornait à donner avis aux peuples ou aux hommes d'État, quels qu'ils fussent, qui méditeraient la guerre, de ne pas compter trop complètement sur la prétendue indifférence de l'Angleterre.

Le 19, double question adressée au gouvernement : dans la Chambre des communes par un Irlandais ; dans la Chambre haute par le pauvre comte Russell, qui ne compte guère plus dans l'opinion qu'un Irlandais. Il ne sait plus ce qu'il dit, il n'entend plus ce qu'on lui répond, et continue à parler tout haut pendant qu'on lui parle. Après les explications ministérielles, lord Granville, qui est bien aussi un peu sourd, vient lui crier un compte rendu quelconque à l'oreille. L'assemblée attend patiemment. Ces scènes qui se répètent trop souvent inspirent grand'pitié ; la famille s'efforce en vain de les éviter. Lord Russell imprime quand il ne peut pas parler : on dirait le vieux magistrat des *Plaideurs* qui veut juger quand même. Ce qui est singulier c'est qu'aucun orateur sérieux ne prenne, ni à l'une ni à l'autre Chambre, la place de ces ombres. Quand lord Russell est absolument hors d'état de venir au Parlement, c'est lord Stratheden of Campbell qui prend la parole ; rien ne donne une plus étrange idée de l'esprit politique de cette Chambre que de la voir écouter patiemment les paroles qui s'échappent, de minute en minute, au milieu des contorsions les plus pénibles, de la bouche de ce diplomate invalide : *minute guns,* me disait un de mes voisins, comparant ces paroles vides et solennelles aux coups de canon d'un salut officiel. Quel que fût, d'ailleurs, l'auteur de la question, le gouvernement n'a jamais manqué de profiter de l'occasion, non pour y répondre, mais pour donner les explications qui lui convenaient. Il était après tout assez habile de se laisser interroger par un membre dont les paroles ne comptaient pas ; la réponse était moins embarrassante.

Les deux questions, ou du moins les deux réponses, ne portèrent que sur l'affaire belge. Jusqu'à présent, il n'entre pas dans l'esprit du gouvernement anglais qu'il y ait autre chose sur ou sous le tapis.

Aux Communes, M. Disraëli s'est trouvé appelé à exposer la conduite du cabinet qui a précédé le sien. Il a parlé d'une *strong representation* adressée, en février 1874, par M. de Bismarck à la Belgique, au sujet de ce qu'il appelait la conspiration tramée dans ce pays par le parti ultramontain. Il n'a pas caché que l'ambassadeur d'Allemagne a demandé au gouvernement de la reine d'appuyer cette représentation à Bruxelles et qu'il a été poliment éconduit, avec expression du confiant espoir que le prince de Bismarck n'insisterait pas auprès du gouvernement belge pour lui faire franchir les limites dans lesquelles doit se tenir le gouvernement d'un pays catholique doté d'institutions libres. Le Premier ajouta qu'il n'avait pas été fait, depuis, de communication de même nature au gouvernement de la reine.

A la Chambre haute, autant qu'on peut comprendre lord John Russell, ce vétéran du libéralisme se présenta plutôt comme le champion du prince de Bismarck contre la pauvre petite Belgique. Lord Derby déclara qu'il tenait pour entièrement amicale la troi-

sième communication qui venait d'être faite à la Belgique; il s'efforça de calmer le beau feu de l'opinion, en
assurant la Chambre que la conclusion « de l'incident
le laissait sans aucune inquiétude pour l'intégrité et
l'indépendance de la Belgique ».

Le lendemain, lord Derby me confirma l'assurance
qu'il n'avait relevé aucune expression comminatoire
dans la note Perponcher; il m'avoua toutefois qu'il ne
voyait pas très clair à travers les généralités où s'enve-
loppait la pensée du rédacteur. Il revint sur le conseil
qu'il avait donné à Bruxelles de compléter la législation du pays, si elle n'offrait pas des garanties suffi-
santes aux étrangers. Je profitai de l'occasion pour lui
demander s'il jugeait que la loi anglaise fût applicable
au cas de Duchesne, ainsi que le pensait le vieux lord
John Russell. Comme le prince de Bismarck semblait
vouloir soulever une question d'intérêt général à propos de l'incident et se disposait, selon toute apparence,
à s'adresser à d'autres gouvernements, je trouvais
important de savoir si le gouvernement anglais se considérait comme hors de cause. Sans répondre à ma
question, lord Derby me fit observer que l'Allemagne
offrait spontanément une garantie de ses bonnes intentions, puisqu'elle proposait de soumettre sa propre
législation à revision. Je n'ai pu m'empêcher de lui
dire qu'il serait toujours plus aisé de recourir aux tri-
bunaux de Bruxelles qu'à ceux de Berlin en pareille
matière, ce dont nous tombâmes d'accord.

N'ayant reçu aucune instruction de Paris, je n'osai
pousser plus loin lord Derby et je demandai au duc
Decazes s'il lui convenait que je continuasse à provo-

quer les explications du cabinet de Londres. Sans attendre sa réponse, je repris la conversation au *Foreign Office,* le 28 avril ; je commençai pas admettre, avec lord Derby, que l'affaire belge était en voie d'apaisement, mais j'ajoutai qu'il n'en restait pas moins à savoir pourquoi ces notes, ces tentatives de toute sorte, ces articles de journaux, ces propos sciemment indiscrets qui semaient l'alarme en Europe. Lord Derby convint du mal que causait cette agitation, quel qu'en fût le motif. J'ajoutai alors que ces démarches singulières pourraient n'être faites que pour donner le change. A son tour, il me parla des armements de l'Allemagne dont ses correspondants lui dénonçaient l'accélération. A ma question : « Pourquoi ces armements précipités ? » il répondit : « Vous savez que l'entrevue de Venise a causé un grand mécontentement à Berlin ; l'irritation du prince de Bismarck a été très remarquée ; ce symptôme confirme l'opinion qui s'est accréditée parmi les hommes les plus en mesure de juger l'état des choses en Europe ; ils pensent que l'orage qui semble menacer tantôt la France, tantôt la Belgique, fondra sur l'Autriche. Après l'avoir violemment rejetée de l'Allemagne, on lui reproche, maintenant, de rechercher ses alliances et le développement de son action en dehors de l'Allemagne. Il se fait un grand mouvement dans les populations des deux côtés. Je ne crois cependant pas à la guerre immédiate ; je ne vous donne qu'une opinion. » La conversation a ensuite roulé sur l'armée allemande que lord Derby ne croit pas à l'épreuve d'une guerre prolongée. « Il y avait bien du mécontentement dans la landwehr, m'a-t-il dit, à la fin du siège de Paris, et si, vous aviez pu tenir quelque temps de plus, il y aurait eu des soulèvements. » Il m'a ensuite parlé de la crainte d'une coalition qui paraît hanter l'esprit de M. de Bismarck. Je lui répondis que je trouvais cette préoccupation naturelle. Poursuivant sa pensée, il a ajouté que Napoléon I\ er s'étonnait de voir renaître sans cesse la coalition européenne contre lui, quand il ne cessait de la provoquer en menaçant ou en écrasant ses voisins.

Je rapporte au long cette conversation qui a commencé par les craintes que les démarches de l'Allemagne inspiraient à toute l'Europe, et s'est terminée par le souvenir des coalitions qui ont amené la chute du premier Empire. En la transmettant à Paris, j'eus soin de mettre en garde le ministère contre toute conclusion prématurée sur les dispositions du gouvernement anglais. Je constatai seulement l'état d'esprit du principal secrétaire d'État du gouvernement britannique, et, en même temps, son avis que l'État menacé n'était ni la France ni la Belgique, mais l'Autriche. L'opinion de lord Derby se trouvait d'ailleurs développée dans un article qui avait paru, le samedi précédent, dans le *Spectator,* sous le titre : *L'Allemagne et l'Autriche.* « L'Allemagne, disait le *Spectator,* sait qu'elle doit en partie ses prodigieux succès à la diversion de l'Italie en 1866 et à l'incapacité du chef qui commandait l'armée française en 1870. Elle se préoccupe du danger que pourrait lui faire courir une coalition et croit que la seule manière de se prémunir contre ce péril est de développer suffisamment son armée pour qu'elle puisse

défier une coalition. Il entre dans les desseins de M. de
Bismarck d'exploiter la crainte qu'inspire la résurrection de la France ; mais il ne redoute pas sérieusement
une agression de ce côté, tant que la France restera
sans alliés. Il ne ferait, en l'envahissant aujourd'hui,
qu'ajouter une Pologne à son flanc occidental. Pour
triompher de la Russie et s'emparer définitivement des
provinces Baltiques, il faudrait une longue guerre qui
offrirait à la France l'occasion et l'alliance dont elle a
besoin. Reste l'Autriche. Le prince de Bismarck peut
se flatter d'amener à l'empire, dans une marche rapide,
dix millions d'Allemands, enchantés de partager sa fortune. L'Allemagne peut s'étendre de Hambourg à Trieste,
avant que les puissances voisines aient pu mettre leurs
armées en campagne, et, quand l'empire aura pris ce
développement, il n'aura plus de coalition à craindre. »

Le rapprochement avec le langage de lord Derby est
frappant. D'un autre côté, les considérations dévelop-
pées dans l'article sont loin d'être sans valeur ; elles
étaient justes en 1875 ; elles ne le sont pas moins en
1879 (1). Le prince de Bismarck paraît poursuivre la
même idée, mais il a habilement substitué, à l'occupation par les armes, l'assimilation par une savante
politique. Il a fait entrer l'empereur d'Autriche dans
l'Allemagne pour y prendre la place du margrave de
Brandebourg dans l'ancienne Confédération ; il s'est
assuré que l'Autriche tiendrait désormais la Russie en
échec avec la connivence de l'Angleterre ; il n'a donc
plus de coalition à craindre.

(1) C'est en 1879 que M. Gavard a écrit ces notes.

Mes premières instructions m'arrivèrent le 30 avril. C'était une série d'extraits de la correspondance de notre ambassadeur à Berlin, se terminant par les étranges et volontaires aveux échappés au confident du prince de Bismarck, M. de Radowitz. Je m'empressai de communiquer toutes ces pièces à lord Derby, sans commentaire. Je savais qu'il ne fallait pas essayer d'agir sur son esprit en pressant les arguments, et qu'il valait mieux, après l'avoir mis en présence des faits, le laisser en tirer les conséquences lui-même. Il s'en tint, pour le moment, à l'opinion que l'Autriche seule était menacée, tout en écartant la pensée d'une explosion immédiate. Il me fit remarquer que les approvisionnements militaires dont le cabinet de Berlin avait, dans ces derniers temps, hâté la fourniture, venaient précisément de l'Autriche. Comme il insistait sur la salutaire influence que la Russie pouvait exercer en ce moment à Berlin, je répliquai : « Autant que l'Angleterre. » Dans le corps diplomatique, l'opinion du danger auquel l'Autriche était exposée avait fait son chemin ; quelques-uns prétendaient, au contraire, que la Turquie allait faire les frais d'une entente entre les trois puissances. Tous les esprits étaient aux champs.

Le 6, un mot particulier du duc Decazes contenait le passage suivant : « Hohenlohe vient de me dire, avant de partir pour Munich, que M. de Bulow trouve Gontaut bien optimiste et que le gouvernement allemand est loin d'être entièrement convaincu du caractère inoffensif de nos armements. » Cette communication me persuada que le moment était venu de tout tenter pour faire sortir le gouvernement anglais de sa réserve.

Fort de ma conviction, je courus chez lord Derby, je lui parlai avec une émotion qui n'était pas jouée; je croyais à un danger immédiat, et je m'imaginais réellement que je pouvais être utile à mon pays. Est-ce encore un effet de mon imagination, je crois avoir ému lord Derby et lui avoir fait partager le sentiment qui m'animait. Je vais rapporter ses paroles; il faudrait les compléter par l'accent et le regard.

Il me répondit d'abord que nos craintes, dans leur portée immédiate, n'étaient pas partagées par lord Odo Russell (1). D'après les renseignements qu'il recevait de cet ambassadeur, lord Derby se demandait encore si le prince de Bismarck voulait la guerre, ou s'il ne lui convenait pas de faire croire à tout le monde qu'il la voulait. Il persistait à penser d'ailleurs que, si le chancelier voulait la guerre, c'était contre l'Autriche que ses premiers coups seraient dirigés. Il a avoué toutefois que la pensée secrète de cet homme, dont la volonté est sans contrôle, était un sujet de grande perplexité et que l'Europe se trouvait ramenée au temps où son sort était entre les mains du premier Napoléon. Ces paroles m'autorisaient à prévoir le cas où les premiers coups seraient dirigés contre nous : « Une semblable agression, dit lord Derby, soulèverait en Europe une indignation universelle, et ce sentiment ne serait nulle part plus vif qu'en Angleterre. L'Allemagne elle-même ne saurait braver un pareil soulèvement de l'opinion. » Comme je le pressais de s'expliquer sur la manière dont l'Angleterre témoignerait son sentiment :

____

(1) Lord Odo Russell était alors ambassadeur à Berlin.

« Vous pouvez compter sur moi, m'a-t-il dit, vous pouvez compter que le gouvernement ne manquera pas à son devoir. Je vous donne à cet égard toutes les assurances que peut vous donner le ministre d'un souverain constitutionnel. » Cette déclaration m'a été faite à différentes reprises et sous différentes formes. J'en résume le sens dans la première partie de phrase que je cite ; quant aux dernières paroles, elles sont littérales.

Je fis observer à lord Derby qu'il y a des événements qu'on prévient en les prévoyant, et qu'il était temps que l'Angleterre fît savoir ce qu'elle pensait : « Effectivement, m'a-t-il répondu, aussi ai-je déjà parlé au comte Munster. Je lui ai dit que nous ne prenions pas au sérieux les alarmes qu'on affecte en Allemagne au sujet des armements de la France, que tout le monde savait qu'il n'y avait rien à reprocher à votre gouvernement, que tout ce bruit ressemblait trop à un prétexte, et je ne lui ai pas dissimulé que je ne comprenais pas l'intérêt de son gouvernement à semer et entretenir l'inquiétude en Europe. » Je parlai ensuite de la réunion des deux empereurs à Berlin ; lord Derby me déclara qu'il fondait grand espoir sur l'influence pacifique que la parole de l'empereur Alexandre était appelée à exercer. « Surtout, ajoutai-je, si elle est appuyée par des démonstrations des autres puissances qui ne sont pas directement intéressées à la paix. » Lord Derby me fit entendre qu'il comprenait bien la portée de cette réserve et me promit de me tenir au courant de ce qui serait fait. La conversation se termina par un examen de tous les mauvais desseins que le prince de Bismarck pouvait nourrir dans son âme contre la France et l'Europe. Je pris acte de tout ce qu'il m'avait dit, en le remerciant des bons sentiments qu'il m'avait témoignés à l'égard de la France et de son gouvernement.

Rendant compte de cet entretien par une lettre particulière, j'écrivais, le 7, au duc Decazes : « Je n'ai pas l'illusion de croire que les paroles de lord Derby soient des garanties de concours effectif; ce sont tout au moins des témoignages qui ne nous ont pas été donnés en 1870; c'est l'autorisation et la promesse de tout dire; c'est une ouverture à ne pas laisser tomber, si les choses s'aggravent. »

Confirmation des dispositions de lord Derby dans un entretien avec le comte de Beust, auquel il ne parle que de nos justes inquiétudes, mais nullement des dangers dont l'Autriche serait menacée.

Le 8, grand retentissement de la correspondance lancée dans le *Times,* par Blowitz, sous la dictée du duc Decazes. Le *leader* du journal cherche à dissiper l'alarme répandue par ce coup de tam-tam. Encore un peu, il nous en donnerait la responsabilité; son langage répond à celui du comte Munster qui jette feu et flamme, dénonce nos armements et affirme que, lors de la paix, le comte de Bismarck aurait consenti à réduire l'indemnité contre des engagements sur l'effectif de nos armements. Le cardinal Manning me donne communication du mandement qu'il va lancer contre l'Allemagne et l'appel que les catholiques d'Angleterre adressent, par l'organe de leur clergé, aux catholiques du monde entier contre la persécution dont l'Église est l'objet en Allemagne. J'avoue que je ne suis pas rassuré sur l'effet que cette manifestation peut produire en Angleterre.

Nous touchions évidemment au point où la crise devait, d'une manière ou d'une autre, sortir de l'état d'incubation, et je me rendis, le 9 mai au soir, qui était un samedi, à la réception de lord Derby avec la ferme intention de provoquer de nouvelles explications. Il m'en épargna la peine. Dès qu'il m'eut aperçu, il vint à moi; le cercle s'élargit autour de nous par discrétion. Chacun avait compris la gravité de notre entretien, surtout quand, après quelques minutes, il appela lord Lyons, qui assistait à la réception, pour répéter devant lui ce qu'il venait de me dire. Il me pria de répéter à mon gouvernement que ses inquiétudes étaient quant à présent dissipées. Il venait de recevoir de lord Odo Russell, en réponse à ses dernières instructions, un télégramme qui ne lui permettait pas de douter que le danger ne fût écarté. Il ajouta qu'il ne s'était pas contenté de cette garantie, et qu'il venait, ce soir même, de l'inviter, par le télégraphe, à appuyer, par les plus *énergiques déclarations,* les conseils pacifiques de l'empereur de Russie. Il ne m'a pas dissimulé, en effet, que l'action de la Russie avait été plus efficace que celle de son gouvernement dans cette crise. Il a ensuite voulu me démontrer qu'il n'en pouvait être autrement, la Russie étant en mesure d'appuyer par *les armes* ses représentations. Je n'ai pu m'empêcher de lui répondre qu'il ne me paraissait pas tenir assez de compte de la marine de l'Angleterre, qui ne peut empêcher une guerre d'éclater, mais qui peut l'empêcher de se prolonger. Le comte Derby, après être resté quelques instants pensif, a repris en me disant que l'agression contre la France, dans les conditions actuelles, aurait soulevé, dans le monde entier, une réprobation morale telle qu'elle aurait arrêté le chancelier de l'empire lui-même. Je lui ai fait observer que, jusqu'alors, la morale n'avait guère arrêté le prince de Bismarck. « Je m'exprime mal, m'a-t-il répondu, je veux parler d'une opinion générale qui montre à chacun le danger dont il est menacé et forme ces coalitions sous lesquelles le premier empereur a succombé malgré son génie. » Ce soir-là, j'étais maître du pavé au *Foreign Office;* chacun avait deviné le sens et compris l'intention de notre conférence sous les yeux du public.

Dès le surlendemain, le lundi 11 mai, lord Derby me donna lecture du télégramme qu'il venait de recevoir de Berlin. En voici la substance : Le prince de Bismarck vous remercie de vos bons offices, mais il dit qu'ils étaient inutiles et qu'il n'a pas songé à troubler la paix. « C'est la réponse, m'a dit lord Derby, aux instructions pressantes que j'avais envoyées samedi à lord Odo, pour qu'il joignît ses efforts à ceux de la Russie. Je sais que l'empereur Alexandre a fait entendre les mêmes conseils que nous et qu'il était décidé à parler énergiquement s'il était nécessaire. En résumé, toute crainte de conflit est écartée quant à présent, l'incident est terminé. Je ne crois pas, à vrai dire, que le prince de Bismarck ait songé à tenter une pareille guerre, mais il a voulu tâter l'opinion et *il a sa réponse maintenant.* » Lord Derby prononça ces derniers mots en les accentuant fortement.

Quelques heures plus tard, les mêmes explications furent données au Parlement, au milieu des *cheers* de l'assemblée qui témoigna, ainsi que la presse, par des signes évidents de satisfaction, la gravité des craintes qu'on avait fini par concevoir pour le maintien de la paix. La réprobation générale était non moins certaine que les craintes soulevées par les manœuvres du prince de Bismarck. Je terminai mon rapport du 11 mai par cette réflexion qui était juste et dans la mesure : « La semaine que nous venons de passer ne nous a peut-être pas fait courir plus de risques que les précédentes, mais l'Angleterre ne s'était pas rendu compte jusqu'à présent du danger qui menace la France et l'Europe. Les révélations de cette crise et les communications intimes qu'elle a amenées entre les gouvernements laisseront, je l'espère, quelque trace dans l'esprit des membres du cabinet. »

Le lendemain 12, la confirmation des bonnes nouvelles me vint de tous côtés. Lord Derby, d'abord, me pria tout exprès de venir le voir. Après m'avoir dit que les renseignements les plus favorables à la paix lui venaient de partout, il prit un air diplomatique qui ne lui seyait pas du tout pour me révéler, en grande confidence, qu'il n'avait obtenu aucun concours de l'Autriche et qu'il n'y avait pas eu moyen de la faire parler à Berlin, sous le coup des appréhensions qu'elle éprouvait pour elle-même.

Ce fut ensuite le tour du comte Schouvaloff, arrivé l'avant-veille en passant par Berlin. Il commença par me communiquer un télégramme de l'empereur Alexandre, expédié ce même jour, au moment de quitter

Berlin. Il disait à son ambassadeur, en termes exprès, qu'il partait complétement rassuré sur le maintien de la paix. Voici, d'après ma dépêche du 12 mai, ce que le comte Schouvaloff me dit dans le cours de cet entretien. Il considère tout danger de guerre comme écarté pour le moment, mais il ne m'a pas dissimulé que le même incident peut se reproduire au premier jour. Il a ensuite examiné quelle est la cause de ce danger permanent et où nous devons chercher notre garantie. « Le danger, m'a-t-il dit, c'est l'idée fixe de Bismarck que la France se dispose à attaquer l'Allemagne, et, malheureusement, ce qui est plus grave, elle est partagée par de Moltke. Celui-ci croit que vous serez prêts en 1876, et que le moment sera d'autant plus favorable pour vous que vous aurez encore une classe de vieux soldats ayant fait la guerre ; le chancelier croit que vous voudrez attendre 1877 ; mais ils sont d'accord pour penser qu'il faut vous prévenir. Ils prétendent que vous êtes les agresseurs d'après cette théorie, qui n'est pas nouvelle dans leur bouche, que le véritable agresseur est non celui qui attaque, mais celui qui rend la guerre nécessaire, et ils se proposent, pour résultat d'une nouvelle campagne, une accablante indemnité avec une occupation prolongée... La garantie de la paix, c'est que la Russie ne veut pas de la guerre. Elle s'opposerait à une agression aussi bien d'un côté que de l'autre. Vous savez ce que l'empereur avait dit au général Le Flô. J'étais chargé de le répéter à Berlin. J'ai vu le vieil empereur qui a paru d'abord fort étonné de nos inquiétudes. Il ne pensait vraiment pas que la guerre fût imminente, mais il était le seul aussi mal informé à Berlin. Il n'a donc pas été difficile de l'amener où nous voulions, après qu'il a été averti. Quant à Bismarck, il sait qu'il ne peut ni attaquer la Russie, à cause de vous, ni vous, si la Russie s'y oppose. Je tiens donc la paix pour parfaitement assurée, malgré les alertes qui peuvent encore se produire, pour cette raison que la Russie ne veut pas la guerre et que ce n'est pas, de sa part, une disposition purement platonique. » Suit un examen des forces relatives des différentes puissances, concluant à l'impossibilité où l'Allemagne se trouve placée d'agir ni contre ni sans la Russie, ou tout au moins sans sa neutralité bienveillante, comme dans la dernière guerre. Il m'a ensuite parlé de la revanche. Il trouve naturel que le désir de recouvrer nos provinces perdues existe au fond de tout cœur français, mais il croit que nous ne pourrons jamais la provoquer et que nous devons attendre l'occasion qui s'offrira d'elle-même dans une complication européenne. C'est ainsi que l'annulation du traité de Paris a été obtenue en 1871 par la Russie sans coup férir, après quinze ans d'attente. Le comte Schouvaloff amena ensuite la conversation sur la Belgique, pour me dire qu'une opinion, répandue à Berlin et partagée par des hommes très sérieux, était que Bismarck avait l'idée d'amener un état de choses qui lui permît d'offrir la Belgique à la France, dans l'espérance de nous désintéresser à ce prix de la revanche. Mais il ajouta qu'il s'en était expliqué avec Bismarck, et que celui-ci avait désavoué la pensée qu'on lui prête.

Je répondis au comte Schouvaloff qu'on ne pouvait prêter à un politique comme le prince de Bismarck que des pensées sérieuses et que sa conduite à l'égard de la Belgique restait pour moi inexplicable. L'ambassadeur de Russie me dit que, lorsqu'on ne comprenait plus M. de Bismarck, il fallait chercher l'explication de sa conduite ou de ses propos dans la surexcitation de ses nerfs ou dans les cauchemars de ses nuits sans sommeil... En envoyant ce compte rendu au ministre, je lui rappelai que mon interlocuteur avait la parole aussi hardie qu'abondante, qu'il affectait de toucher sans réserve aux sujets les plus délicats et que je ne garantissais que son désir de me voir manquer à la discrétion que je lui avais promise.

Le 14, lord Derby me prévint qu'il allait s'établir à Knowsley (1) pour dix jours; il me fit observer que son départ témoignait de sa sécurité et me demanda de le tenir exactement au courant de ce qui pourrait se produire pendant son absence. « Vous savez, me dit-il, qu'à Berlin personne ne veut plus avoir médité la guerre. Le prince de Bismarck met tout sur le compte de M. de Moltke, auquel il ne fait pas tort ; mais, si réellement, comme il l'affirme, il n'y a jamais pensé lui-même, il a, en tout cas, beaucoup parlé... »

Je terminai ainsi ma dépêche de ce jour : « Peut-être est-il utile, à l'issue de la crise actuelle, qui malheureusement n'est sans doute par la dernière, de constater le point où nous en sommes venus et, en même temps, celui où nous désirons reprendre l'échange de nos confidences avec le gouvernement anglais, si le danger conjuré aujourd'hui venait à renaître. C'est

(1) Château de lord Derby dans le Lancashire.

sans doute parce que la Russie a refusé cette fois sa complicité que nous avons échappé à la guerre, mais il n'est pas moins certain que l'Angleterre a parlé à Berlin et ailleurs, en faveur de la paix... (Lettre de la reine à l'empereur Guillaume.) J'ai la confiance que ce n'est pas à moi seul que lord Derby a fait pressentir ces coalitions européennes issues du danger dont chaque État se sent menacé et qui triomphent des empires même fondés sur le génie. En tout cas, je crois que nous avons grand intérêt à prendre acte de ce que l'Angleterre a fait pour le maintien de la paix ; nous aurions peut-être même avantage à l'encourager par l'expression de notre reconnaissance dans la voie où elle est entrée. Le cabinet se montre très sensible aux témoignages qu'il a recueillis dans la presse sur sa bonne attitude dans cette affaire et dont mes collègues du corps diplomatique se font l'écho dans leurs conversations. Il serait bon que la presse française n'oubliât pas de faire la part de l'Angleterre dans le résultat obtenu. »

Le duc Decazes, dans une longue lettre datée du 14 et qui ne m'arriva qu'avec un retard, répondit au désir que je lui avais exprimé. Elle contenait des remerciements à l'adresse de lord Derby et de M. Delane du *Times,* que j'avais aussi recommandé à sa gratitude. Il me chargeait de dire à lord Derby avec quel sentiment de reconnaissance nous avions accueilli la nouvelle de son intervention, etc., etc.

Je répondis le jour même, 15 mai : « Je suis enchanté des remerciements que vous m'autorisez à adresser en votre nom à lord Derby. C'est tout ce que

je désirais. Je vais lui envoyer à la campagne un extrait
de votre lettre qui dit si bien et si juste ce qu'il faut.
Les décevantes promesses dont vous me parlez ne sont-
elles pas déjà en germe dans le bruit que le comte
Schouvaloff a eu le soin de recueillir à Berlin sur la
Belgique ? Vous savez que j'ai répondu que je ne prê-
tais au prince que des idées sérieuses. Je me tiens très
fort sur mes gardes avec ce brillant causeur qui n'inspire ici de confiance à personne. C'est particulièrement
l'avis du duc de Cambridge. Voici ce que le duc me
disait avant-hier. « Quelle semaine nous venons de
« passer ! Il est convenu que c'est fini et que c'est la
« Russie qui a sauvé la paix de l'Europe, mais je crois
« que rien n'est fini et que tout recommencera au
« premier jour, et je ne compte pas plus sur la Russie
« que sur les belles paroles de son ambassadeur. —
« Laissez-moi tout au moins compter sur l'Angle-
« terre. — Il a repris alors avec une exclamation :
« Que puis-je vous dire de l'Angleterre ? Les tories
« sont au pouvoir, le danger est flagrant, tout le
« monde le reconnaît et on nous refuse l'argent sans
« lequel nous n'avons pas d'armée. »
Lord Derby me répondit par lettre particulière datée
de Knowsley, le 17. « ..... Assurez le duc Decazes
que c'est pour moi et le gouvernement dont je suis
membre, un double plaisir d'avoir fait ce qui était en
notre pouvoir pour le maintien de la paix européenne
et de l'avoir fait de concert et pour la nation française...
Nous avions besoin de précaution et de prudence de
tous les côtés pour éviter le renouvellement des dangers auxquels nous avons échappé, mais jamais, pour

ma part, je ne reconnaîtrai la prétendue nécessité d'une guerre européenne. Je pense (c'est mon opinion personnelle), que très peu de guerres ont été nécessaires et très peu justes... »

Cette lettre montre que lord Derby croyait bien avoir mérité les remerciements que je lui avais adressés. Nous verrons le cabinet entier s'enhardir après l'événement dans le sentiment et la reconnaissance de ce qu'il avait fait.

L'affaire engagée vers le milieu d'avril et qui a touché à sa crise pendant la première semaine de mai, est maintenant terminée. Il ne s'agit plus que d'en suivre les conséquences. Chacun l'envisage ou l'exploite à son point de vue. Le 22 mai, le comte Schouvaloff se félicite de cette épreuve. Elle a montré à l'Angleterre et à la Russie ce que leur entente peut faire. Il ajoute qu'un service rendu en commun à la France a amené le résultat qui est l'objet de sa mission en Angleterre, le rapprochement des deux gouvernements. Il déchire ou renie (ce n'est ni la première ni la dernière fois) le fameux testament de Pierre le Grand. Il proteste que son gouvernement n'a d'autre visée ou intérêt en Orient que de ne pas laisser établir à Constantinople une puissance qui puisse le gêner ou le menacer. Qui peut, suivant lui, mieux remplir ce programme que la Porte ?

Il me tardait de reprendre avec lord Derby, après l'événement, l'échange de nos impressions intimes et de voir jusqu'où il me suivrait dans son adhésion aux démonstrations de ma reconnaissance. L'occasion se présenta dès son retour, le 29. Il s'exprima d'abord dans les termes de sa lettre, et, comme il se laissait aller à son scepticisme habituel sur l'inefficacité des médiations en général, je l'arrêtai et lui demandai d'établir une distinction entre une médiation impartiale entre deux puissances qui sont en discussion sur un point douteux et une médiation inspirée par le sentiment profond du bon droit de l'une des parties et appuyée sur un cri unanime de réprobation contre les menaces de l'autre partie. Je lui fis observer qu'une semblable médiation engageait trop les puissances intervenantes pour rester sans conséquence d'une manière ou d'une autre. Lord Derby ne le contesta pas. La revue de la situation l'amena à se prononcer énergiquement, à l'occasion de la Belgique, contre toute atteinte portée, de l'étranger, à la liberté de la parole et de la presse dans un autre pays. Il parut très satisfait du contraste que j'établis, en finissant, entre l'attitude du gouvernement et de l'opinion, depuis la fin de la guerre, sous le ministère libéral et sous le cabinet conservateur : d'une part, l'opinion hésitante et l'extrême réserve du gouvernement ; de l'autre, le mouvement qui avait emporté l'opinion dans ces derniers jours, ainsi que l'encouragement et l'appui que nous avions trouvés auprès de son gouvernement. Lord Derby prit très bien ce compliment. Les circonstances qui suivirent l'aidèrent à ne pas l'oublier, et l'on verra, dans la suite de ces notes, comment il en vint en 1875 à grossir, plutôt qu'à diminuer, son intervention dans les affaires du continent. On verra de quel usage lui fut mon témoignage pour se justifier du reproche d'indécision, de pusillanimité et d'inaction sous lequel on l'accabla à sa sortie du cabinet.

Dans la soirée du 29 mai, une nouvelle question du comte Russell, tout aussi inintelligente que les précédentes, donna à lord Derby l'occasion de produire, devant le public, les déclarations que la diplomatie avait recueillies dans le secret du cabinet. Voici comment j'appréciais, le lendemain, la séance dont j'avais rendu compte, la veille, par le télégraphe : « Si les paroles de lord Derby ne nous apprennent rien à nous-mêmes, elles mettent néanmoins au grand jour les déclarations que nous avons recueillies dans le secret du cabinet. On ne peut plus nier désormais l'existence du danger que le *Times* n'a pas pas exagéré dans cette correspondance de Paris qui a fait tant de bruit ; on ne peut nier davantage les paroles menaçantes dont l'ambassadeur d'Allemagne s'est lui-même fait l'écho à Londres. D'un autre côté, le sentiment de l'Angleterre sur l'agression projetée, son opinion sur le caractère purement défensif de nos armements, son intervention auprès de la puissance qui a provoqué l'alarme européenne, l'initiative que le cabinet de Londres a prise auprès de la Russie, son action commune avec ce gouvernement, sont constatés ; les dangers de l'avenir sont également prévus ; l'intention du gouvernement anglais de ne pas assister aux événements en spectateur indifférent est marquée dans les derniers mots de lord Derby, accueillis par une approbation unanime... J'attache une sérieuse importance à la publicité que lord Derby vient de donner aux sentiments et aux démarches du cabinet de Londres. Pendant la succession des incidents de ces dernières semaines, les effets n'ont par cessé de dépasser en importance les causes qui les ont produits. Quand lord Derby nous a, pour la première fois, fait part de ses inquiétudes, en assignant aux mauvais desseins de l'Allemagne un autre objet que la France, il ne prévoyait pas la démarche que lord Odo Russell serait amené à faire d'accord avec la Russie. Le remerciement du prince de Bismarck, qui ne dissimulait pas suffisamment une pointe d'ironie, a provoqué la fine mais sarcastique réponse de M. Disraëli, quand il a été interpellé au sujet du discours du comte Munster au *National club*. Ce discours, qui, en lui-même, n'était qu'une maladresse, a emprunté aux circonstances les proportions d'un incident sérieux. Le retentissement des paroles de lord Derby contribuera à entretenir le sentiment public et à grossir après coup l'importance de cette première démarche de l'Angleterre en faveur de la justice et de la paix. »

Chacun s'enhardissait après l'événement; je n'y voyais aucun mal. Je ne croyais pas non plus utile d'approfondir la cause de l'assentiment unanime donné au langage de lord Derby. Si la défense de l'équilibre européen comptait de sérieux partisans sur les bancs où siégeaient les restes du torysme anglais, nul doute que les *cheers* des partisans de la paix à tout prix ne se mêlassent aux siens. Les radicaux applaudissaient au danger écarté, à l'affaire terminée. Elle se serait terminée, comme en 1871, par une nouvelle amputation de la France, qu'ils auraient encore applaudi.

Le danger passé, lord Derby devint de plus en plus expansif. Il me dit, le 4 juin : « Je crois réellement

que notre intervention a contribué au maintien de la
paix, et je crois aussi, quoi qu'on en dise ailleurs, que
le danger était grand. » Je l'interrogeai sur les garanties que l'avenir nous présentait contre le retour
d'un pareil danger : « Le vieil empereur, me répon-
dit-il, ne veut plus de guerre, mais nous avons vu qu'il
n'était pas au courant de ce qui se tramait autour de
lui. Le prince de Bismarck la veut, et il est pressé de
la faire du vivant de l'empereur Guillaume. Le prince
impérial est un homme juste, pas du tout belliqueux,
mais il est poursuivi de l'idée qu'il faut mettre la dernière main à l'unité allemande par la médiatisation
des États qui conservent encore une apparence d'au-
tonomie, et il croit qu'on ne peut arriver à ce résultat
que par une guerre étrangère. Pour le présent, il
s'agit de ne pas laisser circonvenir l'esprit du vieil
empereur. L'Angleterre a des moyens de lui faire par-
venir la vérité, et vous savez qu'elle en a usé. Pour le
prince impérial, c'est plus difficile, puisque, malgré
son antipathie contre la guerre, il arrive aux mêmes
conclusions que Bismarck. L'Angleterre s'est entendue,
dans cette dernière crise, avec la Russie et aussi avec
l'Italie. Il est probable que nous continuerons à nous
entendre avec la Russie, tant qu'Alexandre vivra. Il
aspire au rôle de pacificateur de l'Europe, il ne rêve
pas la conquête de Constantinople ; il faut croire que
sa sagesse l'emportera sur les aspirations du peuple
russe et sur les perfides excitations du dehors, mais
après lui ! » Lord Derby me confirma ensuite que l'Autriche n'avait rien fait. Est-ce par simple timidité, ou
par secret espoir de s'entendre avec l'Allemagne ?

Je me suis bien gardé de prévoir les conséquences auxquelles la conduite honorable de l'Angleterre pouvait l'entraîner, mais les journaux ne gardèrent pas la même réserve. Le *Standard*, le *Post*, la *Pall mall Gazette*, la *Fortnightly*, le *Spectator* et quelques organes du radicalisme, posèrent hardiment la question et le *Spectator* la résolut en disant : « Il est désormais du devoir de l'Angleterre de rester de garde pour maintenir la balance des pouvoirs sur le continent, et de garde en uniforme, non en habit bourgeois. »

J'ai continué la conversation sur ce pied d'intime confiance, avec lord Derby, jusqu'au jour où l'arrivée du nouvel ambassadeur, le marquis d'Harcourt (25 juin), mit fin à ma gestion. L'intimité qui s'établit entre le premier secrétaire d'État et moi, pendant cette crise, lui a survécu ; elle a survécu même à sa participation au gouvernement. Je sais que j'ai fait de grands progrès dans sa confiance en ne cherchant pas à voir M. Disraëli pendant cette crise. Il me sut gré de m'en remettre à lui, et de lui éviter la difficulté de concerter avec le premier ministre le langage à tenir. On m'avait donné le conseil d'en agir ainsi, l'événement m'a prouvé qu'il était bon !

Le duc Decazes m'écrivit la lettre suivante :

24 juin. — « Mon oncle partira demain par Boulogne. Je me suis chargé de vous l'annoncer. Je tenais, en cette occasion, à vous dire combien nous avons apprécié la sagesse, la prudence et aussi l'efficacité de votre action.

« Vous avez plus que personne déploré le long silence de l'Angleterre ; il était juste que vous assistiez à son glorieux réveil, car vous pouvez en réclamer votre part. »

EXTRAITS DES LETTRES

Londres, 7 avril 1875.

Ce qui m'a certainement le plus frappé dans mon expédition (1), ce sont ces mouchoirs qu'on agitait aux fenêtres du plus loin qu'on apercevait le train du prince de Galles, ces cris de tout ce qui pouvait crier. Nous arrivons à Chatham par la pluie ; rien qu'un parapluie pour abriter les dorures de Bylandt et les miennes ; 4 kilomètres à travers la foule et dans la boue, l'épée sous le bras, le pantalon galonné retroussé ; nous sommes hués par une double haie de 30,000 âmes, mais notre collègue le Schah encore plus. Après cette odyssée, nous atteignons enfin le *Stand A ;* le seuil franchi, nous redevenons des princes. Je comprends d'abord peu de chose au grand mur contre lequel nous nous pressons ; la réflexion me fait voir que c'est la quille de l'*Alexandra.*

A l'heure dite le canon gronde, les princes et les princesses arrivent, l'archevêque de Cantorbéry dit une prière ; mais la marée n'est pas encore à son heure ; les Altesses Royales elles-mêmes doivent l'attendre.

(1) M. Gavard avait été invité à assister à Chatham au lancement d'un navire.

Enfin la marraine (1) presse un ressort ; la bouteille de champagne couverte de fleurs va se briser sur la proue. De grands coups retentissent à droite et à gauche ; on dirait des détonations, ce sont des entraves de bois qui sautent sous les maillets. La masse se met insensiblement en mouvement, la fumée s'élève derrière elle, les explosions redoublent, c'est une épouvantable fusillade. On n'a plus besoin de prier les chevaux de frise de sauter ; ils se brisent tout seuls, comme des allumettes, sous cette masse qui descend. Elle se précipite. La vue se dégage et, avant qu'on ait eu le temps d'y penser, on aperçoit l'*Alexandra* qui nage tranquillement à 300 mètres de la cale. Cris et canonnades, marche solennelle vers l'amirauté, entre une haie de volontaires et de marins, et toujours dans la boue. On arrive, le bras aux dames. Repas sous une jolie tente rouge et blanche, pas trop de courants d'air, musique, toasts, discours du prince. On se lève, on fume ; le prince me fait d'agréables compliments. On nous offre place dans le train royal, il n'y a pas de temps à perdre : course furibonde à travers la foule et dans la boue. Nous arrivons bons premiers, Bylandt, Ransès et moi. Schenk trop tard ; en vrai Yankee, il veut monter quand même ; les gardes du chemin l'arrachent de la portière, et il trouve, pour se consoler, Musurus, le Grec, et le reste des naufragés du corps diplomatique.

(1) Princesse de Galles.

Londres, 22 avril 1875.

J'étais assis, hier, au dîner du *Foreign Office,* à la droite de lord Derby, après le duc de Cleveland, qui n'est pas pauvre, et à côté de la marquise d'Exeter qui m'a dit qu'elle avait le plus beau château d'Angleterre; puis la comtesse de Galloway, terres immenses en Écosse, château avec vue sur la mer de trois côtés; en face, le duc de Norfolk avec plus de 200,000 livres sterling de revenu; un peu plus loin, lord Ellesmere, successeur du duc de Bridgewater, avec quatre Raphaël oubliés dans un hôtel abandonné; puis Mlle Meyer de Rothschild avec plus de millions en dot que je n'ai de pence dans ma poche; enfin, seulement, M. Disraëli, le premier ministre. Je ne parle pas des diamants qui scintillaient sous les lumières et se réfléchissaient dans les plats d'argent. Une musique militaire ronflante aidait à la conversation. J'oubliais le duc de Cambridge entrant avec le *God save the queen*. En passant, j'ai demandé à ma voisine la fortune du duc de Bedford : plus de 300,000 livres sterling de rente, soit 7,500,000 francs, et lord Derby, un peu moins, entre 2 et 300,000 livres sterling.

Londres, 26 avril 1875.

Dîner chez M. Bailey Cochrane... Nous avons causé de cette scandaleuse mission des deux *revivialistes,* Sankey et Moody, deux purs Yankees. L'un chante, vend son orgue et sa musique, l'autre convertit

15.

pécheurs et pécheresses. Après la séance, on donne des consultations sans musique. Les salles ordinaires des conférences ne suffisaient plus. C'est maintenant à l'Opéra qu'on se réunit pendant le jour et qu'on se rencontre avec le Seigneur. Il parle quand il lui plaît; il choisit le sujet qui lui convient; c'est tantôt l'un, tantôt l'autre qui se lève, illuminé, annonçant qu'il voit le Seigneur. Après chaque séance, Sankey télégraphie à New-York à son entrepreneur. Tant d'orgues vendues, tant d'âmes sauvées !

Londres, 27 avril 1875.

J'ai couru, hier soir, à l'Opéra pour entendre Sankey et Moody. Comme il n'y avait que des doublures, j'ai trouvé aisément place. Il paraît qu'il n'y a que la musique de Sankey qui fasse rencontrer le Seigneur. Un joli blond ouvrait, en sa place, les voies célestes et édifiait l'assemblée par sa gesticulation pieuse. Il commandait tantôt le chant et tantôt la prière.

Au signal du chant, une *spinster,* ce que nous appelons une vieille demoiselle, monte à l'orgue, entonne d'un air dévot et tout le monde chante. Mon voisin de droite était venu évidemment pour faire entendre ses notes hautes, celui de gauche pour triompher à la fin des strophes avec sa basse chantante; mais il y en avait aussi qui étaient réellement venus à l'Opéra pour chercher le Seigneur. Après la musique, voilà que chacun se met à déclamer ses prières; l'ennui et le sommeil gagnent l'assemblée; aucun miracle ne se produit, le jeune homme blond se hâte de lever la séance. Il n'y a qu'un Dieu et un Moody.

Avant-hier, je causais avec Kinnaird (m. p., héritier présomptif d'une pairie) dans un des couloirs de la Chambre haute; nous avions, l'un et l'autre, le chapeau sur la tête. Le marquis de Lansdowne vient à passer également avec son chapeau : c'est un tout jeune homme. Kinnaird lui dit bonjour et commence conversation chapeau bas, sans que le marquis fasse mine de s'exposer au moindre rhume en se découvrant.

Londres, 13 mai 1875.

Le toast du comte Munster commence à faire du bruit. Il a eu l'imprudence d'accepter une invitation au National Club; c'est un club de maniaques qui se réunissent pour manger du prêtre catholique. Un peu ému de ce qu'il entendait dire, autour de lui, sur la politique de M. de Bismarck, il a prononcé son panégyrique et a pris, comme un témoignage de la sympathie nationale, les applaudissements que cette troupe de fous a donnés à la glorification du *Kulturkampf* et à ses déclamations contre les hommes noirs. Encouragé par les cris qu'il soulevait, il s'est laissé aller à proposer la politique du chancelier comme exemple à l'Angleterre, en joignant à ses conseils des insinuations alarmantes sur la situation de l'Irlande.

Londres, 21 mai 1875.

La députation irlandaise ayant provoqué devant la Chambre une explication sur les devoirs des ambassadeurs, le débat est venu hier devant le Parlement. C'est M. Disraëli qui a répondu à l'interpellation du membre irlandais. Tout en reconnaissant qu'il n'est pas d'usage que les ambassadeurs aillent faire des discours politiques dans les réunions publiques, il s'est empressé d'ajouter qu'il était trop partisan de la liberté de la parole pour se plaindre de l'innovation qui venait d'être faite. Passant ensuite à l'objet même des observations du comte Munster, il lui a prêté gratuitement l'intention de faire un voyage en Irlande, et il a exprimé l'espoir qu'il pourrait se convaincre, chemin faisant, qu'il n'y avait aucune analogie entre la situation des sujets catholiques de l'empereur d'Allemagne et celle des sujets de la reine. Je ne sais si le comte Munster a saisi la portée du trait, mais il s'en va partout protestant qu'il n'a jamais songé à faire ce voyage.

Conversation bien intéressante, avec lord Derby, sur les chances de l'avenir. Me parlant des derniers événements, il m'a dit qu'il avait bien vu mon émotion sous mes paroles et qu'il avait compris que je pensais ce que je disais.

Oui, tout est fini. Munster, me rencontrant au *Foreign,* il y a quelques jours, m'a pris dans ses bras, me certifiant les intentions pacifiques de son gouvernement.

EXTRAITS DES NOTES

Le journal de la vie que j'ai menée pendant les mois de mai et de juin aurait cet intérêt de montrer tout ce qu'on peut avec les vingt-quatre heures d'une journée. Les plaisirs du matin, de la journée, du soir, de la nuit ne m'ont pas moins occupé que les affaires elles-mêmes, et, en définitive, les dîners, les parties de la « saison », ce sont encore les affaires pour un diplomate qui veut avoir l'oreille et l'œil partout. Ce qui compliquait mon existence de plaisirs et d'affaires, c'était la préparation de la vente de charité de Leicester-Square pour les OEuvres françaises. A la mort du comte de Jarnac, tout m'était tombé sur les bras ; il a fallu me procurer, en France, des objets à vendre ; en Angleterre, des vendeuses et des acheteurs. Je n'ai jamais rien fait de plus fort que cela. Les boutiques établies à l'ambassade ont été bondées, les dames les plus élégantes de la société anglaise, protestantes et catholiques indistinctement, se sont faites marchandes ; l'émulation s'est établie entre elles ; les dames du corps diplomatique et celles de l'ambassade se sont mises de la partie avec rage, mes amis de la société avec un vrai dévouement. La foule est accourue ; les *royalties* ont fait des acquisitions, comme tout le monde d'ailleurs. La duchesse d'Édimbourg est venue en personne, et je puis témoigner qu'elle et le duc se montrèrent très généreux. Elle fut de plus parfaitement gracieuse pour la France et son représentant. Bref, la vente fut un grand succès social et financier. Ma position a profité du premier et les malheureux du second, car la vente a produit près de 60,000 francs, et il en est resté près de 52,000 aux OEuvres. Ces chiffres n'ont plus été atteints.

EXTRAITS DES LETTRES

Londres, 25 octobre 1875.

J'ai fait route avec Beust. Voici un renseignement pour Klaczko : le comte de Beust, étant encore au service de la Saxe, a été chargé, par l'empereur d'Autriche, tout de suite après Sadowa, d'une mission auprès de l'empereur Napoléon. Il lui a demandé, non de déclarer la guerre à la Prusse, mais d'envoyer le camp de Châlons à la frontière et d'imposer sa médiation. Il a trouvé l'empereur dans un état complet de prostration morale et matérielle. Il n'a pu tirer autre chose de lui que ces mots sans cesse répétés : « Je n'ai pas d'armée. Je ne puis rien faire. »

Théâtre avec Austin Lee. Veux-tu un drame à truc? On voit un prisonnier qui perce un mur; puis le mur se retourne, le prisonnier est dehors; une lune électrique l'attendait à la sortie, mais le traître aussi; heureusement, il lui saute sur la tête; néanmoins, il est bien tué une ou deux fois, mais il ressuscite autant de fois, et le fénian, car c'en est un, s'embrasse, dans l'apothéose final, avec un officier de la reine. On gâche, dans cette féerie, une scène qui pourrait produire grand effet. C'est un *Wake* irlandais : le mort, exposé dans sa misérable habitation ; une vieille sorcière improvise, en l'honneur de sa mémoire, une complainte divisée en strophes ; le chœur des femmes, des parents et des voisins, répond à l'antistrophe, en levant les bras au ciel avec des lamentations et des chants. Malheureusement, au moment où la sorcière tourne la tête, le mort vide le pot de bière qu'elle s'était fait apporter. Il paraît que, dans la réalité, on renouvelle un peu trop les consommations dans les *Wake* irlandais. Cela nuit à la majesté de la cérémonie.

Londres, 10 novembre 1875.

Dans la Cité, banquet de London Tavern. Les commissaires de la bibliothèque de Guildhall m'avaient invité comme tous les ans. Très favorablement accueilli dès le début, j'ai été acclamé quand j'ai parlé du *Journal of the proceeding of the common council :* « Il commence en l'année 1485 et ne s'arrête qu'à votre séance d'hier. Il est beau de pouvoir suivre, à travers les siècles et pendant quatre cents ans, les délibérations ininterrompues de votre parlement municipal qui, sous tous les régimes, a su conserver le dépôt de ses libertés et qui n'a jamais tenté d'en abuser pour empiéter sur les droits de la nation... » J'avais mis dans le mille.

Il y avait bien cent cinquante personnes, membres de la corporation, docteurs, hommes de lettres et arlistes. Le *chairman*, grand commissionnaire en vins de Champagne, m'a porté un toast fort gracieux comme représentant du corps diplomatique, et il y a joint un éloge du comte de Jarnac. Après quoi musique : quatre messieurs qui chantent ensemble sans accompagnement; c'était à moitié religieux, mais pas sans mérite. Mon tour est venu : je n'avais pas prévu l'éloge de M. de Jarnac, et j'ai dû commencer par quelques paroles émues en son souvenir; j'ai attrapé ensuite l'improvisation que j'avais en poche. J'avais un vieux voisin qui ne buvait que de l'eau ; c'est un des propagateurs du mouvement pour la tempérance, ce qu'on appelle un *teetotaler*, explique ce nom qui pourra! Il a fourni le scénario comique, mélangeant le sublime au plaisant et finissant son toast par un verre d'eau. Plusieurs verres renversés lui répondaient en signe de ralliement, mais l'assemblée est demeurée fidèle au *good bombars*.

Westonbirt-House (1), 14 novembre 1875.

Brouillard et pluie au départ, cela ne fait que redoubler en route. On ne voit rien que le perpétuel miroir des eaux. Il faut croire que tout le pays est inondé, de Londres à Tetbury. Mais l'affaire est de ne pas manquer la station; pluie torrentielle, impossible de rien distinguer ni de mettre le nez dehors. Pas un garde ne se dérange. J'ai eu la chance cependant de descendre à ma station et de trouver la porte. Je n'ai

____

(1) Château de M. Holford.

rencontré qu'une petite fille qui pleurait et que j'ai emmenée, ne sachant ce qu'elle baragouinait. Elle voulait retourner à Tetbury et le cocher l'a prise auprès de lui. Pendant dix milles, rien que la pluie battante. J'ai deviné la petite ville de Tetbury avec quelques toits pointus et des fenêtres dans le style de la Renaissance. Après avoir roulé une heure et demie, j'arrive au parc, puis au château. Il me semble que c'est un palais. On n'en habite qu'un coin.

Mes deux jeunes amies en longues robes à volants. Après le dîner, Evy me joue du Gounod et la sonate qu'ils appellent ici *moon light;* puis la mère, avec son répertoire italien et son contralto qu'elle manie avec tant d'art. C'est exquis. M. Holford m'a d'abord parlé de sa meute de quarante épagneuls, puis nous avons causé *poor rates, school board,* en anglais s'il vous plaît, et me voici dans ma chambre. Le vent fait rage autour du grand château. Je vais me plonger dans un lit pour quinze personnes, établi dans une chambre à l'avenant.

Dimanche.

La tempête n'a cessé de faire rage toute la nuit et des avalanches d'eau se précipitent sur le château; cependant il tient bon. Je n'ai encore pu en sortir que pour aller en voiture à Malmesbury. C'est une petite ville à six milles d'ici, où je suis allé chercher une messe dans une petite chapelle de bois, tout contre les splendides ruines de l'ancienne abbaye dans laquelle les anglicans se sont taillé une chapelle. Ces petites villes anglaises sans fabriques ont leur charme. Les ruines de l'abbaye, avec des lierres, des arcs brisés et de très vieilles sculptures, ont un beau caractère. Puis, j'ai eu le loisir de voir la campagne. C'est un pays de *fox hunting*, des prairies avec des haies qu'on peut franchir ; partout des barrières qu'on peut lever. Il ne faudrait pas toutefois s'aventurer dans les terres autrement qu'à cheval, à la suite d'un renard ; mais alors tout est permis. Singulier peuple adonné au culte du renard ; on l'adore six jours de la semaine, mais, le septième, on l'extermine et on s'extermine pour cela : plus rien de sacré, l'église perd son droit d'asile ; le *home* lui-même n'est pas respecté, et on tue le renard à l'autel ou devant le foyer, dût-on entrer par le toit. Le duc de Beaufort, qui habite Balminton, près d'ici, chasse tous les jours, et si, demain, le temps le permet, j'irai voir, à six milles, le départ des habits rouges, des amazones, des chiens et des chevaux. Quand je dis : si la tempête le permet, il s'agit de moi, car, pour les autres, c'est le moindre de leurs soucis.

Je n'ai pas perdu mon temps au château, depuis ce matin. Tantôt Mme Holford, tantôt Evy m'ont promené dans ce palais qui dépassera en magnificence celui que vous connaissez. Un *hall* haut de trois étages, des serres, quelque chose comme les grands appartements de Louis XIV. La pièce la plus originale est tout entière peinte par Mme Holford, un genre de fantaisie bizarre entre le paysage à la Delacroix et la faïence de Rouen. Quand la mère s'assoit, c'est la fille qui me guide, marchant devant, avec ses longues nattes, son châle jeté sur l'épaule à la mode des paysannes romaines. Elle est bien gracieuse et semble avoir pris des forces ; cependant, en y regardant bien, on craint de voir au travers. Minnie est un peu souffrante et se montre peu. La vieille mère est bien distinguée ; on comprend d'où vient la distinction de ses filles.

Lundi.

Soleil radieux. *Alleluia!* puis votre lettre de samedi. La terre est frisée, poudrée à blanc. Je me suis dépêché d'aller reconnaitre les lieux. C'est un palais entouré de jardins, avec des eaux, des fabriques, une architecture comme à Versailles et d'un très bel effet décoratif, puis le parc, verdure sans fin, avec des grands arbres en bouquet, qui continue ses ondulations je ne sais jusqu'où.

La chasse! Je puis tout à fait dire que j'ai chassé avec l'équipage du duc de Beaufort. C'était tout comme. A dix heures et demie, je suis parti en voiture avec mes deux petites amies et leur bonne grand'mère. Nous avons gagné le *meet* à six milles, dans le parc d'un voisin. Comme nous approchions, on apercevait, à travers champs, par-ci par-là, un monsieur en habit bleu, boutons d'or, chapeau rond, culotte blanche, puis, par les chemins, poneys chaises, victorias, enfin tous les enfants et ouvriers des champs, tous se dirigeant vers le *meet*. Nous y trouvons déjà bon nombre de gentlemen, puis des fermiers qui n'ont pas les moins bons chevaux. Les amis du duc ont seuls son uniforme ; quelques habits rouges des chasses voisines. Derrière les cavaliers qui attendent, les grooms avec les chevaux de réserve pour la seconde partie de la journée. Les dames de l'équipage ont un plastron blanc sur leur amazone. L'équipage arrive enfin. Un premier *whip*, devant, en vert, tous les chiens la queue en l'air ; le deuxième *whip*, c'est le maître des chiens, mais c'est aussi le marquis de Worcester, le fils du duc, qui mène lui-même les chiens. Les cavaliers viennent dire bonjour à chaque voiture. Le duc de Beaufort, qui a cédé la direction à son fils, se plaint de l'absence de beaucoup de chasseurs qui ont craint les terrains défoncés par la pluie. Une des amazones, dame d'honneur de la princesse de Galles, vient échanger des compliments.

Le signal est donné, la colonne s'ébranle, en route vers le bois où l'on compte lever un renard. C'est un escadron pêle-mêle de cent cinquante cavaliers, de toutes couleurs, gentlemen, fermiers, ladies, girls et presque bébés. Une vraie foule court à travers champs : gamins, soldats en habit rouge, paysans, chacun veut suivre à sa manière. Notre voiture prend une route de côté. Nous voyons la colonne s'arrêter à la lisière du bois, attendant la voix des chiens qui le fouillent. Beaucoup de retardataires rejoignent à travers champs ; d'autres observent à distance, dans l'espérance de reprendre la tête si le renard retourne. Quelle chance ! Ils viennent à nous. Voilà les chiens et un troupeau de bœufs en déroute, pêle-mêle avec eux. Ils coupent la route à deux cents pas devant nous. La charge arrive, elle se rue derrière nous sur une barrière qui est mise en pièces sous les pieds des chevaux. Comme nous occupons la route, on se jette à droite et à gauche, dans les fossés, d'autres prennent tout de suite leur parti et sautent la haie, à commencer par deux petites filles de douze à quinze ans. On arrive à la seconde trace de l'autre côté des champs. L'escadron se disperse parce que les chiens ont perdu la piste! On hésite, on cherche, on franchit la seconde haie ; voilà un habit rouge par terre, mais il est déjà remonté quand je m'en aperçois. Une ou deux femmes sautent par la trouée, puis le torrent disparaît.

Et cela recommencera demain et après, et toujours les mêmes cavaliers, cinq fois cette semaine ; le marquis de Worcester n'y manquera pas une fois pendant quatre mois ; après quoi, il retournera à son régiment. C'est évidemment plus qu'un passe-temps, c'est une passion, c'est une institution nationale. Du haut en bas, tout le monde partage cette passion, à commencer par les braves gens dont on brise les clôtures, sur les *turnips* (1) desquels on fait trépigner cent cinquante chevaux, et toute cette population qui court à pied en criant et trouve moyen d'arriver sans chevaux. La nuit tombe comme j'écris : c'est à peine si la chasse finit, et chacun revient, ajoutant 6, 7 ou 8 milles à ceux qu'on a galopés dans la journée à travers les champs inondés, par-dessus les murs, les haies et les barrières. Je dois dire que, quand j'ai vu ce départ et cette charge, j'aurais eu grande envie de m'en mettre. Je comprends bien l'entraînement ; cependant, tous les jours, pendant quatre mois, c'est raide !

(1) Navets.

Après le *luncheon,* mes amies me conduisent en poney chaise à la maison du garde, à travers les merveilles du parc. Ici, des serres sans fin, puis un lac, une sauvagerie, des rochers accumulés, il paraît qu'ils sont tout fraîchement apportés; le lac est creusé d'hier. Nous arrivons, en écrasant les faisans, jusqu'au cottage du garde-chef. Une meute de trente épagneuls à jambes courtes pour faire sauter les lapins, des amours! Tout cela est si beau et si bien tenu que, au milieu de la campagne, on perd le sentiment de la nature; la main de l'homme est partout, bien qu'on ne l'y voie pas lui-même. Je suis revenu à pied, accompagnant Mme Holford dans sa chaise tirée par un poney.

Je m'arrête faute d'espace et de temps, mais pas faute de matière.

EXTRAITS DES NOTES

J'eus à gérer l'ambassade pendant quelque temps, en novembre et décembre. Je prenais le service dans la plus complète ignorance de ce qu'il pouvait convenir de dire à Londres. Les circonstances n'étaient cependant pas indifférentes; les rapports se tendaient visiblement entre le cabinet conservateur et la Russie. Tout indiquait que l'Angleterre en avait fini avec la doctrine du laisser aller en matière de politique étrangère et qu'elle s'apprêtait à donner un signe de vie ou plutôt de résurrection en Orient. Il m'en coûtait beaucoup de n'avoir rien à dire à Londres ; je tentai tout au moins de faire comprendre à Paris la gravité de la situation. Ce fut l'objet d'une dépêche ou plutôt d'un mémoire que j'expédiai à Paris le 19 novembre : état des esprits et disposition de chaque parti en Angleterre à l'égard de la politique étrangère ; l'équilibre européen, les colonies, la question d'Orient, c'est-à-dire l'empire indien, les deux routes qui y mènent, l'une, pour les Russes, par l'Asie centrale, l'autre, pour les Anglais, par le canal de Suez ; ce que l'Angleterre tolérera et ce qu'elle ne tolérera pas en Europe et au dehors... Mes observations me paraissent exactes et confirmées jusqu'à présent par l'événement ; elles ne manquaient pas, en tout cas, d'à-propos, arrivant cinq jours avant le fameux rachat des actions de Suez, appartenant au khédive.

Je ne m'en tins cependant pas à cet avertissement général et j'expédiai en même temps, sous la date du 20, un avis plus précis qui était fait pour ouvrir les yeux sur l'attitude que le cabinet comptait prendre en Orient, et surtout en Égypte. J'avais reçu, le matin du 20, un mot du duc Decazes qui me demandait de pressentir l'effet que produirait, sur le gouvernement anglais, la vente des actions du khédive à la Société générale. On peut voir, dans ma dépêche du 20 novembre, insérée au Livre jaune français de novembre 1875, les explications que j'obtins de lord Derby ; elles étaient catégoriques et marquaient nettement l'intention de l'Angleterre de ne pas laisser passer en d'autres mains, et surtout dans des mains françaises, les actions du khédive, si celui-ci était obligé de les aliéner pour faire honneur à des échéances imminentes. Mais, malgré les instances de mes lettres particulières, pour obtenir l'autorisation de reprendre la conversation avec lord Derby, il ne fut rien répondu ni à mon télégramme du 19 ni à ma dépêche du 20, dont je donne ici des extraits :

« 20 novembre 1875.

« Monsieur le duc,

« Le courant de la conversation m'ayant amené, dans mon entrevue de ce jour avec lord Derby, à passer des difficultés financières de la Turquie à celles de l'Égypte, lord Derby m'a dit que le khédive cherchait à hypothéquer ses actions du canal de Suez à la Banque ottomane. Je lui ai alors demandé s'il n'était pas aussi question d'une vente à la Société générale. « Je ne vous cache pas, m'a-t-il répondu, que j'y « verrais de sérieux inconvénients. Vous savez quelle « est mon opinion sur la compagnie française ; elle « a couru les risques de l'entreprise, tout l'honneur « lui en revient, et je ne désire contester aucun de « ses titres à la reconnaissance de tous ; mais recon- « naissez que nous sommes les plus intéressés dans le « canal, puisque nous en usons plus que tous les « autres pays ; le maintien de ce passage est devenu « pour nous une question capitale. Je verrais donc, « avec grande satisfaction, venir le moment où il serait « possible de largement désintéresser les actionnaires « et de remplacer la compagnie par une sorte d'admi-

« nistration ou de syndicat où toutes les nations
« seraient représentées. En tous cas, nous ferons notre
« possible pour ne pas laisser monopoliser une affaire
« dont dépendent nos premiers intérêts. La garantie
« résultant du contrôle de la Porte ne signifie plus
« rien aujourd'hui ; si nous perdions encore celle que
« nous offre la participation du khédive, nous serions
« absolument à la merci de M. de Lesseps. La compa-
« gnie et les actionnaires français possèdent déjà 110
« millions, sur les 200 que représentent le capital des
« actions, c'est assez. »

« Après quelques mots de réplique au sujet de la
compagnie du canal de Suez, je revins à l'emprunt
hypothécaire dont lord Derby m'avait parlé. Il m'a
répondu qu'il désirait que le khédive n'hypothéquât
pas ses titres, mais qu'à tout prendre, l'hypothèque
n'était pas l'aliénation des titres et qu'on pouvait toujours les recouvrer. Il a insisté, en finissant, sur le mauvais effet que produirait, dans les circonstances actuelles, la vente des titres à une compagnie française et,
en même temps, sur son désir d'éviter le réveil d'anciennes rivalités, qu'un fait de ce genre ne manquerait
pas de provoquer (1). »

Cependant le gouvernement anglais ne perdait pas
son temps. C'est le samedi 19 que M. Disraëli, dînant
chez M. de Rothschild, se laissa suggérer par lui l'idée
du rachat par l'Angleterre. L'idée lui sourit ; il convo-

(1) C'est la démarche relatée dans cette lettre qui fut l'occasion
du compliment fait à M. Gavard, par M. Disraëli, en pleine
Chambre des communes. (Voir plus loin la lettre du 9 février 1876.)

qua immédiatement lord Derby et lord Salisbury : le premier hésita, le second s'enflamma. M. de Rothschild prit l'affaire à son compte jusqu'à l'approbation du Parlement ; elle était conclue dans la journée du 25 et communiquée aux journaux dans la nuit. La nouvelle éclata à Londres, le 26 au matin, avant que le moindre indice en eût transpiré. Ce fut un coup de théâtre à la Dizzy, préparé comme un coup de bourse par Rothschild.

L'ambassadeur (1) revint le 26 au matin.

EXTRAITS DES LETTRES

Londres, 20 novembre 1875.

Diner chez le comte de Beust. Tout le monde noir... Il y avait là le célèbre Burton. Tu as dû le rencontrer dans tes voyages au centre de l'Afrique. Il lui reste la Chine qu'il n'a pas vue ; sans cela, l'ennui le prendrait : c'est sa réserve contre le spleen. Pour le moment, il va faire un tour à Zanzibar. Il connaît le lac Nyanza comme je connais le Bois de Boulogne ; il a vécu dans l'intimité des Mormons ; il était, hier, en Irlande et, deux mois auparavant, il découvrait des antiquités en Grèce. Il a successivement appris toutes les langues du monde. Il a commencé par les trois dialectes arabes de l'Afghanistan ; après quoi, à l'aide de ces trois langues, il s'est glissé jusqu'à La Mecque. Il a reçu, dans

____

(1) Marquis d'Harcourt.

ses voyages, autant de coups de flèches et de lances qu'il sait de langues. Sa figure est comme tatouée de cicatrices. Il lui faut dix jours pour s'approprier une langue. Sa mémoire est à terme ; il apprend pour le temps qu'il veut ; il passe un bail de trois, six, neuf, avec l'idiome qu'il avale, et ce gaillard parlait encore mieux le français que je ne parlais anglais.

Je me suis amusé, ce matin, en lisant la nouvelle mésaventure d'un cuirassé anglais. Encore un peu, l'*Iron duke*, qui a coulé le *Vanguard,* il y a trois semaines, l'allait rejoindre au fond de la mer. La perte était imminente, le signal de détresse au mât, les pompes n'y pouvaient plus rien, quand on s'est aperçu qu'on avait simplement oublié de fermer une écoutille. Le plus comique c'est que le navire enfonçait en vue de la côte et de l'arsenal, sans qu'on songeât à lui porter secours, parce que le signal n'avait pas été aperçu et qu'on avait oublié d'emporter de la poudre pour tirer le canon d'alarme. Il faut espérer que la flotte anglaise sera un peu mieux préparée, quand elle partira pour conquérir Constantinople.

Londres, 27 novembre 1875.

Achat par l'Angleterre de la part du khédive dans les actions de Suez. C'est un coup de maître pour Disraëli à l'intérieur. Tout le monde l'acclame, sans distinction de parti. Le voilà bien tranquille pour la prochaine session. Toutes ses faiblesses sont oubliées. Maintenant, au point de vue extérieur, il est certain que c'est le premier pas fait en dehors des pourparlers. L'Angleterre s'est pourvue ; j'ai peine à croire que les autres n'en fassent pas autant. Très bien, diront-ils, car ils n'ont jamais eu de prétention sur l'Égypte. Mais il n'est pas prouvé qu'on ne va pas lever la barrière qui retenait la Serbie et le Montenegro. Il est probable que l'Angleterre a prévu le cas. Quant à nous, m'est avis de ne pas bouder ; notre mauvaise humeur n'empêcherait rien. Pour ma part, j'ai prévenu des dispositions de l'Angleterre, sinon de la manière dont elle vient d'y donner suite.

Londres, 14 décembre 1875.

J'ai passé, hier, avec Solvyns une soirée, sans beaucoup d'intérêt à la *Geographical society*. Il n'y a que les Anglais qui puissent écouter, pendant des heures, un journal de voyage dans la Nouvelle-Guinée. L'auteur ni le lecteur ne cherchent à y mettre rien qui puisse empêcher de dormir. Un membre lit d'une voix monotone ; un autre marque des points avec une baguette sur une grande carte ; le public féminin surtout éprouve le besoin d'applaudir de temps en temps, on ne sait pourquoi. Un monsieur qui connaît le pays vient ensuite raconter son voyage, ânonne beaucoup et éprouvant le besoin de mettre du sel à son récit, répète souvent les mots de viande humaine. Le tout se termine par un vœu pour que le pavillon britannique flotte bientôt sur ce pays de cannibales. Cela fait comprendre le goût de la géographie chez ces insatiables.

Conversation au cercle avec M. Oppenheim, l'organisateur de l'affaire de Suez. Il a suggéré l'idée à M. Disraëli et mis les Rothschild au courant du coup à faire ; ils ont 2,500,000 francs de commission. Il m'a confirmé que lord Derby ne savait encore rien quand il a causé avec moi le samedi.

ANNÉE 1876

Hatfield-House (1), 3 janvier 1876.

Lorsque, dans mon existence d'autrefois, je vous quittais pour aller à la campagne, je n'avais qu'une idée, c'était d'en finir le plus vite possible pour revenir au logis. J'éprouve maintenant une impression toute contraire. Me voilà parti, rien ne me presse de revenir, puisque vos lettres m'arrivent aussi bien ici ; personne ne m'attend au retour.

Je suis établi dans la même chambre que l'an dernier, même mausolée pour lit, même feu de Vulcain...

J'ai d'abord retrouvé ici les deux fillettes. L'aînée, qui devient presque jolie, toujours avec la même franchise d'allure. En voilà une qui est naturelle. J'ai réussi à me mettre à table auprès d'elle. Nous étions trente-six, et j'étais précisément sous les quatre drapeaux français qui n'ont pas été mis là pour être agréables aux ministres de France. C'est un don de Wellington.

(1) Résidence du marquis de Salisbury.

Après dîner, la bande se met à jouer des valses. On danse. J'ai fini par faire un tour avec une des Révérendes. Il était temps de m'arrêter. Je voyais déjà trente-six chandelles : « des ans l'irréparable outrage. »

Demain, danse avec huit cents personnes. Cela peut avoir du caractère. C'est le *yeomanry* en jupon. Sans doute chasse dans la matinée. Sois tranquille, je ne me mettrai pas à portée des membres du cabinet ; j'observe plus le chasseur que le gibier. Nous avons ici Eustache Cecil, le sous-secrétaire pour la guerre. Tu comprends que nous allons retourner jusqu'aux havresacs de l'armée anglaise.

Le temps est vraiment beau pour la saison, et la promenade sera agréable. Ici, ce n'est pas l'arbre de l'évêque qu'on visite, mais celui de la reine (1). Elle était là, quand on lui a appris qu'elle était débarrassée de sa sœur, ce qui n'a pas dû faire de peine à sa douce personne. Il paraît, d'après les dernières publications, qu'elle n'avait pour elle que les qualités morales ; la tête du gouvernement, c'était lord Cecil, le donataire de ce manoir.

Hatfield, mercredi matin, 5 janvier 1876.

D'abord le grand événement que le marquis m'a annoncé hier soir : Lytton (2) est nommé vice-roi des Indes. Pour le coup, je pourrai recommander Eydin (3)

(1) Élisabeth.
(2) E. R. Bulwer-Lytton, mort à Paris, ambassadeur d'Angleterre, en 1891.
(3) Consul général à Calcutta.

à mon aise. Cette nomination ne peut se refuser. Pour cinq ans, au moins, notre ami va être le plus grand, le plus puissant souverain du monde ; cent quatre-vingts millions d'âmes à sa merci. De plus, il paraît qu'on y refait sa fortune, grâce à un énorme traitement. Mais la pauvre jeune femme pensera bien, dans ses palais asiatiques, à son cher Knebworth et à sa mère qu'elle laissera ici malade !

J'ai brûlé, hier, toutes mes cartouches et nous avons mis six cents pièces par terre. Inutile de dire que j'ai tiré comme une huître ; c'est à y renoncer ; aussi bien, à la fin de la journée, je m'amusais autant à regarder faire les autres. Ce parc, avec ses vieux arbres, est superbe ; je ne l'aurais pas ainsi parcouru, sans le prétexte des lapins et des faisans. J'ai causé surtout avec M. Rally, membre du Parlement, Grec d'origine, avec le fils aîné de lady Derby, lord Lyonnel Cecil que je confondais avec un autre, avec un M. Beresford, *heir and son* de 40,000 livres sterling de rente, cela se devine tout de suite à l'aplomb ; il a deux sœurs ici, des pauvresses, d'autant plus aimables.

La chasse finie, je me suis mis devant mon feu jusqu'au dîner. Pendant la journée, le château avait été transformé pour le bal. Tout se fait ici à la baguette et au commandement, ainsi qu'au théâtre. Comme nous étions quarante-six, on s'était partagé en trois tables. Vers dix heures, tout le Hertfordshire a commencé à arriver. Quiconque met une carte au château est invité. C'est à cette fête annuelle que se font les présentations des jeunes personnes qui ne vont pas à la cour et à Londres... Le seul *improvement* que j'ai remarqué c'est la manière de tenir sa robe sous son bras en dansant. J'ai exécuté quelques quadrilles, voire même un lancier, il faut bien se rendre utile. Martino (1) et sa femme nous avaient rejoints. Les deux orchestres ont soufflé jusqu'à trois heures du matin. Il y avait bien huit cents personnes et presque autant de voitures dans le pays. Le château était éclairé avec des feux électriques.

Mercredi soir.

Nous avons eu une belle journée avec du soleil. La chasse m'a servi de prétexte pour humer l'air tout à mon aise, de prétexte, car j'ai été aussi maladroit qu'hier. Cela me serait égal si je n'avais derrière moi un chargeur qui pouvait à peine dissimuler la hauteur de son mépris. Il ne sait pas que je suis membre de la Société protectrice et que chaque raté est autant de gagné pour l'œuvre. Nous n'étions que sept, aussi n'avons-nous abattu que deux cent cinquante pièces. Le marquis est à Hertford pour le *quarter session* (justice et finance du comté). Pas grand monde à qui parler.

Martino avait été rappelé à Londres. Voilà maintenant Beust qui court à Knowsley après lord Derby.

A notre rentrée dans la galerie, la bande s'est mise à jouer des valses, et il a fallu m'exécuter. Si je restais quelques jours de plus, je succéderais à Vestris, pas

_____

(1) Chargé d'affaires d'Italie.

pour les lanciers cependant. J'ai réussi à embrouiller tout le monde, mais la gaieté était au comble.

Jeudi.

Encore une journée de chasse et de danse. Pour la chasse, c'est une horreur, plus de six cents pièces pour sept tireurs, sans compter celles qui achèvent de mourir en ce moment. J'ai contribué le moins possible au massacre, encore trop pour ma conscience. Ces journées de grand air me font, en tout cas, beaucoup de bien, quoique la nature soit très peu naturelle en ce pays. C'est à peine si les becs de gaz s'arrêtent à l'entrée des fourrés. La chasse sans incidents et sans accidents possibles. Un tir au pigeon sur une grande échelle. Le seul imprévu c'est l'apparition du renard ; alors des cris affreux, des injures de tous, mais l'arme au bras : la bête est réservée à la haute justice seigneuriale.

Avant dîner, musique sans charme, puis visite des fameux *Cecil papers :* toute la correspondance de Cecil avec Élisabeth et Jacques Ier ; l'ordre d'exécuter Leicester, celui d'exécuter Marie, entièrement de la main de la reine. On ne peut trop dire ici ce qu'on pense de cette scélérate ridicule, puisque Cecil était le véritable Élisabeth. Il a flatté ses passions jusqu'au sang, pour qu'elle le laissât régner.

Londres, 10 janvier 1876.

Pendant que je dînais au cercle, survient, dans un autre coin, Schouvaloff. La conversation s'élève si bien, pendant qu'il mange et boit, qu'avant la fin elle devient générale. Pour un ambassadeur, il est amusant. Il nous raconte ses divertissements à Paris, en 1856, quand l'empereur avait chargé Bacciochi de l'amuser. Au milieu de ces histoires édifiantes, quelques mots sur la note autrichienne. Est-ce pour s'en moquer ou la soutenir ?

La vice-royauté de Lytton est très bien accueillie en général. C'est la vieille tradition de deviner les hommes. A quel âge Pitt, Palmerston, Canning, Gladstone sont-ils venus aux affaires ? Ce n'est pas l'élu du seul Disraëli. Derby disait, il y a quelque temps, à Reeve, que Lytton était appelé aux plus grandes missions.

Mort de lord Amberley. Aura-t-il recommandé qu'on le jette au fumier comme sa femme ? C'est le fils aîné de lord John Russell. Sa femme et lui avaient pour spécialité d'insulter Dieu et d'élever leurs enfants dans la négation de tout.

Hier, j'ai diné en famille chez les Vaughan : on avait invité à mon intention la fille de X. Des yeux, une langue, une imagination, une tête, une toilette, tout cela avec le diable au corps, un vrai bec de Parisienne, mais une cervelle d'Allemande, greffée d'humour anglaise et de hardiesse italienne. Elle ne croit qu'à sa raison, lit tout, sait tout et ne prend conseil de personne. Elle a commencé par nous dire que tant qu'à épouser quelqu'un, elle aurait voulu Salvini ; après Salvini, elle croit à Wagner et à un certain prophète de Wagner, un pianiste allemand, marié à une Grecque et qui a baptisé chacun de ses rejetons du nom d'un opéra du dieu-musique. Mademoiselle croit aussi en George Sand. C'est donc qu'elle admire la morale de *Lélia* et d'*Indiana?* Oui, elle est pour la femme libre dans l'État libre, et, à cause de cela, elle est Allemande et Allemande avec Bismarck et l'empereur d'Allemagne. Bref, un salmigondi complet. Cela ne se voit qu'en Angleterre. J'ai bien remercié mes voisines de m'avoir procuré ce drôle de spectacle.

Ce matin, une très drôle de lettre de Lytton, très inquiet de savoir comment il doit conduire son éléphant blanc (1), mais très heureux.

Londres, 8 février 1876.

Retour de la cérémonie (2). D'abord, cela ne donne pas envie de rire, ce qui est quelque chose quand on ressuscite les hérauts, le trône, la couronne, les génuflexions, etc., etc. Je suis parti à une heure, à travers les flots du *mob*, jusqu'à Westminster. Pas de cloches à cause de la maladie de lady Augusta (Stanley). La chambre pleine. On ne voit d'abord que les femmes et guère autre chose par ce temps sombre. Je vais siéger au banc des évêques, tout en haut. Au centre, les *Justices* en perruques comme un troupeau de gros moutons ; les manteaux d'hermine à la suite, puis, tout autour, sur les gradins, les pairesses. Vers deux heures, le gaz et les oiseaux se sont mis à gazouiller. On s'est reconnu ; il y avait, juste en face de moi, des

(1) Quand une chose semble impossible, c'est un éléphant blanc.

(2) L'ouverture du Parlement.

diamants qui scintillaient diablement autour d'un cou blanc et, par-dessus, des yeux non moins brillants, c'était lady Ilchester et, à côté, lady Lytton. J'aperçois la tête brune de Lytton qui se détache en noir sur un manteau d'hermine ; on ne peut pas ne pas le remarquer. Nous nous sommes retrouvés en sortant ; mari et femme partent le mois prochain.

Revenons à la cérémonie : cela commence par l'arrivée des deux princesses Mary, Mary, duchesse d'Édimbourg, venant par derrière. On les assoit en face du trône, sur le sac de laine. Mary de Teck, pas embarrassée, convaincue qu'elle enlève l'admiration ; l'autre un peu ennuyée de son second rang. Les hérauts, puis l'épée, la couronne, tout cela à reculons et pas un ne tombe ! La reine, pas plus majestueuse que de coutume, mais, au milieu de ce silence et de ce respect, elle était encore bien imposante. Elle monte à son trône où le manteau l'attend. Ses deux filles, à droite et à gauche, l'assistent. La princesse de Galles, en face, prend place sur le sac de laine. La reine donne l'ordre de prévenir les Communes. La porte du fond s'ouvre et, du trône, on aperçoit le *speaker* dans sa chaire. Les Communes se font attendre le temps de raison traditionnel. On entend arriver le flot. Le *speaker* s'avance à grands pas et la cohue par derrière, avec un grand bruit qui continue tout le temps, parce qu'on s'étouffe à la barre. Le *speaker* en face du trône, en costume, se tient tout le temps avec beaucoup de dignité.

Le lord chancelier se met à genoux et reçoit, de la main de la reine, le discours qu'il avait d'ailleurs apporté sous son bras. Il lit, mais pas de : « Oyez, la reine le veult ! » Qu'est-ce devenu ? Rien de saillant dans le discours, ce qu'on attendait, sauf le nouveau titre qui va être conféré à la reine pour la souveraineté des Indes, sans doute celui d'impératrice. Cela finit, comme cela a commencé, dans le plus grand silence. Deux petits saluts à droite et à gauche et c'est tout. On s'en va à reculons. Je me suis alors trouvé au milieu du flot des pairs et des pairesses, et très flatté de connaître autant de grands de la terre : Aberdare, Vernon, Lytton, Salisbury qui m'a qualifié d'évêque à cause de mon siège, Carnarvon, Bedford, Brett, puis les jeunes femmes. J'ai retrouvé la marquise de Bristol bien agréable et une sœur du duc de Norfolk qui me plaît également. J'ai présenté mes hommages aux deux beautés Ilchester et Galloway, tout cela dans le tohu-bohu de la sortie. On ne marchait que sur des pairesses.

Londres, 9 février 1876.

Voici ce qu'on trouve dans le *Times* ce matin, quand on lit le discours de M. Disraëli à la séance d'hier soir (1) :

« Le 20 novembre, le ministre de France, pas l'am-

---

(1) « On the 20th of nov., the french minister, not the ambassador who was absent, but a gentleman we know and respect highly, M. Gavard, was absolutely instructed to call on lord Derby I will not say to pump him (*laughter*), but to feel if England will tolerate the purchase by the french Company. » Il a été déjà question plus haut de la démarche faite par M. Gavard auprès de lord Derby. (Voir p. 275 et sq.)

bassadeur qui était absent, mais un gentleman que nous connaissons tous et que nous tenons en haute considération, M. Gavard, eut ordre de voir lord Derby, je ne veux pas dire, pour le pomper (*rires*), mais pour savoir si l'Angleterre permettrait l'achat par la Compagnie française... »

En tout cas, rien n'oblige à enguirlander un pauvre diable de chargé d'affaires.

Londres, 10 février 1876.

Je me suis trouvé, ce soir, à dîner près de M. Corry (1), secrétaire de M. Disraëli. Il m'a promis de transmettre, dès demain matin, mes remerciements au ministre qui y sera, dit-il, très sensible. Il a ajouté : « Il paraît que vous avez des amis dans la Chambre, car, après le compliment, M. Disraëli a été interrompu par des *Hear ! hear !* » J'ai décidément manqué là le plus beau jour de ma vie. Coquin de rhume !

J'ai oublié de vous parler de la bousculade des MM. PP. quand ils sont arrivés à la barre. Les ministres ont été été enlevés par le flot ; M. Disraëli s'est retrouvé à la porte, trop heureux d'avoir conservé son chapeau, et, pendant ce temps, le docteur Kenealy manifestait au dehors, précédé de la voiture de Mangin, qu'on a laissé venir presque jusqu'à Westminster parce qu'on a cru le reconnaître sous le casque. Il suivait dans un cab auquel le peuple s'est attelé à son retour. Voilà les électeurs de l'avenir !

(1) Baron Rowton en 1880.

Hier, chez lady Cambermere, il y avait *speeching bee,* jeu d'orthographe, avec trois juges du camp et prix. Ces bons grands nigauds d'Anglais s'amusent à cela avec fureur. Vois-tu M. Lowe, avec ses yeux d'albinos, comparaissant pour épeler : *braisé.* Il paraît que le mot est nationalisé.

Londres, 10 mars 1876.

Un petit Juif qui élève en grade la reine d'Angleterre et ajoute une couronne à la sienne (1), cela ne se voit pas tous les jours. Je suis donc allé hier au Parlement. J'ai trouvé Dizzy bien faible ; il n'a donné aucune bonne raison, voire même aucune raison ; sa réfutation des objections manquait d'ampleur, mais le tour était bien joué. Il fallait, pour refuser le titre impérial à la reine, méconnaître sa prérogative, compromettre sa situation ministérielle vis-à-vis d'elle, et, considération plus élevée, en épiloguant sur le titre, on paraissait refuser aux populations de l'Inde le droit de cité. Gladstone a répliqué avec plus d'abondance et d'ampleur, sans échapper, suivant moi, au ridicule qui pesait sur toute cette discussion. Cette fantaisie était aussi difficile à défendre qu'à combattre, fantaisie d'artiste et de faiseur de rois chez Dizzy, fantaisie de parvenue chez la reine ; elle croit qu'elle en vaudra plus et que ses enfants se placeront mieux avec le titre impérial. Mon impression est qu'on a grand tort de soulever ainsi le voile qui doit couvrir l'origine des

(1) Il s'agissait du projet déposé pour donner à la reine le titre d'impératrice des Indes.

couronnes. On peut défaire ce qu'on a fait. On ne joue pas avec ces choses-là. On naît empereur et roi, mais il est bien dangereux de le devenir. Il est certain que cette innovation ennuie toute le monde et qu'on saura bien mauvais gré au ministère d'obliger le pays à avaler cette pilule. Comme la discussion s'avançait, les malins ont été dîner pour éviter le désagrément de voter. C'est encore Stafford Northcote qui a produit le plus d'effet avec son accent de bon sens, sa simplicité. Après lui, les murmures ont commencé, puis les *divide* timides se sont élevés et, après Kenealy, on n'a plus rien entendu. A deux heures et demie, on nous a enfermés pour le vote. Le président a fait la dernière demande, et personne ne s'opposant, on n'a pas eu besoin de faire la promenade dans les *lobbies*.

Pendant qu'on continuait à délibérer sur tout autre chose, j'ai été m'habiller et je suis revenu chez *Mrs Speaker*. La Chambre est encore en séance, les MM. PP. y délibèrent en prenant le thé et faisant leurs grâces ; la sonnette les prévient quand il faut aller voter. Il y avait quantité de jeunes filles ; il se trouve que je les connaissais. Par les fenêtres, on voyait glisser les bateaux mystérieusement sans bruit et sans lumière sur la Tamise. Cette soirée était très pittoresque. J'en suis sorti à minuit pour aller dîner.

Londres, 12 mars 1876.

J'ai vu, hier, la bonne Mme Lionel (1). Elle a peu d'entrain pour son voyage, dans cette saison de coups

____

(1) Baronne de Rothschild.

de vent, et je crois qu'elle ne partira pas. Elle m'a raconté le voyage des deux Majestés (1) féminines dans le Northumberland. Easton Newton, je crois, est le nom du château qu'on a loué. La reine de Naples occupe un pavillon. On a fait acheter à grands prix les meilleurs chevaux de chasse et on en cherche encore d'autres à tout prix. Chaque jour on se rend au *meet* de l'un des équipages du pays d'alentour, duc de Grafton, *lord so and so*, etc. Déjà l'impératrice a fait deux chutes, mais, comme elle ne s'est encore rien cassé, elle n'est pas contente.

Aujourd'hui, l'impératrice d'Autriche revient pour aller voir la reine à Windsor. Il y a eu quelque tirage au début. La reine n'a pu recevoir sa visite à l'heure que l'impératrice avait fixée. Celle-ci est partie alors sans attendre le jour de Sa Majesté. Il est évident que c'est la présence de toutes ces Majestés ou Altesses Impériales qui a tourné la tête de la reine ; née reine, elle aspire à un titre de parvenue ! L'effet est déplorable, et le ministère ne se remettra jamais d'un pareil succès. J'en suis très fâché, parce qu'après tout les conservateurs valent mieux pour nous. Rien qu'en comparant le langage de Granville et de Gladstone avec celui de Derby, de Salisbury et de Dizzy, je suis bien décidément tory dans ce pays.

Quand on ne rencontre pas une reine avec ou sans sujets, on bute sur un prince en disponibilité. Ce matin, j'étais arrivé, un peu avant le gros de la tempête à Farm-Street (2). Voici venir un grand homme

(1) L'impératrice d'Autriche et la reine de Naples.
(2) Église des Jésuites.

à regards farouches qui va droit au premier banc, suivi
de deux tournures d'aides de camp à moustaches affi-
lées avec la cire hongroise. Des signes de croix multi-
pliés au commencement et à la fin, mais, à cela près,
pas plus attentif à la messe que ne le serait un lion
dans une cage. Il se lève, agite ses bras, regarde où
il daigne, puis il part de même avec ses aides de camp
qui se précipitent. Il a l'air de menacer le ciel parce
qu'il tombe de l'eau sur une Majesté qui ne peut
même pas se dire déchue. C'est don Carlos. La figure
est assez belle, mais l'expression est dure et méchante.

Londres, 14 mars 1876.

L'orage de dimanche a mis au grand jour les relations aigres-douces de l'impératrice (1) et de la reine
qui aspire à l'être. Je vous ai dit, je crois, que l'impératrice ayant à son arrivée proposé une heure pour sa
visite et la reine en ayant indiqué une autre, Diane
chasseresse est partie sans attendre. La chose devait se
réparer dimanche, mais entrevue très courte. Diane
est partie sans vouloir luncher, malgré l'orage, malgré
l'heure du service; le ciel, pour l'en punir, a déchaîné
les vents comme contre l'invincible *Armada*. Le train
arrêté sur la route, pour ne pas mourir de faim, on a
dû emprunter à un chef de station son *luncheon*. Pas
plus de chance avec Derby. Elle lui avait assigné dimanche. En digne ministre de la reine, il répond :
« Pas possible, je vais à la campagne. »

(1) L'impératrice d'Autriche.

J'ai trouvé, hier, au club, Schouvaloff. Il y a toujours quelque chose à retenir des divagations de sa conversation. Il en ressort que Bismarck a, dès l'origine, poussé à l'intervention dans les provinces insurgées. Schouvaloff est pour l'intervention austro-russe. La partie fantastique de la conversation a roulé sur les forces navales de l'Angleterre et les moyens de l'envahir.

Londres, 16 mars 1876.

Hier, je dinais à côté d'une fort aimable, mais fort grosse lady, qui m'a demandé à la fin de l'aider à se lever de sa chaise... « Voilà, m'a-t-elle dit, où en est une reine de beauté. » C'était en effet la duchesse de Somerset, reine de beauté au fameux tournoi de lord Eglington. Elle est sœur de lady Dufferin. On voit, du reste, qu'elle a été belle. Sa conversation ne manque pas d'intérêt. Elle a seize petits-enfants, m'a-t-elle dit, puis elle s'est repris : dix-neuf. Elle en avait oublié trois. Le duc de Somerset avait sa plaque de la Jarretière : on le croirait un bon bourgeois, si l'on ne savait qu'il publie des livres pour renier le principe de toute religion.

Londres, 19 mars 1876.

Au banquet de la Cité, quand le lord-maire a fait une allusion au titre d'impératrice, on a crié : « *Queen ! Queen !* » Cette manifestation est très extraordinaire dans ce pays.

Londres, 9 mai 1876.

Je lisais, hier soir, une histoire bien drôle sur un fanatique *Orange man* du Parlement de 1832. Seul avec un acolyte, il a fait diviser la Chambre dix-sept fois, sur une loi insignifiante, diviser, c'est-à-dire voter en allant les uns dans une chambre à droite, les autres dans une chambre à gauche, pour se faire compter à la sortie : en moyenne, vingt minutes. Entre chaque épreuve, le fanatique venait demander pardon, mais déclarait qu'il ne pouvait faire autrement, s'étant juré de retarder le bill par tous les moyens. Alors Palmerston et quelques autres essayaient de disserter sur son cas de conscience et de lui prouver qu'il pouvait, sans manquer à son serment intérieur, laisser la Chambre s'aller coucher à une heure raisonnable. Mais non. Enfin, après la dix-septième division, la loi a été votée, et on s'est séparé à quatre heures du matin. Le terrible homme s'est encore excusé, promettant de ne plus refaire de semblables serments. Vous croyez qu'on lui en a voulu? Pas du tout : cela a été l'origine de sa popularité. Voilà bien un Anglais et les Anglais ! Lu aussi une lettre très fière de Mac-Aulay aux électeurs de Leeds dont il sollicite les suffrages. Rien du mandat impératif. Il établit le principe de la division du travail. Vous choisissez un législateur comme un médecin. Le choix fait, il faut s'en rapporter à lui parce qu'il s'y entend mieux que vous.

Schouvaloff m'a cité un bon mot d'un général prussien pour justifier les coups administrés aux soldats :

« Que voulez-vous ? *die Canaille haben studirt* (les canailles ont étudié). »

Londres, 13 mai 1876.

Prussia House. — Les secrétaires n'avaient pas de poudre, mais des culottes. Ils attendaient l'impératrice Augusta. On nous a parqués dans un salon et j'ai *cuit dans mon jus* (comme nous disons élégamment) jusqu'à la fin de la soirée, ne voyant guère que le dos de mes collègues ou de leurs épouses se poussant, aspirant à avoir un regard ou une parole de la Majesté. Ma réserve modeste ne me coûtait guère, comme vous pensez, et j'ai pu silencieusement contempler les fabuleux diamants d'Augusta. Il faut croire que ce sont ceux de la maison de Hanovre. Du reste, poudrée, peinte, avec perruque noire et de belles paroles : « Ces chaises, mesdames, ont l'air de vous reprocher de ne pas vous asseoir. » Voilà comme on dit : « Asseyez-vous » à la cour de Prusse. Ces dames se sont bien gardées de profiter de l'invitation. Il y a une série de phrases aussi simples et aussi profondes. Cela avait commencé, dès le matin, à propos des machines scientifiques.

Beust, auquel elle a demandé son avis sur l'Exposition, après lui avoir développé le sien, lui a répondu que cela lui avait fait l'effet d'une promenade-concert, moins la musique. Il est le seul qui sache s'en tirer ; il rachète ses courbettes en ayant l'air de se moquer des Majestés. J'ai retrouvé ma très jeune amie Maud (Cecil) ; elle devient jolie. C'est ce qui me reste dans le souvenir de ma soirée.

J'ai ainsi une série de plaisirs. C'est une existence honteuse pour un homme de mon âge, d'autant plus qu'on perd le fil des travaux sérieux. Je ne fais rien, je n'apprends rien...

Londres, Lockinge-House, 28 octobre 1876 (1).

Voici les personnages : Loyd Lindsay et sa douce jeune femme toujours avec son petit fonds de tristesse ; Mme Holford et la belle Alice ; sa mère et lady Mary Crawford qui vont partir pour l'Italie ; lady Alice Ayre et son mari ; Morley (2) et sa jeune femme, également en partance pour l'Italie ; lord Overstone, qui reste. C'est uniquement la famille, et je respire à l'aise dans ce milieu. Rien sur la route : des champs sans arbres sous le brouillard, un village qui a bien sa physionomie rustique.

J'arrive au château à la nuit. Le chemin disparaît sous les grands arbres dont j'aperçois les troncs ; de vives lumières reflétées sur l'eau percent l'ombre. Enfin, le chemin tourne et je me trouve devant ce que je croyais d'abord une vaste fabrique, avec du feu à toutes les fenêtres dont les lumières ricochent sur un bassin. Mais non, c'est le château dont je ne distingue absolument rien. On arrive d'abord au Hall, haut de deux étages, tout en bois et décoré de belles tapisseries. Pendant que je cause avec le colonel Lindsay, j'aperçois une tête à la baie du second, ou bien j'en-

(1) Domaine du colonel Loyd Lindsay, maintenant lord Wantage.

(2) Le comte Morley, qui avait épousé miss Holford.

tends frôler des robes sur la galerie au-dessus de ma
tête. La belle Alice prétend que c'est un endroit bien
dangereux pour les lunes de miel, car on voit et on
entend tout d'en haut. Tout en causant, je devine un
grand Murillo, le pendant de l'*Assomption*. La Vierge
et l'Enfant ont été découpés par les moines pour les
sauver des Français, mais pas des Anglais qui ont
acheté le morceau et l'ont vendu à lord Overstone.
Restaient les garnitures d'anges ou plutôt d'Amours
qui forment le bas du tableau ; ils n'ont pas échappé
au maréchal Soult ; mais, après de longues années
d'attente, le second morceau a rejoint le premier, et
ils se sont raccommodés sans qu'il y paraisse. J'attends
le jour pour juger le tableau et me rendre compte de
ce que je n'ai pas vu ce soir.

Vendredi matin, 29 octobre 1876.

J'ai commencé, ce matin, par reconnaître les lieux.
J'avais dit, hier, que la maison ressemblait à une
grande fabrique éclairée par mille feux ; en effet, on
ne s'est jamais mis en frais d'architecture, mais tout
est parfait à l'intérieur. Les jardins, dans le suprême
du genre avec cascatelles, tous les dix pas ; le parc,
c'est Woburn ou Hatfield avec plus de mouvement de
terrains ; toujours ce naturel artificiel et cette mono-
tonie dans la fantaisie, enfin la main de l'homme partout. Cela dit, tout est d'une superbe opulence, des
bandes de cygnes sur l'eau, des troupeaux de bœufs
dans les prairies, un potager où je me suis promené
en voiture, un second parc après le premier, avec un

château qu'on donne au colonel Lindsay, père de la jolie Violet (1) ; deux villages, un à chaque extrémité du parc, entièrement bâtis par Loyd Lindsay, vrais villages de Trianon ; des écoles offertes par lui qui ne laissent plus rien à faire à l'État, et son pavillon qui flotte sur cet empire au haut d'un mât. Voilà ce qui s'appelle occuper sa place sur la terre, surtout quand on est doublé d'un beau-père qui en a cent fois autant.

Oui, mais pas d'enfant, et on aime savoir à qui on laisse ce qu'on possède. Si vous aviez vu la joie de Mme Holford en me disant aujourd'hui qu'elle allait être grand'mère.

Je partirai à une heure ; je serai à Londres à quatre heures, et à Gunnersbury pour dîner. C'est bien s'agiter ; il faudrait, au contraire, se tenir où l'on est bien ; mais je n'ai jamais vu un homme aussi enragé que moi pour toujours laisser ce qui devrait le mieux lui convenir.

Gunnersbury Acton (2), 30 octobre 1876.

Samedi soir. Me voici à Gunnersbury. Comme installation matérielle, c'est supérieur à tout ce que je connais. On s'y plaît, tant on y est bien. C'est l'idéal, le triomphe du bien-être. Imaginez-vous une chambre où l'on trouve tout, y compris une bibliothèque en trois langues, avec tous les cabinets imaginables. Mais ce qui me touche encore plus que ce bien-être, c'est la cordialité avec laquelle le mari et la femme m'ac-

(1) Maintenant marquise de Granby.
(2) Résidence du baron Lionel de Rothschild.

cueillent. Ils s'excusent de m'avoir invité pour me trouver seul avec leurs enfants, et c'est précisément cette intimité qui me réchauffe et me touche. Que n'inventera-t-on pas demain pour m'occuper? Singulier sort! Hier sous le toit de lord Overstone, aujourd'hui sous celui de Rothschild. Je tiens de ce dernier qu'Overstone est le plus riche particulier du monde. Il lui donne huit millions de revenus. J'avais envie de lui demander : « Et vous? »

Dimanche.

Ce matin, visite aux beaux cèdres, aux pièces d'eau, aux canards. Histoire de quatre cygnes chassés successivement de chacune des pièces d'eau par les premiers occupants. Ils émigrent d'eux-mêmes jusqu'à ce qu'ils trouvent une eau hospitalière. Ils y sont enfin parvenus, mais voilà qu'ils troublent le fond. On croit sentir des exhalaisons, et, ce matin, je trouve un jardinier sérieusement occupé à parfumer l'étang avec une eau de violette. A onze heures, un *brougham* me conduit à la messe à Chiswick, puis promenade avec le baron, dans sa petite voiture, et repromenade. On voulait me faire conduire chez la duchesse de Cleveland, j'ai refusé

Gunnesbury, 31 octobre 1876.

Nous avons réuni, hier, ici, toutes les puissances de l'Angleterre : le capital, c'était notre hôte; le gouvernement, Beaconsfield; la presse, Delane; l'opposition, Villers; et, pour faire galerie, Menabrea, etc. Il est vrai que les puissances n'ont guère causé qu'entre elles. A la vue du *Premier*, Delane, qui ne l'a pas beaucoup ménagé ces temps derniers, s'est retiré dans un autre salon ; mais le *Premier* s'est empressé de l'y aller trouver, et je pense que nous verrons, dans le *Times* de ce matin, le résultat de la conférence. J'ai su, par le baron, que Dizzy était fort satisfait, que l'armistice est accepté et qu'il ne doute aucunement du résultat, les intentions étant acquises à la paix. Ce qui est certain, c'est que Rothschild m'a paru disposé à envoyer des ordres à toutes les Rothschilderies d'Europe.

Retour en ville. C'est L. de Rothschild qui me ramène dans son phaéton. Tous les cochers d'omnibus nous saluent. Il paraît qu'il leur offre annuellement un banquet. Bon moyen pour n'être pas accroché en route.

Londres, 2 novembre 1876.

Au club, le marquis de Salisbury est venu silencieusement se mettre dans son coin tout seul ; je lui ai lu la lettre du duc de Broglie en réponse à ses compliments ; il m'a demandé à la garder, et, ce matin, il me l'a renvoyée avec le mot que voici :

« 3 novembre 1876. India office.

« Mon cher monsieur Gavard,

« Je n'ai pas pu vous trouver à l'Atheneum pour vous remercier de m'avoir permis de lire cette lettre si intéressante de M. le duc de Broglie. Elle donne beaucoup à penser. Ce qu'on appelle la libre pensée en France est vraiment un phénomène mystérieux et terrible.

« Il ne faut pas juger par les journaux d'ici, par le *Times* surtout, de l'opinion anglaise sur les affaires de la France. On ressent ici une sympathie bien vive pour les efforts et la lutte presque désespérée des conservateurs.

« Croyez, mon cher monsieur Gavard, à mon amitié dévouée.

« SALISBURY. »

(La lettre est en français.)

Londres, 8 novembre 1876.

Salisbury à Constantinople (I)! Je n'étais pas loin du numéro gagnant hier, je dois même dire que j'y croyais plus que je ne l'ai dit. La nomination ne sera pas agréable à la Russie. C'est la politique tory qui l'emporte : la méfiance de la Russie, presque le désir d'en venir aux coups, à la condition de maintenir la lutte à portée des canons de la flotte; occupation du Bosphore au premier signal. Pour l'Égypte, il est inutile de se presser, si on tient Constantinople. Voilà évidemment l'homme qu'il fallait pour faire échec à Ignatieff; mais, nous, qui pouvons-nous envoyer? Il n'y a absolument que le duc de Broglie de possible.

(1) Le marquis de Salisbury fut envoyé à Constantinople comme premier plénipotentiaire à la conférence chargée de reviser le traité de San Stefano.

Il y a deux hommes dans Salisbury, l'homme simple, charmant, que tout le monde connait quand on cause avec lui en tête à tête, et l'orateur amer, violent, qu'on entend dans toutes les assemblées où il prend la parole. Lequel va s'asseoir à la table de la conférence à Constantinople ?

Londres, 17 décembre 1876.

M'avez-vous quelquefois entendu faire la plaisanterie qu'au lieu de *disestablish* l'Église anglicane, Gladstone et autres feraient mieux de *disestablish* les consonnes redoublées qu'on ne prononce pas, les syllabes entières qu'on enjambe pour arriver à l'accentuée. Voilà sérieusement que le dernier *board school* de Londres fait un appel à tous les *board schools,* pour demander au Parlement une réforme de l'orthographe, comme on règle les poids et les mesures. C'est un symptôme de plus du mouvement centralisateur qui se produit dans les choses et dans les esprits et qui tend à ramener l'Angleterre à notre niveau politique.

Solvyns me complète, par une histoire allemande, mon mot sur le *disestablishment* des consonnes. On demande en Allemagne le nom d'un Anglais en voyage et l'on répond : *Er heisst Schmidt aber das schreibt sich Douglas.* (Il se nomme Schmidt, mais cela s'écrit Douglas.)

ANNÉE 1877

EXTRAITS DES LETTRES

Londres, 22 janvier 1877.

Hier, j'ai dîné avec le Dean (1) et sa sœur, celle qui s'est convertie au catholicisme, à l'exemple des Sœurs de Charité qu'elle avait vues à l'œuvre en Crimée. Il paraît que ces saintes filles faisaient tout le gros ouvrage, pendant que miss Nightingale se réservait pour les grands blessés et pour la réclame.

Il y a autour de moi (2), pendant que je vous écris : le cardinal dans un fauteuil, lisant une revue; tout contre, Darwin pas trop l'air singe : deux ou trois vieux qui ronflent; un peu plus loin, Emly, qui rit tout seul en lisant une vie très mordante de Dizzy; près de l'autre cheminée, le directeur de la *National Gallery*; à une des tables, écrivant, Leighton, leur seul peintre. Dans la chambre où l'on joue, la partie est engagée entre Hayward, Solvyns, Trollope, Forster. Je passe les évêques que je ne connais pas. Quant à moi, je prends une tasse de thé sur une petite table à côté de

(1) Stanley, Dean de Westminster.
(2) A l'Athenæum.

celle où j'écris. Cela soutient quand j'ai oublié de déjeuner... Voilà Murchison, le médecin, qui traverse la
salle; puis le pauvre Delane; il se traîne, ce n'est plus
lui, il va échouer sur un fauteuil; Wade, retour de
Chine. Je n'en finirais pas si je laissais le protocole
ouvert.

Londres, **2** février 1877.

Hier soir, Schouvaloff m'a lu sa dépêche rendant
compte de son entretien avec lord Derby. Celui-ci lui
avait exposé la manière dont l'Angleterre prend les
choses. Je rentre chez moi, je refais la dépêche et je la
renvoie à son auteur, en lui disant que je venais de
l'acheter pour cent livres. Il me la renvoie immédiatement, avec deux additions de sa main, qui témoignent
de la parfaite exactitude du reste...

Le dîner chez Reeve était intéressant. Wade, le ministre, qui revient de Chine après sept ans de résidence,
m'a fait faire un vrai voyage en Chine, répondant à
toutes mes questions. Ce qui met l'étouffoir sur les
masses, c'est le système d'éducation. On épuise toutes
leurs facultés à leur faire apprendre les livres de Confucius, après quoi, elles n'en peuvent plus, et, quand il
faudrait raisonner, elles se souviennent. Du reste, nous
allons les voir envahir le monde avec le charbon et le
travail à bon marché. Il suffirait d'un Pierre le Grand
pour triompher des usages et des préjugés, et pour
lancer ces deux cents ou quatre cents millions d'êtres
dans la voie du progrès. Motley pérorait de l'autre côté,
sans beaucoup de tact, sur la justice du retour de l'Al-

sace et de la Lorraine à l'Allemagne; Villiers lui tenait tête; je ne faisais pas semblant d'écouter, mais je l'ai remercié après; c'est le frère de Clarendon.

Il y avait Grant Duff, personnage politique, qui donne ses œuvres reliées en reliure pleine.

Londres, 21 février 1877.

Arrivé, hier soir, au Parlement, à cinq heures, j'en suis sorti à minuit. Toujours un peu les mêmes discours, et je ne vois pas qu'on soit plus avancé après ce torrent de paroles. Ce ne sont pas, à vrai dire, des discussions parce qu'on ne croise pas le fer. On lâche, au commencement de la soirée, un discours qui va atteindre quelqu'un de l'autre côté; celui-ci riposte, mais c'est un troisième qui relèvera le gant. Quand un orateur a parlé, il peut s'en aller, et c'est ce qu'il fait pendant qu'on lui travaille les côtes. J'ai entendu Salisbury, c'est le plus orateur : une parole à effet et absolument naturelle; on sent la passion. Beaconsfield, rien de naturel, au contraire, rien que de l'art, une adresse extrême, se jouant des difficultés, sans le moindre scrupule à l'égard des faits et de la vérité. Il m'a fort amusé, d'abord par des passages téméraires où il a successivement mis en jeu la France et l'Allemagne, rappelé la guerre de 1870 et la conquête de la Prusse en 1807, à propos de l'intégrité et de l'indépendance des nations. On ne savait pas s'il fallait rire ou pleurer, puis il a repris son discours de Guildhall; en changeant le ton, en déplaçant l'accent, il en a fait un agneau. Moi qui l'avais entendu lion à la Cité, j'ai particulièrement apprécié ce bon tour.

Vers dix heures, je suis allé chercher Schouvaloff, qui se morfondait au pied du trône et je l'ai ramené dans la galerie où je lui traduisais comme je pouvais les passages à sensation. Pour ma peine, il m'a fait part d'une conversation de premier ordre qu'il venait d'avoir avec lord Beaconsfield.

Londres, 22 février 1877.

Banquet de la Chambre de commerce ! La réunion a eu un caractère plus important que je ne l'avais espéré. Salisbury a parlé avec beaucoup de charme, et, dans le compte rendu de sa mission, il a donné à entendre ce qui se fait actuellement, ce dont Schouvaloff m'avait prévenu hier. Échange de compliments les plus courtois et les mieux tournés avec Forster. Il faut lire ces deux discours qui sont des modèles du genre. Qu'on sache, en France, que ce sont les deux premiers orateurs et les deux extrêmes opposés : le *commoner* presque radical et le *tory* ultra. C'était charmant, du meilleur goût, toujours sur le ton de la plaisanterie et toujours très sérieux au fond. Mais voilà qui devient plus grave : Forster me prend à partie, et l'éloge de la France commence, admiration pour son énergie, sa patience, sa possession d'elle-même, chaque mot souligné en me regardant. La terreur me prend. Il faudra répondre ; or, si je dis un mot de politique, je suis perdu ; mon siège est fait ; si j'y change quoi que ce soit, comment m'y retrouver ? Pas le temps de réfléchir, des voisins très aimables m'entreprennent sur toutes sortes de sujets. Enfin, le moment est venu, me voilà sur mes pieds. Mon voisin, Salisbury, me dit qu'il va avoir bien du plaisir à m'entendre. Je m'en suis tiré, les raccommodages se sont faits.

Salisbury très cordial. Vous ai-je dit que je lui avais envoyé, le matin, une correction importante pour son discours de mardi? J'avais entendu autrement que tous les journaux. J'avais raison. Nous avons causé de son entrevue à Berlin avec Bismarck : une heure et demie pendant laquelle le chancelier a parlé tout le temps avec une verve, une crudité, un esprit, une grossièreté sans pareils, mais chaque mot marqué au cachet de l'homme supérieur. Cependant, rien de ce qui le préoccupe le plus : il n'a parlé ni de la France ni du Pape. Lequel des deux le chancelier vise-t-il en ce moment? Il fait des offres indirectes à la façon de Biarritz, à tout venant, même à l'Angleterre, à laquelle il offre l'Égypte en restituant à la Russie les bouches du Danube. Tout le monde résistera-t-il à la tentation? C'est l'Allemagne qui a fait échouer la conférence, en persuadant aux Turcs que l'armée russe ne pouvait tenir campagne. « Mais enfin, demandai-je, s'il engage la partie, n'aurons-nous pour nous que le bon droit? — Vous êtes irréprochables et vous savez mon sentiment, mais ce n'est pas le gouvernement qui décidera, ce sera l'opinion. Vous en avez le sentiment ou le pressentiment comme moi. Cherchez là vos renseignements. » — C'est là ce que je ne cesse de dire.

Londres, 8 avril 1877.

Solvyns vient de passer trois jours charmants à la campagne de Lewson Gower, frère de lady Georgina. Voilà Gladstone qui arrive avec sa caisse, son parapluie et sa hache; oui, sa hache, pour abattre des arbres. Heureusement, il a fait grâce aux cèdres du parc, et on a pu lui livrer une futaie voisine. Du reste, hôte merveilleux, intarissable : une variété, un intérêt incomparables dans sa conversation.

Hier, s'est terminée, à minuit, la lutte pédestre entre les hommes qui marchent depuis six jours et six nuits l'un contre l'autre. C'est le dernier mot de la brutalité. On se tuait pour aller à leur rencontre. Il est vrai qu'on avait l'espoir d'en voir au moins un expirer avant la fin.

Londres, 20 mai 1877

Hier, au cercle, ballottage; c'est assez drôle. Je n'avais pas encore assisté à pareille cérémonie. On discute les noms des candidats, personne ne les combat, au contraire. On n'est que neuf présents. On vote et le candidat est blackboulé. Chacun se regarde, je n'ai pas dit que j'avais vu le farceur qui a mis la boule fatale.

J'ai passé deux heures hier à Burlington. Cela m'a un peu réconcilié avec notre Exposition. S'il y a trop de nudités chez nous, ici pas une seule, pas un tableau sérieux, pas un essai de lutte; le dessin, le style font absolument défaut. Ce n'est vraiment pas la peine de peindre. Rien n'égale la puérilité des sujets que la naïve sottise du public qui se pâme d'aise. C'était jour de *holiday*. Foule énorme, pas une miss, sortie de derrière son comptoir, qui ne fût là, mettant des notes sur son livret.

Un fusil gigantesque et vertical, un schako, un havresac, un sabre; c'est « La garde meurt et ne se rend pas », par le frère du duc de Sutherland.

Londres, 27 mai 1877.

Admirable journée, hier, de dix heures à neuf heures du soir, au grand et bon air, avec un doux soleil. D'abord trois heures au pas cadencé de quatre chevaux, puis de quatre autres encore, toujours même robe. Mon vieil ami Henri Lacaze n'aurait pas conduit plus en mesure et plus lentement, mais pas de regrets quand, du haut de son mail, on contemple la campagne anglaise. Après être sorti enfin, si toutefois on en sort, des maisons de Londres, du côté des lacs que vous connaissez, c'est un parc qui commence et ne s'arrête que pour faire place à de gros bourgs, jusqu'à Waterford. Je me récrie et je m'attends à ce que nous trouvions la campagne des Brett (1), engagée entre un *public house* et une amorce de rue; mais rassurez-vous, c'est un coin de prairie enfoncé entre le parc de lord Clarendon et celui de lord Essex, deux domaines considérables immobilisés depuis le roi Harold; personne n'y touchera jusqu'à la consommation des

(1) R. H. sir Brett, Judge of appeal.

siècles, ou jusqu'à l'avènement du suffrage universel dans ce pays. Rien que de la verdure et des arbres ; au bas, le canal où passent des bateaux silencieux et la rivière. Une eau rapide, claire, sur fond d'herbes, encadrée d'arbres datant du déluge. On passerait sa vie à la regarder couler. Personne que des oiseaux pour vous voir, et aussi des lapins, et aussi des truites. Promenade dans le parc Essex ; par une avenue de hêtres séculaires, large comme un boulevard et demi, on arrive au vieux manoir style Tudor. Nous rencontrons des volontaires qui tirent à la cible, puis un *cricket match* des habitants de Waterford : c'est leur parc, moins l'entretien. Nous revenons par le parc Clarendon, encore un manoir antique avec tout le confort moderne. De loin en loin, dans ces beaux parcs, un cottage riant pour un cadet. Quant aux habitants du pays, ils ont, pour se promener, à défaut du parc et si le lord n'est pas généreux, le grand chemin qui n'en est pas un, Dieu merci, pour le voyageur qui goûte le pittoresque, un chemin étroit bordé de très beaux arbres qui appartiennent au *landlord* et dont il dispose à sa guise. Les habitants ont seulement la permission de passer et d'entretenir la route.

Mais revenons à notre villa à un étage, ouverte sur un tapis de verdure qui se prolonge à perte de vue derrière un potager avec des pommiers en fleur. Je crois que je n'avais jamais rien vu de pareil. Quelle ravissante fleur avec un mélange de blanc et de rose, quel teint ! On se promène aussi en bateau sur le canal. Enfin, il faut se remettre en route toujours avec les quatre alezans. Notre cocher paraît un peu rustique

quand il n'est pas sur le siège. Il a douze alezans semblables et soixante-quinze juments dans sa terre. Elle
rapportait 1,200,000 francs à son père, mais celui-ci a
fait des bêtises, ce n'est plus que 300,000. Il est vrai
que le fils a d'autres ressources, mais il a aussi fait des
bêtises, entre autres celle d'épouser une rien du tout
dont il est séparé et, comme il est catholique, il ne peut
divorcer, voilà le guignon. C'est une proie réservée à
quelque autre aventure sénile. Cet original, avec ses
cent chevaux, habite un trou dans Manchester-Street.
Je n'y vivrais pas vingt-quatre heures. Il est vrai qu'il
a château sur château.

Londres, 2 juin 1877.

Conversation avec Salisbury. Il est inquiet, il croit
que nous serons attaqués avant l'hiver. Rien de plus
légitime que la dissolution (1), mais, pour manœuvrer
avec la démocratie, il ne faut pas être nourri dans les
traditions constitutionnelles... L'Angleterre laisse faire
en Orient pour veiller en Occident. Les Russes sau-
ront-ils s'arrêter à temps? La main qui les a poussés à
la guerre ne les poussera-t-elle pas à quelque autre imprudence? Se contenteront-ils de ce qu'on leur abandonne?

Londres, 4 juin 1877.

Le dîner (2), hier, a été vraiment charmant. Une
jolie maison sur Sloane-Square d'un côté et la salle à
manger par derrière, avec porte grande ouverte sur une

(1) En France.
(2) Chez sir Charles Dilke.

terrasse dallée en faïence avec fond de grands arbres. J'étais entre Leighton et lord Granville, puis Alma Tadema, Barington, chambellan de la reine, puis un poète, puis nécessairement un rédacteur du *Times,* puis Martino, tout cela chez le champion du radicalisme. Le dîner très bon, avec des asperges comme des arbres, il y en avait toute une forêt, et des fraises également monstrueuses. Pendant qu'on mangeait et causait, les étoiles se sont levées et se sont mises à nous regarder, sans qu'on se doutât que la nuit était venue, tant il faisait doux. Je n'ai malheureusement pu suivre toutes les conversations qui se croisaient. La plus amusante a été ma discussion avec Leighton sur les *Nocturnes* de la Grosvenor-Gallery. Je l'ai fait parler en toutes les langues et je lui ai administré dans la mienne des rebuffades qui flattaient singulièrement son amour-propre aux dépens de la cause qu'il défendait. N'oublions pas que notre aimable hôte est allé brûler à Leipzig la jeune femme qui m'avait fait les honneurs de sa table la première fois que j'ai dîné chez lui. Cela m'a bien gêné pendant quelque temps, mais je ne me flatte pas d'être plus fidèle que les maris au souvenir des femmes mortes et brûlées.

Londres, 28 octobre 1877.

Cette nuit, comme je venais difficilement de m'endormir, vers une heure : Pan, pan! pan, pan, pan! comme chez Macbeth, la nuit. Bon, c'est une dépêche, on la mettra dans la boîte. A demain matin. Mais non, cela continue. Je vais à ma fenêtre et je vois la police qui cogne chez le voisin. Une demi-heure après, cela durait encore avec le même entrain. Je suis sûr que personne ne dormait plus dans la rue. La patience finit par m'échapper et je descends. « Qu'est-ce donc ? — Le voisin n'a pas fermé son volet du rez-de-chaussée. — Mais la maison est vide. — Cela ne fait rien, on doit fermer », et les voilà qui cognent de plus belle. Il n'y a qu'en Angleterre où l'on réveille toute une rue pour un volet ouvert.

Hatfield, 6 novembre 1877.

Me voici, après trois ans, de retour dans ce château; au lieu de Hazel (noisette) Room, j'habite Hornbeam (charme) Room. C'est un peu plus près du ciel; tous les autres étages sont occupés par les représentants des grandes puissances. J'ai fait route avec le marquis de Salisbury, arrivé au chemin de fer à la dernière minute, avec Schouvaloff et sa femme, arrivés après la dernière. Le train roulait déjà et j'ai dû colleter la Russie pour la faire tomber dans nos bras. Que d'espace, que de lumières pour si peu de monde! Voilà ma première impression. Ma seconde est de me trouver un si mince personnage pour tant de souvenirs et de splendeurs. On arrive par la nuit, toutes les fenêtres brillantes, c'est assez pour donner une idée de la grandeur. Entrée pour le thé, Odo Russell et sa femme forment le troisième groupe d'ambassadeurs. *Eat and dawdle*, puis *dawdle and eat*, si bien que ma lettre est vingt fois interrompue. Il pleut et vente, mais cela ne fait rien. On a joué tout de même au *lawn tennis* toute la matinée. Ce n'est pas plus méchant que cela.

On va au jeu de paume où un paumier vous attend avec costume *ad hoc*. On revient pour le *luncheon* et maintenant qui à cheval, qui à pied, qui aux lapins, qui aux écoles. Aux écoles, c'est moi.

Mardi soir, 7 novembre 1877.

Mon récit a donc été interrompu par la promenade, car nous avons remis les écoles à demain et nous voici partis en trois voitures à travers le parc. Partout des arbres encore plus vieux que la maison; c'étaient déjà des centenaires quand Élisabeth attendait la couronne sous leurs ombrages. Dîner dans la grande salle à manger avec la galerie et les drapeaux français. Il y en a, hélas! bien d'autres hors de chez eux!

Ma voisine, c'était lady Maud, devenue une demoiselle et fort agréable. Après dîner, un peu de tout. Promenade dans ces galeries sans fin, musique dans un coin, jeux dans l'autre. J'ai tenu compagnie à la comtesse Schouvaloff, personne singulière et séduisante; dans quinze jours, elle retourne à Pétersbourg, et l'Angleterre ne la reverra plus. Je n'ai pas encore réussi à la bien comprendre. Après la soirée, fumerie. Il est d'usage que chacun aille changer de vêtement avant de descendre au fumoir. C'est le bon moment de Schouvaloff. Il place quelques-unes de ses histoires. Elles sont toujours drôles... Un voyage en Allemagne avec S. M. Guillaume. Voici comment cela se passe régulièrement : Sa Majesté s'adressant à n'importe qui on lui présente : « Votre régiment? » L'interrogé, avec un violent coup de pied : 80ᵉ *fusilier, dritter Battalion, erste Compagnie.* On passe au suivant,

18.

même dialogue. — Puis, quand on arrive à une station, le corps municipal sur le quai, le bourgmestre est là, qui l'aligne, il fait rentrer le n° 3, avancer le n° 5. Ils marquent le pas, puis : *still!* Enfin, l'empereur arrive : *huit!* C'est la manœuvre du chapeau. — J'ai donc là-dessus dormi comme une souche, jusqu'à la prière du matin que je suis de la galerie. J'ai peut-être scandalisé les X, mais je crois qu'on gagne toujours dans la compagnie des gens qui prient. Le marquis arrive, puis ses fils présents, puis les invités, les gens de la maison, le chapelain, l'organiste, personne n'y manque. Il y a temps pour tout dans ces grandes existences.

Londres, 18 novembre 1877.

Admiration générale pour le discours du duc de Broglie. Un bon mot sur Gladstone : « Certainement, c'est un honnête homme, mais dans la pire acception du mot. »

J'ai enfin rencontré lady Howard. J'aurai demain une carte pour la cérémonie (1). C'est indispensable ; il y aura Londres et les faubourgs. Voici comment le mariage s'est préparé. La jeune fille était amie intime des sœurs du duc, avec lesquelles elle passait des mois. Elle a eu d'abord la grâce d'y trouver le chemin pour rentrer dans le giron de l'Église, puis la chance de faire la connaissance du frère. Il s'est beaucoup habitué à elle et a fini par la trouver jolie, quoiqu'elle

______

(1) Mariage du duc de Norfolk, premier duke and earl, hereditary earl, marshal and chief butler of England, avec lady Florat Hastings.

ne le soit pas et n'ait qu'une belle taille. Déjà, l'année dernière, il était sur le point de mettre un terme à ses indécisions. C'était à un bal chez lady Early. J'y étais et je ne me doutais pas de ce qui se passait sous cette couronne ducale. La soirée s'avance, enfin c'est dit, il ouvre la bouche, il va se déclarer, quand un malencontreux vient réclamer une valse de lady Flora Hastings. Elle part, et voilà mon duc qui recouvre ses esprits. La saison finit, l'occasion de se déclarer ne se retrouve plus.

Heureusement on se rejoint à la campagne. Lady Flora s'établit à Arundel ; elle y reste deux mois, attendant et espérant toujours. Le père se fâche, ordre de revenir. Elle annonce son départ pour le lendemain, avec des yeux rouges. Le lendemain arrive, les paquets sont faits ; elle va, dans le jardin, dire adieu aux enfants, mais le duc la suit ; enfin, il se déclare ; on ne le fait pas dire deux fois. Vite un télégramme à papa : « Je reste, affaire sérieuse, j'écris. » Papa répond : « Restez! » Et voilà un joli rêve, d'emblée la première duchesse d'Angleterre.

Et maintenant, après-demain, avant dix heures et demie, à l'Oratory. On ferme les portes une demi-heure avant et l'on dit qu'il n'y aura plus de place pour les mariés quand ils viendront.

Woburn-Abbey (1), 16 décembre 1877.

Nous avons marché à travers le parc, c'était si beau au clair de lune, ces grands arbres. Les daims effrayés

(1) Résidence du duc de Bedford.

passaient comme des ombres. Le diner dans la grande
salle à manger avec la lumière ruisselant sur le service de vermeil et d'argent, c'est éblouissant. La soirée avec lady De-La-Warr, une des plus jolies blondes
d'Angleterre (1), avec lady Tavistock, de l'éclat, de la
tenue, de la bonne grâce et je crois de grands moyens.
On se retire dans son appartement. On y est bien,
grand feu comme dans tout cet immense cloître : pas
une cheminée qui ne flambe du matin au soir. Tu
connais toutes les recherches du bien-être qui m'attendent dans ma chambre à coucher. Je reste toujours
émerveillé devant ce luxe de baquets, de bassins,
de cuvettes, de baignoires comme pour des héros
d'Homère, si toutefois ils se lavaient. Je remarque un
petit trépied en bois tout simple pour porter la bougie.
Comme ce serait utile pour lire au coin de son feu !

Au *luncheon,* il a bien fallu avaler un coulis de
lièvre fait pour moi, et moi tout seul, mais vous com-
prenez que mon pauvre estomac ne se rattrapera plus
d'ici huit jours.

Après le *luncheon,* promenade, visite aux écuries,
au manège, au jeu de paume, aux jardins, à la galerie, à la statue d'or (2), aux potagers, serres, etc. Tout
cela encadré dans ce parc immense. En voilà beaucoup
pour une seule famille, dirions-nous en France, sans
nous en trouver mieux.

Tout se fait avec poids et mesure. J'ai découvert
qu'il existait un braconnier du parc. Il vient de s'éta-

(1) Élisabeth, fille de lord Lamington, mariée au septième
comte De-La-Warr.
(2) Celle de la duchesse de Bedford, par Boehm.

blir et a passé la charge à un autre. Encore un peu,
on en ferait le meilleur garde contre les braconniers
qui gâchent la chasse. Grand vent, nuages rapides, les
grands arbres de l'allée qui suit la crête du parc se
détachent sur ce ciel tourmenté et gémissent. A mesure
que nous remontons vers l'allée, un fond de tableau
s'élève, puis un autre plan, par devant, plus sombre,
et tout cela, aussi loin que la vue s'étend, est à Sa
Grâce le duc de Bedford, et il veut bien se promener
avec un pauvre diable comme moi et m'aller comman-
der lui-même un coulis à la cuisine.

Woburn-Abbey, 17 décembre 1877.

Cela manque de musique ici, comme on dit. Le
piano est ouvert et les bougies sont allumées, mais
personne n'y touche. Tout le monde manque d'entrain
et de réaction contre la pesanteur des repas, le repos
du dimanche et l'apathie du lendemain. Chacun plein
de bonne volonté, mais pas d'invention. Le change-
ment, au dîner d'hier, c'était le surtout; on avait
exhibé un nouveau trésor; la duchesse portait dans
ses cheveux un nouveau firmament; lady Hermin-
trude, une robe à tablier; la belle blonde avait une
longue traîne de satin bleu sans nœuds; et la belle
Tavistock une robe étincelante de perles et une traîne
avec nœuds; elle porte parfaitement la tenue de cour.
Le soir, on ne joue à rien parce que c'est dimanche. Il
n'est fait exception, en Angleterre, que pour les
échecs et la pêche à la ligne. Alors on pêche, avec de
petits crochets, des poissons surmontés d'un anneau

dans un bassin de fer-blanc. En France, on aurait dansé, fait des charades ou des bouts rimés, des petits papiers ou de la musique. En tout cas, on n'aurait pas oublié les dames.

Ce matin, j'ai accompagné Tavistock à la chasse. Comme je revenais à travers champs sans attendre la fin de la partie, voilà que je rencontre un mouton les quatre pattes en l'air. Oh! le pauvre mouton, il est mort! Pas du tout, il avait roulé sur son dos et il attendait qu'un bon Samaritain vînt le retourner. Je n'y ai pas manqué. Ce mouton m'a fait penser à plusieurs hommes de ma connaissance.

. . . .

... Nous ne tarderons pas, mes chères femmes, à nous retrouver (1). Si je suis obligé de couper du bois ou de ramer des choux pour gagner notre pain, je n'aurai peut-être jamais été plus heureux. Cela occupe tout à la fois le corps et l'esprit.

(1) M. Gavard fut rappelé de Londres, par M. Waddington, à la fin de 1877.

FIN

TABLE

PARIS. TYPOGRAPHIE DE E. PLON, NOURRIT ET Cie, 8, RUE GARANCIÈRE.